David Reichel

Staatsbürgerschaft und Integration

VS RESEARCH

David Reichel

Staatsbürgerschaft und Integration

Die Bedeutung der Einbürgerung für MigrantInnen

VS RESEARCH

Bibliografische Information der Deutschen Nationalbibliothek
Die Deutsche Nationalbibliothek verzeichnet diese Publikation in der Deutschen Nationalbibliografie; detaillierte bibliografische Daten sind im Internet über <http://dnb.d-nb.de> abrufbar.

Dissertation am Institut für Soziologie der Universität Wien, 2010

Gedruckt mit freundlicher Unterstützung der Universität Wien.

1. Auflage 2011

Lektorat: Dorothee Koch | Marianne Schultheis

VS Verlag für Sozialwissenschaften ist eine Marke von Springer Fachmedien.
Springer Fachmedien ist Teil der Fachverlagsgruppe Springer Science+Business Media.
www.vs-verlag.de

Umschlaggestaltung: KünkelLopka Medienentwicklung, Heidelberg
Gedruckt auf säurefreiem und chlorfrei gebleichtem Papier
Printed in Germany

ISBN 978-3-531-18135-6

Für Natascha und Bastian

Inhalt

Vorwort

Die Bedeutung der modernen Staatsbürgerschaft ist aus soziologischer Perspektive bislang wenig erforscht. Diese Arbeit versucht einen Beitrag zu leisten, die generelle Bedeutung der Staatsbürgerschaft im 21. Jahrhundert zu erforschen. Dabei wird der Fokus auf die Bedeutung der österreichischen Staatsbürgerschaft für Eingewanderte und ihre Nachkommen gelegt. Österreich kann seit Jahrzehnten auf eine umfassende Einwanderung von ausländischen Staatsangehörigen zurückblicken. Ein großer Teil der eingewanderten Personen hat die österreichische Staatsbürgerschaft erworben, ist also eingebürgert worden. Warum Personen für eine Einbürgerung ansuchen, also welche Bedeutung der Staatsbürgerschaft zugemessen wird, und welche tatsächlichen Implikationen der Erwerb der Staatsbürgerschaft hat, wird in dieser Arbeit näher beleuchtet. Die wissenschaftliche Auseinandersetzung mit diesem Thema hat im vergangenen Jahrzehnt stark zugenommen und wurde hauptsächlich von ökonomischer Seite aus betrachtet. Diese Arbeit bietet eine umfassende wissenschaftliche Diskussion dieses Themas mit Fokus auf Österreich, wobei die Ergebnisse im internationalen Zusammenhang diskutiert werden. Die empirischen Ergebnisse der Arbeit sollen zu weiteren seriösen Diskussionen und Untersuchungen zum Thema Staatsbürgerschaft und Integration anregen.

Dieses Buch ist eine leicht modifizierte Version meiner Dissertation, die ich 2010 am Institut für Soziologie der Universität Wien verteidigt habe. Für inhaltliche Unterstützung und Anregungen danke ich besonders Albert Kraler und Rossalina Latcheva. Ebenso möchte ich mich bei meiner Dissertationsbetreuerin Prof. Dr. Hildegard Weiss für die ausgezeichnete Betreuung bedanken.

David Reichel St. Pölten, Jänner 2011

1 Einleitung

Ich bin österreichischer Staatsbürger. Was das für mich genau bedeutet, ist schwierig zu beantworten. Ganz allgemein bedeutet es, dass ich im Besitz der österreichischen Staatsbürgerschaft bin, was als rechtliche Verbindung zwischen mir und dem Nationalstaat Österreich definiert werden kann. Ich habe diese Staatsbürgerschaft, weil ich als Kind österreichischer Staatsangehöriger in Österreich geboren wurde und seit meiner Geburt meinen Lebensmittelpunkt in Österreich habe. Die Staatsbürgerschaft erlaubt mir, ‚ungestört' in diesem Nationalstaat zu leben. Dass ich stolz darauf bin, ‚Österreicher zu sein', kann ich eigentlich nicht behaupten, weil ich ja auch nichts dafür geleistet habe, diese Staatsbürgerschaft zu besitzen. Nichtsdestotrotz bin ich enorm froh, mit allen Rechten und Pflichten in Österreich leben zu können, da Österreich – verglichen mit anderen Teilen der Welt – ein Land mit einem sehr hohen Lebensstandard ist. Da Österreich das Land ist, in dem ich lebe, identifiziere ich mich mit Österreich eher als mit anderen Nationalstaaten. Die Intensität meines Zugehörigkeitsgefühls schwankt jedoch auch stark mit meinem Einverständnis mit politischen und gesellschaftlichen Entwicklungen sowie den sportlichen Leistungen diverser Nationalteams. Denke ich aber genauer darüber nach, was die Staatsbürgerschaft bedeutet, dann bringt mir die Staatsbürgerschaft auch viele rechtliche Vorteile, die ich als ‚Nicht-Österreicher' nicht hätte. Dazu gehören das aktive und passive Wahlrecht, uneingeschränkter Arbeitsmarktzugang, relative Reisefreiheit in fast alle Länder der Welt sowie der Anspruch auf verschiedenste Förderungen und Sozialleistungen. Kurz gesagt, die Staatsbürgerschaft hat in vielerlei Hinsicht Bedeutung. Was der Besitz der österreichischen Staatsbürgerschaft aber genau bewirkt, kann ich aus meiner persönlichen Erfahrung aber nicht genau beantworten, da ich nicht sagen kann, wie es wäre, ohne österreichische Staatsbürgerschaft in Österreich zu leben.

Um der Wirkung der österreichischen Staatsbürgerschaft nachgehen zu können, müssen also Einstellungen, Erfahrungen und Situationen von Personen untersucht werden, welche diese entweder nicht haben bzw. nicht immer gehabt haben. Seit 1946 haben über eine Million EinwohnerInnen Österreichs, die österreichische Staatsbürgerschaft erst nach ihrer Geburt erhalten. In der EU-27 kam es in den letzten zehn Jahren zu über sechs Millionen Verleihungen von Staatsbürgerschaften nach der Geburt, was einem jährlichen Durchschnitt von 600.000

entspricht. In Anbetracht dieser hohen Zahlen sowie der Tatsache, dass eine Einbürgerung oftmals mit finanziellen Belastungen und einem hohen administrativen Aufwand verbunden ist, kann angenommen werden, dass es gute Gründe für Personen gibt, die Staatsbürgerschaft des Landes anzunehmen, in dem sie leben. Jedoch ist relativ wenig über die Bedeutung der Staatsbürgerschaft bzw. den Folgen von Einbürgerung bekannt. Diese Arbeit geht den folgenden Fragen nach: Warum lassen sich Personen einbürgern? Wer lässt sich einbürgern und wer nicht? Und welche Auswirkungen hat der Erhalt der österreichischen Staatsbürgerschaft?

Wie das vorherige kurze Gedankenspiel schon erahnen lässt, gibt es keine einfache Antwort auf diese Fragen, da der Bedeutungsbereich einer modernen Staatsbürgerschaft vielschichtig ist. Diese Arbeit geht diesen Fragen nach, indem die Bedeutung der Einbürgerung für Eingewanderte und ihre Nachkommen näher untersucht wird. Dabei wird die allgemeine Diskussion über den Stellenwert der Einbürgerung im Integrationsprozess aufgegriffen und analysiert. Neben einer Untersuchung der verschiedenen Bereiche, die durch die Staatsbürgerschaft betroffen sind, wird ein besonderes Augenmerk auf die ökonomische Bedeutung der Einbürgerung für Eingebürgerte gelegt. Österreich stellt für diese Untersuchung ein besonders gutes Fallbeispiel dar, da Österreich im Vergleich zu anderen europäischen Ländern in mehrerlei Hinsicht besonders ist. Österreich kann auf eine lange Einwanderungsgeschichte zurück blicken, weshalb der Anteil der Eingewanderten an der Gesamtbevölkerung besonders hoch ist. Außerdem gehört das österreichische Staatsbürgerschaftsrecht seit Jahren zu einem der strengsten in Europa, was in erster Linie durch eine vergleichsweise lange Wartezeit für Einbürgerungswillige, hohe Einbürgerungskosten sowie dem prinzipiellen Verbot einer Mehrfachstaatsangehörigkeit ausgedrückt wird. 2006 und 2009 wurden die Einbürgerungsregelungen weiter verschärft, was unter anderem zu einem deutlichen Rückgang der Einbürgerungszahlen führte. Das bedeutet, dass Personen, die ÖsterreicherInnen werden wollen, wohl überlegte Gründe haben müssen, diesen Weg zu gehen. Diese Motivationen sowie die tatsächlichen Implikationen einer Einbürgerung werden hier näher erforscht.

Die vorliegende Arbeit beginnt im zweiten Kapitel mit einer Diskussion und Definition der verschiedenen Begriffe Staatsbürgerschaft, Staatsangehörigkeit und Nationalität sowie einer Abgrenzung verschiedener analytischer Ebenen von Staatsbürgerschaft. Danach wird ein kurzer Überblick über die Diskussion über den Zusammenhang zwischen der Entstehung von Nationalstaaten und Staatsbürgerschaften vorgenommen, da Staatsbürgerschaften nur in nationalstaatlichen Kontext zu verstehen sind. Darüber hinaus wird auf die Bedeutung von Migration als Herausforderung für die Konzeptionierung von Staatsbürgerschaft eingegangen. Das dritte Kapitel setzt sich mit der rechtlichen Bedeutung der österreichischen Staatsbürgerschaft auseinander. Nach der Beschreibung der rechtlichen Entwicklung des österreichischen Staatsbürgerschaftsrechtes, welches seine Wurzeln im 18. Jahrhundert hat, wird das aktuelle Staatsbürgerschaftrecht unter besonderer Berücksichtigung von Einbürgerungsregelungen dargestellt und im internationalen Vergleich diskutiert. Das vierte Kapitel beschäftigt sich mit Einbürgerungszahlen in Österreich, welche nach den Merkmalen der Herkunft, des Alters und des Geschlechts der Eingebürgerten sowie der rechtlichen Basis der Einbürgerungen statistisch analysiert werden. Die österreichischen Einbürgerungsstatistiken werden ferner im europäischen Vergleich untersucht. Nach der allgemeinen, rechtlichen und statistischen Darstellung folgt mit dem fünften Kapitel ein Abschnitt, der sich mit der theoretischen Diskussion von Staatsbürgerschaft und Integration auseinandersetzt. Für die begriffliche Diskussion des schwierigen Terminus der Integration von Eingewanderten und ihren Nachkommen werden die etwas ältere etablierte Integrationstheorie von Hartmut Esser und die neuere praktischere Integrationstheorie von Alastair Ager und Alisan Strang vorgestellt und kritisch diskutiert. Der Zusammenhang von Einbürgerung und Integration wird daraufhin vor dem Hintergrund politisch-normativer Sichtweisen erörtert. Schließlich werden die rechtlichen Implikationen einer Einbürgerung diskutiert. Es werden Überlegungen angestellt, welche Folgen eine Einbürgerung für die Integration von Eingewanderten haben kann und welche Bereiche von einer Einbürgerung rechtlich betroffen sein können.

Das sechste Kapitel widmet sich der subjektiven Ebene und analysiert die Einbürgerungsmotive von einbürgerungswilligen und bereits eingebürgerten Personen. Die Basis dieser Analyse ist eine eigens durchgeführte schriftliche Befragung von bereits eingebürgerten Personen und Personen, die gerade im Begriff sind, einen Einbürgerungsantrag zu stellen. Die Analyse offenbart die Wichtigkeit der verschiedenen Ebenen und Bereiche, die zu einer Einbürgerungsentscheidung führen bzw. welche Erwartungen mit der Erlangung der Staatsbürgerschaft verbunden sind.

Das siebte Kapitel geht der Frage nach den ökonomischen Implikationen einer Einbürgerung nach. Da vorhandene Studien einen deutlichen Unterschied in der sozio-ökonomischen Situation zwischen Eingebürgerten und AusländerInnen nachweisen, wird die Einbürgerung im ökonomischen Kontext untersucht. Die Analyse beschäftigt sich hauptsächlich mit der Frage, inwiefern sich ökonomisch besser gestellte Personen eher einbürgern zu lassen (können) als Personen, die nach sozio-ökonomischen Merkmalen schlechter gestellt sind. Darüber hinaus ist von zentralem Interesse, ob eine Einbürgerung selbst auch zu ökonomischem Aufstieg verhelfen kann. Nach einer allgemeinen Darstellung der Sozialstruktur nach Staatsbürgerschaftsgruppen (ausländische EinwohnerInnen, eingebürgerte ÖsterreicherInnen und geborene ÖsterreicherInnen), wird auf

Basis der größten österreichischen Haushaltsbefragung, dem Mikrozensus 2008, die Einbürgerungswahrscheinlichkeit mit sozio-ökonomischen Merkmalen erklärt, um für eine Einbürgerung begünstigende Faktoren herauszufinden. Daraufhin wird eine Einbürgerung als erklärender Faktor angesehen und ihr möglicher Einfluss auf die ökonomische Situation von Personen dargestellt. Dabei wird untersucht, inwiefern sich eingebürgerte Personen in Hinblick auf Arbeitslosigkeit, Erwerbsstatus sowie Wohnungssituation von nicht-eingebürgerten ausländischen Staatsangehörigen unterscheiden. Abschließend werden die Ergebnisse zusammengefasst und Schlussfolgerungen angestellt.

2 Staatsbürgerschaft: Definitionen, Theorien und Hintergründe

Staatsbürgerschaft wird oftmals als ein eindeutiges und klares Konzept verstanden, definiert als die rechtliche Verbindung zwischen einem Individuum und einem Staat. Versucht man jedoch einen genaueren Blick auf den Begriff Staatsbürgerschaft zu werfen, wird schnell deutlich, dass Staatsbürgerschaft keineswegs einfach zu definieren ist und mit einer Reihe von verschiedensten Konzepten und Bereichen verbunden ist. Dieses Kapitel versucht zuerst Staatsbürgerschaft und ihre verwandten Begriffe allgemein zu definieren und allgemeine Dimensionen von Staatsbürgerschaft darzustellen und abzugrenzen. Daraufhin wird die Entstehung der Staatsbürgerschaft im Zusammenhang mit der Entstehung von Nationalstaaten auf Basis ausgewählter einflussreicher Literatur diskutiert und auf die Unterscheidung des rechtlichen und des ethnischen Aspekts von Staatsbürgerschaft eingegangen. Abschließend wird die Bedeutung von Staatsbürgerschaft in Verbindung mit Migration diskutiert.

2.1 Staatsbürgerschaft, Staatsangehörigkeit und Nationalität

Vorneweg muss festgehalten werden, dass es keine eindeutige, allgemein gültige Definition von Staatsbürgerschaft gibt, da Staatsbürgerschaft mit zu vielen verschiedenen Bereichen verbunden ist. In erster Linie ist Staatsbürgerschaft eine rechtliche Kategorie. Da aber rechtliche Ansprüche und Regelungen Produkte politischer und sozialer Phänomene sind und ebenso umgekehrt rechtliche Regelungen politische und soziale Phänomene beeinflussen (Fulbrook und Cesarani 1996a: 210f), kann Staatsbürgerschaft nicht ausschließlich aus rechtlicher Perspektive diskutiert werden und muss interdisziplinär behandelt werden. Die wichtigsten Disziplinen umfassen unter anderen Rechtswissenschaften, Politikwissenschaften, Soziologie, Geschichtswissenschaften sowie Ökonomie.

Eine erste hilfreiche Unterscheidung zur Definition von Staatsbürgerschaft ist die analytische Unterscheidung zwischen Staatsangehörigkeit und Staatsbürgerschaft bzw. im Englischen zwischen *nationality* und *citizenship.* Staatsangehörigkeit (*nationality*) betrifft hierbei die gesetzlich geregelte Beziehung zwischen einem Individuum und einem Staat in einer innerstaatlichen und internationalen Dimension. Hingegen betrifft der Terminus Staatsbürgerschaft (*citizenship*) die Rechte und Pflichten, die mit diesem Status in den verschiedenen Ländern verbunden sind. Zusätzlich wird in der Politikwissenschaft der Begriff Staatsbürgerschaft auch mit aktiver Teilnahme am politischen und gesellschaftlichen Leben verstanden (Perchinig 2008).

Im internationalen Recht wird generell der Begriff *nationality* verwendet, also bezieht sich der Begriff Staatsangehörigkeit (*nationality*) auf den internationalen Kontext. Aus einer internationalen Perspektive kann – ganz allgemein – Staatsangehörigkeit als Instrument gesehen werden, welches Bevölkerungen souveränen Staaten zuteilt. Die rechtliche Beziehung zwischen einem Individuum und einem Staat muss von anderen Staaten anerkannt werden und ist mit gewissen Pflichten, wie beispielsweise die Rücknahme von eigenen Staatsangehörigen, und Rechten, wie die Selbstbestimmung wer die eigenen Staatsangehörigen sind, verbunden. Das Recht, die eigenen Staatsangehörigen zu definieren, führt auch zu internationalen Konflikten über Personen, die entweder keinem Staat zugeordnet werden (können) oder Staatsangehörige von mehreren Staaten sind. Der englische Begriff *nationality*, also wörtlich übersetzt *Nationalität*, ist jedoch ein mehrdeutiger Begriff, da dieser auch auf ethnische Zugehörigkeiten abseits des rechtlichen Status abzielt (Bauböck 2006: 16f). Staatsbürgerschaft bzw. *citizenship* bezieht sich auf die Rechte und Pflichten innerhalb des jeweiligen Staates. Die Literatur und Diskussionen über Rechte und Pflichten von StaatsbürgerInnen sind umfassend. Eines der bedeutendsten soziologischen Werke über die mit Staatsbürgerschaft verbundenen Rechte wurde von T. H. Marshall (1977 [1964]) geschaffen, in welchem er Staatsbürgerschaft mit bürgerlichen, politischen und sozialen Rechten in Verbindung bringt.[1] Im Gegensatz zu Rechten von StaatsbürgerInnen sind die staatsbürgerlichen Pflichten nicht eindeutig determinierbar. Neben der allgemeinen Pflicht Gesetze zu befolgen (welche nicht nur StaatsbürgerInnen betrifft), gibt es wenige spezifische Pflichten, wie etwa den immer unwichtiger werdenden Wehrdienst für Männer, Schulpflicht oder Schöffentätigkeit. Schließlich wird die Bedeutung der Staatsbürgerschaft auch noch von Tugenden und Praktiken der betroffenen StaatsbürgerInnen definiert. Hierzu gehört das Verständnis von Staatsbürgerschaft in der Bevölkerung, also die Frage danach, wie Staatsbürgerschaft gelebt wird. Staatsbürgerliche Praxis betrifft kollektive Identitäten, Wahlbeteiligung und allgemeine politische Teilhabe sowie – vor allem von Bedeutung für diese Arbeit – die Bedeutung der Staatsbürgerschaft für MigrantInnen.

Zusammenfassend kann Staatsbürgerschaft nach Rainer Bauböck (2006: 16) in drei konzeptionelle Dimensionen aufgeteilt werden: 1) Staatsbürgerschaft

1 Diese Arbeit wird weiter unten noch genauer diskutiert.

als politischer und rechtlicher Status; 2) die mit diesem Status verbundenen gesetzlich geregelten Rechte und Pflichten; sowie 3) individuelle Praktiken, Dispositionen und Identitäten, die diesem Status zugeschrieben bzw. von diesem Status erwartet werden.

2.2 Entstehung von Nationalstaaten und Staatsbürgerschaft(en)

Um Staatsbürgerschaft näher definieren bzw. verstehen zu können, muss jedenfalls ein Exkurs in die Entstehungsgeschichte der Staatsbürgerschaften und somit in die Entstehungsgeschichten von Nationalstaaten gemacht werden. Hierbei kam es zu unterschiedlichen Entwicklungen in den verschiedenen Nationalstaaten, welche zu einem unterschiedlichen Verständnis von Staatsbürgerschaft führten. Neben horizontalen Unterschieden zwischen Staaten, ist jedoch auch die unterschiedliche Bedeutung der Staatsbürgerschaft im Verlauf der Zeit von Bedeutung. Die Bedeutung des Begriffs StaatsbürgerIn bzw. wer damit gemeint war, variiert stark im Lauf der Zeit. Der Status Staatsbürgerin oder Staatsbürger und die Verwendung dieses Begriffs im 18. Jahrhundert, in der ersten oder in der zweiten Hälfte des 19. Jahrhunderts sowie im 20. und 21. Jahrhundert ist mit verschiedensten – oftmals nicht vergleichbaren – Bedeutungen und Gegebenheiten verbunden. Diese Unterschiede müssen in einer historischen Analyse immer bewusst gemacht werden (vgl. Burger 2000: 100f).

Die ersten Vorläuferinnen moderner Staatsbürgerschaft gab es schon in der Demokratie des Stadtstaates Athens sowie in der Römischen Republik. Die Entstehung der modernen Staatsbürgerschaft geht jedoch mit einem völlig neuen Verständnis von BürgerIn einher, die die Ordnung der Menschen auf Basis weltlicher Herrschaft und Gleichheit stellt und nicht mehr als gottgewollte Ungleichheit angesehen wird. In diesem Sinne sieht Jürgen Mackert (2006: 17) die Verkündung der Menschen- und Bürgerrechte am 26. August 1789 als die Geburtsstunde moderner Staatsbürgerschaft. Staatsbürgerschaft ist ein Gleichheitgenerierendes Instrument vor dem Hintergrund der Nationsbildungen zu Zeiten der bürgerlichen und industriellen Revolution. Da Staatsbürgerschaft als eine Folge von Nationalisierungen des politischen Gemeinwesens gesehen werden kann (Nassehi und Schroer 1999: 92) und Nationalstaaten sich unterschiedlich entwickelt haben, kam es zu unterschiedlichen Entwicklungen und Bedeutungen von Staatsbürgerschaft in verschiedenen Nationalstaaten. Diese unterschiedliche Entwicklung und Bedeutung von Staatsbürgerschaft im Zusammenhang mit Nationsbildungen und nationalem Selbstverständnis wurde von Rogers Brubaker (1992) am Beispiel von Frankreich und Deutschland herausgearbeitet. In dieser Analyse steht Frankreich für den Prototyp eines Nationalstaates mit staatszentrierten, bürgerlichen Selbstverständnis. Deutschland hingegen steht für ein ethnokulturelles Staatsverständnis. Dieses unterschiedliche Selbstverständnis steht in Verbindung mit der Bedeutung von Staatsbürgerschaft: einer bürgerlichen (*civic*) Staatsbürgerschaft in Frankreich, welche Zugehörigkeit auf Basis von Rechten und Pflichten definiert und einer ethnischen Staatsbürgerschaft in Deutschland, welche Zugehörigkeit auf Basis ethnischer Zugehörigkeit abgrenzt. Dieses unterschiedliche Verständnis schlägt sich in den staatsbürgerschaftlichen Regelungen der beiden Staaten nieder: durch ein vorherrschendes *ius-sanguinis* in Deutschland und starke *ius-soli* Elemente in Frankreich. *Ius-sanguinis* (lateinisch für Recht des Blutes) ist ein abstammungsorientiertes Staatsbürgerschaftsrecht, was bedeutet, dass der Erhalt der Staatsbürgerschaft auf Abstammung basiert und Staatsbürgerschaft dann zuerkannt wird, wenn zumindest ein Elternteil StaatsbürgerIn des Staates ist. *Ius-soli* (lateinisch für Recht des Bodens) hingegen regelt den Erhalt der Staatsbürgerschaft durch den Ort der Geburt, was bedeutet, dass Personen die in einem Land geboren werden, auch dessen Staatsbürgerschaft erhalten. In Bezug auf ImmigrantInnen stellen *ius-soli* Elemente einen Mechanismus zur Inklusion der zweiten Generation dar, was auf Basis eines strengen *ius-sanguinis* nicht der Fall ist.[2] Brubakers Gegenüberstellung ist gewiss sehr idealtypisch – was er selbst auch anmerkt – und die bloße Unterscheidung von Staatsbürgerschaftsregelungen auf Basis von *ius-soli* und *ius-sanguinis* Elementen greift jedenfalls zu kurz um Staatsbürgerschaftsregelungen zu unterscheiden (Soysal 1996: 17; Kraler 2006: 44). Jedoch ist seine Analyse von großer Bedeutung um den Zusammenhang von Staatsbildungen mit Staatsbürgerschaftsverständnis zu verstehen und die beiden Aspekte eines Nationalstaates zu unterscheiden: den rechtlichen Aspekt sowie den oftmals vergessenen ‚ethnischen' Aspekt. Beide Aspekte sind auch dem Konzept von Staatsbürgerschaft inhärent.

In diesem Sinne ist es auch der Begriff ‚Nation', welcher auf die ethnische Komponente von Nationalstaaten hinweist und ‚Staat', welcher auf die rechtliche Komponente abzielt, sei es im innerstaatlichen oder internationalen Kontext.[3] Wie oben erwähnt kann Nationalität auch mit Ethnizität gleich gesetzt

---

2 Im Jahr 1999 wurde das deutsche Einbürgerungsrecht in diesem Sinne radikal geändert und es kam zu einer Einführung von *ius-soli* Elementen für Kinder von in Deutschland lebenden AusländerInnen. Ab 1. Jänner 2000 erhalten Kinder von AusländerInnen, wo zumindest ein Elternteil seit mindestens acht Jahren legal in Deutschland lebt und einen unbefristeten Aufenthaltstitel hat, bei Geburt in Deutschland auch die deutsche Staatsbürgerschaft (vgl. beispielsweise Hailbronner 2006b).

3 Etymologisch betrachtet stammt Nation von *nasci* „geboren werden" ab und ist mit *genus* „Geschlecht, Art, Gattung" verwandt. Die Ausgangsbedeutung von Nation ist „Gemeinschaft von Personen derselben Herkunft". Staat ist von dem Wort *status* entlehnt und bedeutet zunächst Stand, Rang und Zustand. Die heutige Bedeutung von Staat ist übernommen aus dem französischen *état* und bedeutet unter anderem Verfassungsreform (Kluge 2002: 646, 872).

werden. Die ethnische Komponente von Staatsbürgerschaft entsteht durch die Existenz von unterschiedlichen Staaten mit unterschiedlichen Staatsbürgerschaften. Staatsbürgerschaft ist ein Instrument zur Inklusion von Gesellschaften innerhalb eines Nationalstaates, was impliziert, dass Staatsbürgerschaft zur Exklusion und Unterscheidung von anderen Nationalstaaten führt. Wie oben erwähnt, geht der Übergang zur Moderne mit einer Abwendung von ‚natürlich' bzw. gottgewollten Ungleichheiten der Feudalgesellschaft einher, hin zu einer Ordnung auf Basis von weltlichem Recht und rechtlicher Gleichheit. Vormoderne Gesellschaften basieren auf religiöser Vergemeinschaftung und moderne Gesellschaften auf rechtlicher Ordnung. Zugespitzt formuliert wird die Religion nun durch die Nation als Vergemeinschaftungsmittel abgelöst und der Nationalstaat wirkt als eine Art Ersatzreligion (Nassehi 1990: 266f).

Somit wird der Glaube an die Zusammengehörigkeit durch Religion durch den Glauben an Zusammengehörigkeit innerhalb einer gemeinsamen Nation abgelöst. Dieser Glaube an die Vergemeinschaftung bzw. die Identifizierung mit dem Nationalstaat als Gemeinschaft ist die ethnische Komponente von Staatsbürgerschaft. Somit führt Staatsbürgerschaft zu einem Solidaritätsaufbau innerhalb des Staates und zusätzlich zu einer Abgrenzung zu anderen Staaten, was ein gewisses Spannungsverhältnis mit sich bringt. Diese Spannung der angestrebten Integration nach innen und Abgrenzung nach außen in Folge der bürgerlichen Revolutionen wird von Armin Nassehi und Markus Schroer folgendermaßen trefflich formuliert: „Es mußte die *Universalität* der Menschenrechte, also die semantische Gleichheitszumutung in einer strukturell Ungleichheit generierenden Gesellschaft mit der *Partikularität* seiner *jeweiligen* Geltung in einzelstaatlichen Kontexten versöhnen" (Nassehi und Schroer 1999: 88, Hervorhebungen der Verfasser). Die ethnische Komponente des Nationalstaates basiert somit nicht auf rechtlicher Grundlage, sondern auf einer gedachten Verbindung. Wer als dazugehörend angesehen wird, wird nicht ausschließlich auf Basis rechtlicher Grundlage eruiert. Nichtsdestotrotz basiert die Entstehung der Staatsbürgerschaft auf rechtlichen Entwicklungen und Staatsbürgerschaft bleibt ein primär rechtliches Konzept. Eine Analyse der rechtlichen Komponente von Staatsbürgerschaft im historischen Kontext wurde in dem schon erwähnten Aufsatz von T.H. Marshall (1977) über Citizenship and Social Class am Beispiel Englands erörtert. In diesem Aufsatz verwendet Marshall eine sehr nützliche Kategorisierung von staatsbürgerlichen Rechten, die sich im Laufe der Zeit entwickelt haben. Diese Aufteilung in bürgerliche, politische und soziale Rechte werde ich im Folgenden darstellen und diskutieren, da diese, meiner Meinung nach, für das Verständnis von Staatsbürgerschaft sehr hilfreich ist.

Allgemein untersucht T.H. Marshall in seiner Analyse die Entwicklung von Staatsbürgerschaft (*citizenship*) und ihr Einfluss auf soziale Klassen, wobei er mit einer historischen Analyse der staatsbürgerlichen Rechte beginnt. Im 18. Jahrhundert entstanden bürgerliche (*civil*) Rechte, definiert als Rechte, welche für die individuelle Freiheit nötig sind. Individuelle Freiheit besteht aus Rechten wie Redefreiheit, Gedanken- und Glaubensfreiheit, Freiheit des Eigentums, Vertragsfreiheit und – was besonders wichtig für die Durchsetzung und Verteidigung dieser Rechte ist – das Recht auf ein Gerichtsverfahren. Somit sind die Gerichte die wichtigsten Institutionen dieser bürgerlichen Rechte. Im 19. Jahrhundert werden politische Rechte zum Staatsbürgerschaftsstatus hinzugefügt, prinzipiell definiert als das Recht bei der Ausübung von politischer Macht mitzuwirken, aktiv als Mitglied einer politischen Behörde oder als WählerIn. Die im 20. Jahrhundert entstehenden sozialen Rechte werden als Bündel von verschiedensten Rechten verstanden, welche erstens einen gewissen ökonomischen Lebensstandard, zweitens das Recht, das gesellschaftliche Erbe antreten zu können, und drittens ein ‚zivilisiertes' Leben entsprechend der vorherrschenden gesellschaftlichen Standards, versichern sollen (Marshall 1977: 78).

Diese Auflistung wird in Tabelle 2.1 graphisch dargestellt, jedoch sollte die zeitliche Einteilung freilich nicht ausschließlich betrachtet werden, da es tatsächlich zu deutlichen Überschneidungen zwischen den Perioden kam. Nach Marshall ist die wichtigste grundsätzliche Entwicklung für das bürgerliche Element der Staatsbürgerschaft im 18. Jahrhundert die Entwicklung des rechtstaatlichen Prinzips. Aus ökonomischer Sicht war das Recht auf Arbeit ein wichtiger Meilenstein in Hinblick auf individuelle Freiheit. Im 18. Jahrhundert wurde Staatsbürgerschaft mit Freiheit gleichgesetzt und erst als Freiheit als universell angesehen wurde, wurde aus einer regionalen, begrenzten Staatsbürgerschaft (*citizenship*) eine nationale Institution. Wie auch das bürgerliche Element von Staatsbürgerschaft wächst das politische Element graduell und kumulativ. Beginnend im Jahre 1932, wo das Wahlrecht auf etwa ein Fünftel der männlichen Bevölkerung ausgedehnt wird, wird das Wahlrecht im Laufe des Jahrhunderts schrittmäßig weiterhin ausgedehnt, bis schließlich 1918 alle BürgerInnen wählen durften. Die Vorläufer der sozialen Rechte in England waren das Armenrecht (Poor Law) sowie Lohnregulierungen. Diese Rechte sollten zwar Personen ein angemesseneres ökonomisches Leben ermöglichen, jedoch waren diese nicht eindeutig mit Staatsbürgerschaft (*citizenship*) im Sinne von gleichberechtigter Teilnahme an der Gesellschaft verbunden, da diese nicht unmittelbar zu einer gleichgesinnten Teilnahme am gesellschaftlichen Leben führten. Armenfürsorge oder beispielsweise Arbeiterinnenschutz wurde nicht Personen (letzteres nur Frauen) zuerkannt, weil sie volle BürgerInnen waren, sondern weil sie es nicht waren (Marshall 1977: 88f). Als reines soziales Recht auf Staatsbürgerschaft sieht Marshall die Bildung. Bildung von Kindern soll in diesem Sinne nicht als Recht auf Schulbesuch von Kindern verstanden werden, sondern als das Recht

Erwachsener ausgebildet zu sein und somit befähigt zu sein, bürgerliche Rechte einfordern zu können. Vor allem Lesen und Schreiben sind Voraussetzungen, um bürgerliche Rechte wahrnehmen zu können, weshalb Marshall Bildung als Voraussetzung für individuelle Freiheit sieht (Marshall 1977: 89f).

Tabelle 2.1: Dimensionen des Staatsbürgerschaftsstatus nach T.H. Marshall

Historische Phase	Rechtsformen	Rechtsinhalt	Institutionen
18. Jhdt.	Bürgerliche Rechte	Redefreiheit, Gedanken- und Glaubensfreiheit, Freiheit des Eigentums, Vertragsfreiheit, Recht auf ein Gerichtsverfahren	Gerichte
19. Jhdt.	Politische Rechte	Politische Partizipation, aktives und passives Wahlrecht	Parlamente
20 Jhdt.	Soziale Rechte	Bildung, Gesundheit, Wohlfahrt	Institutionen des Wohlfahrtsstaates

Quelle: Übernommen von Mackert 2006: 33

Soziale Rechte erlauben somit erst die Durchsetzung von Gleichheitsansprüchen bürgerlicher Rechte und gesellschaftliche Partizipation mittels politischer Rechte. Bürgerliche Rechte sind ein individuelles, liberales Recht, welches gleichberechtigten Zugang zu Gütern etc. erlaubt aber nicht garantiert. Das theoretische Recht Land besitzen zu dürfen, bedeutet nicht die reale Möglichkeit Land auch erwerben zu können. Bürgerliche und politische Rechte können als Voraussetzung für Gleichheit betrachtet werden. Allerdings führen bürgerliche und politische Rechte allein nicht zu einer Verringerung von Ungleichheit. Erst eine Umverteilung von Wohlstand durch soziale Rechte führt zur Verringerung von Ungleichheit. Die Verringerung von sozialer Ungleichheit durch soziale Rechte kann jedoch Ungleichheit nicht beseitigen, da es die Ungleichheit produzierenden Ursachen nicht beseitigt. Über den Wohlfahrtsstaat wird also das kapitalistische System der Ungleichheit soweit verringert, dass dieses mit Demokratie vereinbar wird. Staatsbürgerschaft ist demzufolge nicht mit Integration gleichzusetzen und der Konflikt zwischen kapitalistischer Ungleichheit und staatsbürgerschaftlicher Gleichheit bleibt nicht nur ein ungelöster sondern beschreibt einen ‚Normalzustand' moderner Gesellschaften (Mackert 2006: 38).

Die Bedeutung Marshalls Analyse ist kaum zu unterschätzen für die soziologische Staatsbürgerschaftsforschung und die logische Aufspaltung in die drei Dimensionen von Staatsbürgerschaft wurde vielfach verwendet. Marshalls klassisches Konzept wurde seither jedoch auch weitgehend kritisiert, vor allem in Hinblick auf seine Aktualität und der Frage, ob die Dimensionen nicht erweitert werden sollten. Kritik an Marshalls Konzept kommt unter anderem Yasemin Soysal, die die Chronologie der Verleihung der unterschiedlichen Rechte in Frage stellt. Sie weist darauf hin, dass am Beispiel der ArbeitsimmigrantInnen der so genannten ‚Gastarbeitsmigration' in Mittel- und Westeuropa in der Nachkriegszeit sehr schnell ökonomische und soziale Rechte gewährt jedoch politische Rechte weitgehend verweigert wurden (Soysal 1994: 134-135). Zusätzlich wurde das Konzept kritisiert, weil es sich nur auf den englischen Fall konzentriert und somit nicht auf andere Regionen bzw. Staaten anwendbar ist (Mackert 2006: 57-60). Seit den 1990ern kam es zu weiteren größeren komparativen Länderstudien über die Bedeutung von Staatsbürgerschaft in verschiedenen nationalen Kontexten. Anfangs bezogen sich die Studien hauptsächlich auf westeuropäische Staaten (vgl. Cesarani und Fulbrook 1996b; Aleinikoff und Klusmeyer 2002[4]; Bauböck et al. 2006a & 2006b) und erst später wurden auch vermehrt weitere Ländergruppen in die vergleichenden Analysen mit einbezogen (vgl. Bauböck, Perchinig und Sievers 2009; Parolin 2009).[5] Darüber hinaus ist die Diskussion über die Bedeutung der EU-Bürgerschaft als supranationale Mitgliedschaft von Bedeutung. Jedoch kann bislang die EU-Bürgerschaft nur als eher schwacher Status mit unklarer Bedeutung angesehen werden (vgl. hierzu beispielsweise Guild 1996 oder Perchinig 2006).

2.3 Staatsbürgerschaft und Migration

Die Anwendung des klassischen Konzepts von Staatsbürgerschaft verführt leicht dazu, Nationalstaaten als abgeschlossene Räume wahrzunehmen bzw. den Nationalstaat mit Gesellschaft gleichzusetzen. Diese fälschliche Betrachtung von Nationalstaaten als abgeschlossene Systeme wird in der wissenschaftlichen Literatur als *methodological nationalism* bezeichnet. Vor allem durch internationale Migrationen von Menschen wird dieser aufgezeigt, da diese die Durchlässigkeit von Staatsgrenzen aufdecken und ein abgeschlossenes Konzept von Staatsbürgerschaft in Frage stellen (Nassehi und Schroer 1999: 83-85, 97; Kraler und Parnreiter 2005: 5-6).

---

4 Diese Studie bezieht auch außereuropäische Staaten mit ein.

5 Aktuelle Projekte zu vergleichender Staatsbürgerschaftsforschung sind das Citizenship Democracy Observatory on Citizenship: http://eudo-citizenship.eu/ (Jänner 2010), das Projekt CITMODES http://www.law.ed.ac.uk/citmodes/ (Jänner 2010) und das auf das ehemalige Jugoslawien fokussierende Projekt CITSEE http://www.law.ed.ac.uk/citsee/ (Jänner 2010).

Nassehi und Schroer (1999: 99) ziehen hier den treffenden Vergleich zwischen der Bedeutung der Migration für die Staatsbürgerschaftsforschung und der Bedeutung der Transsexualität für die Genderforschung. So wie der/die Transsexuelle die soziale Konstruktion von Geschlecht aufzeigt, so verweist die/der MigrantIn auf die Konstruktion des Nationalstaates als ein abgeschlossenes System. In diesem Sinne weist der veraltete deutsche Begriff für Einbürgerung ‚Naturalisierung', welcher im Englischen noch immer aktiv für Einbürgerung verwendet wird (*naturalisation*), deutlich auf die ethnische Komponente von Staatsbürgerschaft und die Konstruktion von Staatsbürgerschaft als etwas ‚Natürliches' hin (vgl. auch Kluge 2002: 647). Durch vermehrte Migration kommt es dazu, dass ein vermehrter Teil der Bevölkerung eines Nationalstaates nicht dessen StaatsbürgerInnen sind, also EinwohnerInnen, die mit geringeren Rechten ausgestattet sind. Diese Situation zeigt deutlich den ausschließenden Charakter von Staatsbürgerschaft auf, sowie die Grenzen dieses Konzeptes (Bauböck 2006: 15f). Eine wichtige Diskussion in Verbindung mit Staatsbürgerschaft und Migration ist die über die Rechte und Pflichten von Nicht-StaatsbürgerInnen oder AusländerInnen. Der rechtliche Status von Personen, die nicht die Staatsbürgerschaft des Landes besitzen in dem sie leben, ist sehr schwierig zu definieren, da es hierbei verschiedenste rechtliche Regelungen gibt und AusländerInnen unterschiedliche rechtliche Status haben (können). Unterschiede des Status gibt es hauptsächlich in Bezug auf die Dauer der Gültigkeit des Aufenthaltstitels, Zugang zum Arbeitsmarkt sowie Wahlrechte. Nicht-StaatsbürgerInnen haben jedenfalls Rechte, die sich jedoch je nach Status stark unterscheiden können, beginnend bei Personen ohne Aufenthaltsrecht, welche jedoch auch einen Anspruch auf Grundrechte haben, bis hin zu Nicht-StaatsbürgerInnen mit einem relativ gesicherten Status, welcher sich kaum noch vom Staatsbürgerschaftsstatus unterscheidet. Dieser Status wird in der wissenschaftlichen Literatur als *denizenship* bezeichnet; ein Begriff der von Tomas Hammar in den 1990er-Jahren eingeführt wurde (Bauböck 2006: 26).

Staaten können weitgehend selbst bestimmen unter welchen Bedingungen ausländische StaatsbürgerInnen zu StaatsbürgerInnen werden können, also eingebürgert werden. Die Formen und Regelungen für den Erhalt einer Staatsbürgerschaft sind mannigfaltig und in verschiedenen Ländern gibt es unterschiedlichste Formen von Einbürgerungen (vgl. Kapitel 3.3). Ganz allgemein wird Einbürgerung als Verleihung einer (zuvor noch nie besessenen) Staatsangehörigkeit nach der Geburt, welche auf Basis eines Ansuchens verliehen wird, bezeichnet (siehe Bauböck und Waldrauch 2006: 485). Diese Definition dient vor allem zur Unterscheidung von anderen Formen des meist automatischen Erhalts einer Staatsbürgerschaft. Diese betreffen vorwiegend Personen, die diese Staatsbürgerschaft früher schon einmal besessen hatten, zum Beispiel RückmigrantInnen. Solche Formen werden als Erhalt der Staatsbürgerschaft durch Erklärung, Registrierung, Deklaration oder Option genannt (vgl. Bauböck und Waldrauch 2006). In dieser Arbeit wird der Begriff Einbürgerung – vor allem im internationalen Kontext – allgemeiner gefasst und soll auch andere Erwerbsarten von Staatsbürgerschaft mit einbeziehen.

Im Falle von Migrationen und Einbürgerungen ist nun ferner zu beachten, dass Migration kein einseitiger Prozess ist und Personen oder Personengruppen nicht einfach in ein anderes Land wandern und sich dort völlig assimilieren. Migrationsprozesse wirken nicht nur in eine Richtung sondern Rück- und Pendelwanderungen sind häufig beobachtete Phänomene. Zusätzlich wird das Leben in mehreren Gesellschaften bzw. Staaten durch starke Bindungen zum Herkunftsland ausgedrückt. In der Forschung wird dieses Verhalten als „Transnationalismus“ bezeichnet, was zu einer neuen Form einer transnationalen Staatsbürgerschaft führt. In diesem Zusammenhang werden MigrantInnengruppen mit starken Bindungen ins Herkunftsland als Diaspora bezeichnet; ein Begriff der jedoch sehr unterschiedlich definiert wird (Bauböck 2006: 28f). Etwas konkreter in diesem Zusammenhang stellt sich für MigrantInnen die Frage nach doppelter bzw. mehrfacher Staatsbürgerschaft, da Personen, die in mehreren Staaten zuhause sind, auch Mitglieder beider Staaten sein können bzw. wollen. In letzten Jahren hat sich das Forschungsinteresse an doppelter Staatsangehörigkeit stark erweitert und in europäischen Ländern ist auch ein Trend in Richtung Tolerierung von mehrfacher Staatsbürgerschaft zu beobachten. Die wichtigsten Einwände gegen mehrfache Staatsbürgerschaft sind die Sorge über Loyalitätskonflikte der betroffenen Personen, die Verhinderung der Integration durch bestehend bleibende Bindungen an das Herkunftsland, potentielle Konflikte über bestehende Pflichten der Personen vor allem in Hinblick auf Steuern und Wehrdienst, sowie die Überlegung, dass mehrfache Staatsbürgerschaft zu Ungleichheit führt, da Mehrfach-StaatsbürgerInnen über mehr Rechte und Möglichkeiten verfügen als einfache StaatsbürgerInnen, wie beispielsweise mehrfaches Wahlrecht etc. (Kraler 2006: 59).

Generell ist jedoch sehr wenig bekannt über das Verhalten von MigrantInnen in Bezug auf Staatsbürgerschaft. Insbesondere Motivationen und Gründe für Einbürgerungen sowie Folgen von Einbürgerungen für MigrantInnen in verschiedenster Hinsicht sind weitgehend unbekannt. Diese Fragestellung steht unmittelbar im Zusammenhang mit der Verbindung von Staatsbürgerschaft und Integration. Unter SozialforscherInnen ist bislang unbestritten, dass Staatsbürgerschaft als ein Mittel zur Integration gesehen werden muss. Inwiefern Staatsbürgerschaft sich jedoch auf den Integrationsprozess auswirkt, ist bislang wenig erforscht. Der allgemeine Zusammenhang zwischen Integration und Staatsbürgerschaft bzw. Einbürgerung wird im fünften Kapitel noch genauer behandelt.

3 Rechtliche Bedeutung der Staatsbürgerschaft

Um die Bedeutung der Staatsbürgerschaft und mögliche Folgen einer Einbürgerung verstehen zu können, müssen die rechtlichen Rahmenbedingungen genau dargestellt und interpretiert werden. Dieses Kapitel beschreibt zuerst die rechtliche Entstehung der österreichischen Staatsbürgerschaft. Danach werden die aktuellen rechtlichen Regelungen für eine Einbürgerung genau dargestellt und einem internationalen Vergleich unterzogen. Schließlich wird das Kapitel zusammengefasst und Schlussfolgerungen angestellt.

3.1 Entwicklung des österreichischen Staatsbürgerschaftsrechtes

3.1.1 Die Anfänge des österreichischen Staatsbürgerschaftsrechtes

Die Entstehung der österreichischen Staatsbürgerschaft steht in engem Zusammenhang mit der allgemeinen Entwicklung und Herausbildung von Nationalstaaten. In der zweiten Hälfte des 18. Jahrhunderts können die ersten rechtlichen Bestimmungen bezüglich einer Staatsbürgerschaft verortet werden, wobei – unter anderem – ein bedeutender Aspekt von Staatsbürgerschaft eine damit verbundene Stellungspflicht für den Wehrdienst war (Rosenmayer, 1986: 89f). Im Josefinischen Gesetzbuch von 1786 findet sich erstmals eine Unterscheidung zwischen Untertanen und Fremden, jedoch waren mit dieser Unterscheidung keine Vorschriften über den Erwerb oder Verlust der Staatsbürgerschaft verbunden. Erste Bestimmungen eines Erwerbs oder Verlustes der Staatsbürgerschaft wurden im § 28 ff des Allgemeinen Bürgerlichen Gesetzbuches (ABGB) von 1811, welches am 1.1.1812 in Kraft trat, geregelt. Diese (alt-)österreichische Staatsbürgerschaft galt zunächst nur in bestimmten Kronländern und wurde erst 1849 auf die gesamte Monarchie ausgeweitet. Nach dem Österreich-Ungarischen Ausgleich 1867 wurde diese jedoch auf die Königreiche und Länder, welche im Reichsrat vertreten waren, beschränkt (Fessler et al. 2006: 18). Nach der Regelung § 28 des ABGB von 1811 wurde der Erhalt der Staatsbürgerschaft bei Geburt durch das Prinzip der Abstammung (*ius sanguinis*) geregelt, wobei der Staatsbürgerschaft der Mutter und des Vaters unterschiedliche Wertigkeiten zukamen. In einer Ehe geborene Kinder erhielten die österreichische Staatsbürgerschaft, wenn der Vater Österreicher war. Kinder die außerhalb einer Ehe geboren wurden erhielten die österreichische Staatsbürgerschaft, wenn die Mutter Österreicherin war, gleich welche Staatsbürgerschaft der Vater hatte. Wenn jedoch nur der Vater Österreicher war, erhielt das Kind die österreichische Staatsbürgerschaft durch Legitimation. Weiters gab es einen Anspruch auf Einbürgerung für Frauen, die einen Österreicher heirateten, für Personen, die in ein Beamtenverhältnis eintraten, und generell nach einer Aufenthaltsdauer von zehn Jahren. Zusätzlich gab es noch die Möglichkeit einer Ermessenseinbürgerung auf Antrag bei genügendem Einkommen und „gutem Verhalten" (Cinar und Waldrauch 2006: 22). Schon im April 1812 trafen Einbürgerungsansuchen bei der k.k. Vereinigten böhmisch-österreichischen Hofkanzlei in Wien wie auch bei den Landesregierungen (den so genannten Gubernien), welche auch berechtigt waren „Naturalisierungsurkunden" auszustellen, ein. Jedoch kam es auf Grund der verschiedenen Anträge und dem damals kaum standardisierten Einbürgerungsverfahren zu vielen Problemen. Erst nach dem Wiener Kongress zeichneten sich gleichförmigere Verfahren ab. Außerdem kam es bei der automatischen Einbürgerung nach zehn Jahren unter Umständen auch dazu, dass Personen eingebürgert wurden, obwohl diese das gar nicht wollten. Dies führte dazu, dass der älteste Erwerbsgrund der österreichischen Staatsbürgerschaft (Erwerb nach zehn Jahren) mit einem Dekret vom 1. April 1833 geändert wurde und an bestimmte Bedingungen gebunden wurde. Diese Bedingungen umfassten Straffreiheit, die Leistung eines Untertanseides, und die/der Einbürgerungswillige sollten auch „durch seine Aufführung und gezeigte Denkungsart niemals zu einem gegründetem Verdacht oder Beschwerde Anlaß gegeben haben" (Burger 2000: 108-118).

Neben Regelungen zum Erwerb der österreichischen Staatsbürgerschaft sind Regelungen bezüglich des Verlusts der Staatsbürgerschaft, welche durch das Auswanderungsrecht (*Auswanderungspatent*) geregelt wurden, bemerkenswert. Österreichische StaatsbürgerInnen mussten um Auswanderung ansuchen und verloren dadurch die Staatsbürgerschaft. Ab 1867 wurde keine Genehmigung mehr für eine Auswanderung benötigt, jedoch stellte sie weiterhin einen Grund für den Verlust der Staatsbürgerschaft dar. Weiters verloren österreichische Staatsbürgerinnen ihre Staatsbürgerschaft bei Heirat eines ausländischen Staatsbürgers (Cinar und Waldrauch 2006: 22-23). Zusätzlich stellte die Annahme „fremder Dienste" einen weiteren Grund für den Verlust der österreichischen Staatsbürgerschaft dar (Burger 2000: 128ff).

Staatsgrundgesetz 1867. Durch das Staatsgrundgesetz von 1867 veränderte sich die Bedeutung der Staatsbürgerschaft grundlegend, da diese nun für einen gewissen Teil der Staatsbürg*er* mit politischer Partizipation, also einem Wahlrecht, verbunden war. Dieses Wahlrecht galt allerdings nur für besitzende

Männer. Das allgemeine österreichische Staatsbürgerschaftsrecht sollte zwar durch *ein* Gesetz, in Hinblick auf die Bedingungen des Erwerbs, der Ausübung und des Verlusts der Staatsbürgerschaft, geregelt werden, jedoch wurde nie so ein Gesetz erlassen und das österreichische (cisleithanische) Staatsbürgerschaftsrecht blieb ein Stückwerk (Burger 2000: 168-169).

Nach Burger (2000: 171-172) können trotz einer ständigen Veränderung der altösterreichischen Staatsbürgerschaft einige dauerhafte Elemente bis 1867 zusammengefasst werden: (1) starke territoriale Elemente, wie der anhaltenden Bedeutung des 10jährigen Wohnsitzes für die Einbürgerung, trotz eines dominant werdenden Abstammungsprinzips nach 1811; (2) hauptsächliche Regelung des Staatsbürgerschaftsrechts durch das Privatrecht, welches Gleichbehandlung, Freiwilligkeit und Vertragsfreiheit zumindest versprach; und (3) ein weltbürgerliches Element, welches grundsätzlich jeder Person, die sich nicht eines Verbrechens schuldig macht, die Staatsbürgerschaft gewährte. Dieses dritte Element hatte zur Folge, dass Kriterien wie Sprache, Religion und Kultur für den Staatsbürgerschaftserwerb bis 1867 kein erhebliches Gewicht hatten.

Die Staatsbürgerschaft war jedoch sehr stark an das so genannte Heimatrecht gebunden, welches das Recht auf ungestörten Aufenthalt und das Recht auf Armenfürsorge in der Heimatgemeinde regelte. Darauf soll im Folgenden eingegangen werden.

Das Heimatrecht im 19. Jahrhundert. Besonders im 19. Jahrhundert war das Heimatrecht von besonderer Bedeutung für die österreichische Staatsbürgerschaft aber auch für die Armenfürsorge, die Regelung von Abschiebungen und, generell, für die Bestimmung von „Einheimischen“ und „Fremden“. Allgemein kann das Heimatrecht als Recht auf ungestörten Aufenthalt in der Heimatgemeinde und Anspruch auf Armenfürsorge definiert werden (Fessler et al. 2006: 18-19). Rechtlich kann erst ab 1849, mit der Einführung des provisorischen Gemeindegesetzes, von einem Heimatrecht gesprochen werden. Jedoch waren auch schon davor „Zuständigkeiten“ und „politische Domizile“ geregelt worden, wenngleich die Regelungen sehr unterschiedlich und auch widersprüchlich waren. Das Heimatrecht hat zwei Grundlagen, nämlich die Armenfürsorge, welche sich nach dem „Gemeindeprinzip“ richtete und auch für das Schubwesen von Bedeutung war, und das Konskriptionswesen, welches, vor allem vor 1849 besonders für die Bestimmung von „Einheimischen“ und „Fremden“, also der Festlegung der Heimatgemeinde, von Bedeutung war (Wendelin 2000: 195-196).

Bereits im 16. Jahrhundert wurde von Ferdinand II. das so genannte Heimatprinzip eingeführt wonach jede Gemeinde als Zuständig für die einheimischen Armen erklärt wurde. Diese Regelung war für das Schubwesen von Bedeutung, da Personen die arm waren oder wurden und nicht in ihrer Heimatgemeinde lebten, dorthin geschoben werden konnten, da nur die „Heimatgemeinde" für die Armenfürsorge zuständig war (Wendelin 2000: 181-191). Die Konskription war die Erfassung und Lokalisierung von Personen in den jeweiligen Gemeinden. Ursprünglich hatte die Konskription nur militärische Zwecke, um die männliche, wehrfähige, junge Bevölkerung staatlich zu lokalisieren. Mit dem Konskriptionspatent von 1804 wurde der Sinn der Konskription erweitert und nun sollte die gesamte Bevölkerung erfasst werden.[6] Diese Aufzeichnungen waren die Vorläuferinnen der Volkszählungen und waren die einzigen umfassenden Quellen für die Erfassung der Zusammensetzung und Verteilung der Bevölkerung bis zur Einführung der Volkszählung 1857. Die Konskription war von enormer Bedeutung für die staatliche Machtausübung (Wendelin 2000: 191-195).

Eine konzise allgemeine Darstellung der Regelungen des Heimatrechts im 18. und 19. Jahrhundert ist schlichtweg nicht möglich, da die Gesetzgebung aus einer Vielzahl an Patenten, Verordnungen, Dekreten und ähnlichem bestand und auf jeweils konkrete Anlässe reagierte. Generelle Prinzipien, die vor Einführung des Provisorischen Gemeindegesetzes 1849 für die Erlangung des Heimatrechtes in einer Gemeinde galten, waren, dass jedeR StaatsbürgerIn nur einer Gemeinde angehören sollte und, dass der erste Grund für die Bestimmung der Heimatgemeinde die Geburt in einer Gemeinde war. Diese Gemeinde blieb die zuständige Gemeinde bis eine Person in einer anderen Gemeinde aufgenommen wurde. Die Erwerbung einer neuen Zuständigkeitsgemeinde war durch vielerlei Gründe möglich. Eine neue Zuständigkeit konnte unter anderem dadurch erlangt werden, indem eine Person Offizier, Seelsorger, Staatsbeamter[7] etc. in einer anderen Gemeinde wurde oder durch einen ununterbrochenen zehnjährigen Aufenthalt (*Dezennium*). Frauen wurden bei Heirat der Gemeinde des Ehegatten zugeteilt, falls dieser der Zuständigkeit einer anderen Gemeinde unterlag. Falls keine zuständige Gemeinde eruiert werden konnte, wurde eine Person dem Ort des längsten Aufenthaltes zugewiesen. Diese Prinzipien sind aber nur beispielhaft zu verstehen, da die Regelungen des „politischen Domizils" nicht systematisch waren (Wendelin 2000: 195-199). Mit der Einführung des Provisorischen Gemeindegesetzes 1849 wurde die Aufenthaltsdauer zur Erlangung des Heimatrechtes von zehn auf vier Jahre heruntergesetzt. Nach dieser neuen Regelung konnten Personen außer durch Geburt in einer Gemeinde durch Gemeindebeschluss oder stillschweigend nach vierjährigem Aufenthalt das Heimatrecht erlangen. Mit diesem Gesetz wurde auch der Heimatschein eingeführt, welcher eine Bestätigung des Heimatrechtes einer Person war (außerdem galt der Heimatschein als Inlandsreisepass). Dieses Gesetz wurde 1859 leicht modifiziert. Das Heimatgesetz von 1863 jedoch schränkte die Möglichkeiten, die Heimatge-

6 Mit diesem Patent wurden auch Ortstafeln und Hausnummern eingeführt.
7 Es ist nicht bekannt inwiefern auch Frauen Staatsbeamtinnen werden konnten.

meinde zu wechseln, drastisch ein. Ab 1863 war neben dem Erwerb des Heimatrechtes durch Geburt, Heirat und Antritt eines öffentlichen Amtes, der Erwerb nur noch über expliziten Aufnahmebeschluss möglich, also fiel die stillschweigende Aufnahme nach zuerst zehn- und dann vierjährigem Aufenthalt weg (Wendelin 2000: 211-213).

Die Verbindung des Heimatrechtes mit der Staatsbürgerschaft. Die 1811 eingeführte Staatsbürgerschaft war im 19. Jahrhundert im Vergleich zum Heimatrecht relativ bedeutungslos, was auch durch die automatische „stillschweigende Naturalisierung“ von ausländischen StaatsbürgerInnen vor 1833 ausgedrückt wird. Erst danach mussten ausländische Staatsangehörige für die österreichische Staatsbürgerschaft ansuchen. Das gleichzeitige Bestehen von Staatsbürgerschaft und Heimatrecht führte zu vielen Unklarheiten in der praktischen Vollziehung, wobei die Staatsbürgerschaft oft nur als formal angesehen wurde. Erst im Gemeindegesetz 1849 wurde die Staatsbürgerschaft als Bedingungen für den Erwerb des Heimatrechtes bestimmt. Ab 1859 heißt es, dass nur StaatsbürgerInnen das Heimatrecht erwerben können und jedeR StaatsbürgerIn auch in einer Gemeinde heimatberechtigt sein muss (Wendelin 2000: 215-216). Somit bedingten sich Staatsbürgerschaft und Heimatrecht.

3.1.2 Rechtliche Entwicklung in der Zeit von der ersten Republik bis ins neue Jahrtausend

Mit dem Zusammenbruch der Monarchie 1918 musste die Zugehörigkeit zum Nationalstaat „Deutschösterreich“ geregelt werden. Alle Personen, die in einer deutschösterreichischen Gemeinde das Heimatrecht besaßen, wurden nach dem Staatsbürgerschaftsgesetz 1918 zu deutschösterreichischen StaatsbürgerInnen erklärt. Ausgenommen wurden Personen, die eine Staatsbürgerschaft eines anderen Nachfolgestaates annahmen. Diese Regelung, die nicht den Aufenthaltsort von den Heimatberechtigten berücksichtigte, führte dazu, dass viele Personen außerhalb Österreichs zu Staatsangehörigen wurden und viele Personen innerhalb des neuen Staates zu AusländerInnen (Bauböck 1996: 3-4).

Der Staatsvertrag von St. Germain 1920. Die Bestimmung von 1918 wurde mit dem Staatsvertrag von St. Germain, welcher im Juli 1920 verlautbart wurde, neu geregelt. Laut dem Staatsvertrag hatte Österreich alle Personen als StaatsbürgerInnen anzuerkennen, welche im Staatsgebiet heimatberechtigt waren und nicht Angehörige eines anderen Staates waren. Außerdem enthielt der Vertrag eine Reihe weiterer Bestimmungen, welche unter anderem die Option zur österreichischen Staatsbürgerschaft aufgrund von „Rasse und Sprache“ ermöglichte (Kurnik 1997: 13-14). Personen, die außerhalb des deutschösterreichischen

Staatsgebietes heimatberechtigt waren und sich von der „Mehrheitsgesellschaft" des Nachfolgestaates nach „Rasse und Sprache" unterschieden aber nicht nach der „Rasse und Sprache der deutschen Mehrheit" Österreichs, konnten die österreichische Staatsbürgerschaft erlangen (Bauböck 1993: 4). Kurz gesagt, es wurde ein rassistisches Element in die Gesetzgebung eingebaut und Personen, die nach „Rasse und Sprache" Deutsche waren, wurden bevorzugt behandelt. Ein Grund für die Einführung der Option nach „Rasse und Sprache" war eine enorme antisemitische Motivation der Staatsbürgerschaftsverleihung. Die Regelung sollte es hauptsächlich Jüdinnen und Juden aus östlichen Gebieten schwer oder gar unmöglich machen, die österreichische Staatsbürgerschaft zu erlangen, da diese nicht der „deutschen Mehrheit der österreichischen Bevölkerung" angehören sollten. Jüdische Einbürgerungswillige wurden generell abgewiesen (Burger und Wendelin 2002: 14-19).

Die Verfassung 1920 und das Staatsbürgerschaftsgesetz 1925. Mit der neuen Verfassung von 1920 wurde der Bund als zuständig für die Gesetzgebung der Staatsbürgerschaft erklärt, jedoch die Administration dieser in die Kompetenz der Bundesländer gegeben. Außerdem wurde eine separate Landesbürgerschaft eingeführt (Cinar und Waldrauch 2006: 23). Im Art. 6 des B-VG 1920 wurde der bisherige Zusammenhang von Staatsbürgerschaft und Heimatrecht umgedreht. War bis 1920 noch die Staatsbürgerschaft Voraussetzung für das Heimatrecht, wurde durch die Bundesverfassung 1920 das Heimatrecht in einer Gemeinde eines Landes die Voraussetzung zur Landesbürgerschaft desselben Landes. Durch die Landesbürgerschaft wurde auch die Bundesbürgerschaft erworben. Diese Aufteilung wurde durch den Erlass des Staatsbürgerschaftsgesetzes im Oktober 1925[8] einheitlich geregelt. Nach dem Staatsbürgerschaftsgesetz 1925 konnte die Landesbürgerschaft (und dadurch gleichzeitig auch die Bundesbürgerschaft) durch Verleihung, Antritt eines öffentlichen Lehramtes an einer österreichischen Hochschule, Abstammung (Legitimation), Heirat und Wiedereinbürgerung erlangt werden. Außerdem konnte die Landes- und Bundesbürgerschaft durch Rechtsnachfolge, Heirat und Ausbürgerung (freiwilliger Eintritt in den öffentlichen oder militärischen Dienst eines anderen Landes) verloren werden (Fessler et al. 2006: 19-20).

Austrofaschismus und Nationalsozialismus. Mit dem Austrofaschismus ab 1933 wurden Ausbürgerungen auch aus politischen Gründen vorgenommen. So heißt es nach einer Verordnung der Regierung Dollfuß, dass LandesbürgerInnen, die im Ausland „österreichfeindliche Handlungen" unterstützen, die Staatsbürgerschaft verlieren. Die Regierungen Dollfuß und Schuschnigg hatten insgesamt 11.646 Personen aus politischen Gründen ausgebürgert, darunter illegale

8 StbG 1925, BGBl 285

NationalsozialistInnen, SchutzbündlerInnen sowie KommunistInnen (Burger und Wendelin 2002: 14-19, 28). Außerdem war ab 1933 eine Einbürgerung von AusländerInnen nur noch in einzelnen Fällen möglich, falls die Einbürgerung den Interessen der österreichischen Regierung diente (Cinar und Waldrauch 2006: 23). Nach dem ‚Anschluss' Österreichs an das Deutsche Reich am 13. März 1938 verloren alle österreichischen StaatsbürgerInnen die österreichische Bundesbürgerschaft. Diese Rechtsüberleitung gestaltete sich jedoch sehr schwierig, da in Österreich ein föderatives Drei-Ebenen-Modell der Bundes- und Landesbürgerschaft und des Heimatrechtes herrschte. Die Überleitung vom österreichischen zum deutschen Recht verlief hauptsächlich in zwei Etappen mittels zwei Verordnungen. Die erste „Verordnung über die deutsche Staatsangehörigkeit im Lande Österreich" vom 3. Juli 1938 beseitigte die österreichische Bundes- und Landesbürgerschaft und ersetzte diese mit der Deutschen. Die deutsche Staatsangehörigkeit wurde jedoch bis auf weiteres über das österreichische Landesrecht geregelt. Erst mit der zweiten „Verordnung über die deutsche Staatsangehörigkeit im Lande Österreich" am 30. Juni 1939 wurden alle Elemente des österreichischen Staatsbürgerschaftsrechtes aufgehoben und es trat das Reichs- und Staatsangehörigkeitsgesetz von 1913 in Kraft. In den nunmehr „Reichsgauen der Ostmark" wurde die deutsche Staatsangehörigkeit nur mehr durch den Reichstatthalter verliehen. Diese zweite Verordnung des nationalsozialistischen Regimes beseitigte das österreichische Heimatrecht, welches danach auch nie wieder eingeführt wurde (Burger und Wendelin 2002: 24-27).

Das Staatsbürgerschaftsgesetz 1945 bzw. 1949. Am 27. April 1945 wurde die Zweite Österreichische Republik proklamiert und der „Anschluss" von 1938 wurde für „null und nichtig" erklärt. Wie auch schon 1938 war jedoch die Überleitung 1945 auch nicht einfach und ging nur schrittweise vor sich (Burger und Wendelin 2002: 74).[9] Noch im selben Jahr wurde das Staatsbürgerschafts-Überleitungsgesetz (Stb-ÜG) und das Staatsbürgerschaftsgesetz 1945, welches sich an die Erwerbs- und Verlustregelungen des StbG 1925 anlehnte, erlassen. Beide Gesetze wurden in den darauf folgenden Jahren mehrmals novelliert und 1949 wiederverlautbart. Das Heimatrecht sowie die Landesbürgerschaft wurden nicht mehr eingeführt. Änderungen des StbG 1949 gegenüber des von 1925 waren einerseits, dass Frauen, welche eine ausländische Staatbangehörigkeit automatisch durch Heirat erlangten, auf Antrag die österreichische behalten konnten, und andererseits, dass Einbürgerung schwieriger gemacht wurde und verschiedene Wartezeiten (Aufenthaltsdauer) eingeführt wurden. Eine Einbürgerung nach vier Jahren war nur mehr möglich, wenn diese im Interesse des Bundeslandes lag. Nach zehn Jahren konnten ausländische Staatsangehörige nach

9 Für eine genaue Darstellung siehe Burger/ Wendelin 2002.

Ermessen eingebürgert werden, wenn diese bestimmte allgemeine Voraussetzungen erfüllten. Nach 30 Jahren Aufenthalt und Erfüllung der allgemeinen Voraussetzungen bestand ein Rechtsanspruch auf Einbürgerung. Die allgemeinen Voraussetzungen waren die Aufgabe der bisherigen Staatsbürgerschaft, keine Beziehungen zum Herkunftsland, welche den Interessen Österreichs schaden konnten, sowie keine Vorstrafen (Cinar und Waldrauch 2006: 24-25).

Das StbG 1965. Zu Beginn der 1960er Jahre kam es zu Diskussionen über das Staatsbürgerschaftsrecht in Bezug auf die Einführung einer Staatsbürgerschaftsevidenz sowie über verschiedene internationale Konventionen, die im österreichischen Staatsbürgerschaftsrecht Eingang finden sollten. Daraufhin wurde 1965 das StbG neu verlautbart, wobei die generellen Kernbestimmungen, die seit 1925 bestanden, nicht verändert wurden. Einige Änderungen von 1965 betrafen die Annäherung der Gleichstellung von Männern und Frauen vor dem Gesetz. Wichtige Änderungen waren: Eheliche Kinder konnten die Staatsbürgerschaft der Mutter erhalten, falls diese sonst staatenlos sein würden. Der automatische Verlust der Staatsbürgerschaft bei Heirat eines ausländischen Staatsbürgers wurde abgeschafft. Der automatische Erhalt der österreichischen Staatsbürgerschaft durch Heirat eines Österreichers wurde zum Recht auf Einbürgerung durch Erklärung und die automatische Erstreckung der österreichischen Staatsbürgerschaft auf Frauen, deren Ehemann Österreicher wurde, wurde zu einem rechtlichen Anspruch auf Einbürgerung nur bei Antrag. Zwei weitere Änderungen betrafen mehrfache Staatsbürgerschaften, wobei Flüchtlinge nicht mehr ihre bisherige Staatsbürgerschaft aufgeben mussten und es auch erstmals möglich war, die österreichische Staatsbürgerschaft freiwillig aufzugeben (Cinar und Waldrauch 2006: 25-26).

Die Novellen 1973 und 1983. Die Novellierung 1973 sollte eigentlich die Einbürgerung der so genannten „GastarbeiterInnen“ erleichtern. Da diese Änderung jedoch einer Zwei-Drittel Mehrheit bedurfte und der Regierung „WählerInnenfang“ vorgehalten wurde, kam es nur zu einer Änderung bezüglich der benötigten Aufenthaltsdauer von Minderjährigen. Diese Änderung hatte kaum Auswirkungen. Die Novelle 1983 war da schon wesentlich wichtiger, da erst dadurch gesetzliche Geschlechterunterschiede im Gesetz beseitigt wurden. Von nun an erhalten eheliche Kinder die österreichische Staatsbürgerschaft bei Geburt, sofern ein Elternteil ÖsterreicherIn ist. Des Weiteren beinhaltete die Novellierung Änderungen in Hinblick auf Holocaustüberlebende, politische EmigrantInnen und Ausgebürgerte zwischen 1933 und 1945 (Cinar und Waldrauch 2006: 26-27).

Das StbG 1985 und Entwicklungen bis 1998. 1985 wird das Staatsbürgerschaftsrecht 1965 wiederverlautbart und gilt bis heute. Bis zur bedeutenden Novelle 1998 kam es zu verschiedenen Änderungen im Staatsbürgerschaftsrecht.

1988 kam es zu einer Novelle des Bundesverfassungsgesetzes (B-VG-Nov 1988, BGBl 685), welche das Verhältnis zwischen der Bundes- und der Landesbürgerschaft neu regelte, indem nunmehr eine *einheitliche Staatsbürgerschaft* besteht. Das ursprüngliche Verhältnis wurde somit umgedreht und laut Artikel 6 Abs 2 B-VG sind [j]*ene Staatsbürger, die in einem Land den Hauptwohnsitz haben* [...] *dessen Landesbürger* [...]. Folglich besteht primär eine einheitliche Bundesbürgerschaft und die Landesbürgerschaft ist nur eine Folge dieser (vgl. Fessler et al. 2006: 22; Cinar und Waldrauch 2006: 28; B-VG Art. 6 Abs. 1 und 2). War nach dem B-VG 1929 die Landesbürgerschaft die Voraussetzung für die Bundesbürgerschaft, verhält sich dies nun umgekehrt (vgl. Fessler et al. 2006: 22; Cinar und Waldrauch 2006: 28).

Seit 1990 genießen AuslandsösterreicherInnen volles Wahlrecht, wenn diese sich im WählerInnenverzeichnis einer Gemeinde registrieren (BGBl. 148/90). 1993 wurde die Wiedererlangung der österreichischen Staatsbürgerschaft für Personen, die Österreich vor 1945 verlassen mussten, liberalisiert (BGBl. 521/1993). 1998 kam es zu einer bedeutenden Änderung im österreichischen Staatsbürgersrecht, wobei erstmals der Nachweis von Sprachkenntnissen für eine Einbürgerung eingeführt wurde (Cinar und Waldrauch 2006: 28-29). Die Novelle 1998 (BGBl. 124/1998) hatte explizit das Ziel, den Erhalt der österreichischen Staatsbürgerschaft an eine „geglückte Integration“ zu koppeln. Prinzipiell wurden Fristen zur Verleihung der Staatsbürgerschaft zwar nicht geändert, jedoch wurden die Voraussetzungen für die Verleihung unter besonders berücksichtigungswürdigen Umständen und einer damit verbundenen Verkürzung der notwendigen Aufenthaltsdauer auf vier Jahre (für Minderjährige, Asylberechtigte, EWR-BürgerInnen) bzw. sechs Jahre (bei einem Nachweis „nachhaltiger persönlicher und beruflicher Integration“) vereinheitlicht (Fessler et al. 2006: 25).

Bisher gab es hierbei große Unterschiede bei der Vollziehung zwischen den Bundesländern. Mit der Novelle 1998 – die 1999 in Kraft trat – wurde also die Kenntnis der deutschen Sprache als Einbürgerungsvoraussetzung gesetzlich festgelegt (Waldrauch und Cinar 2003: 261-262). Der bisherige Rechtsanspruch auf Einbürgerung nach 30 Jahren blieb bestehen, jedoch konnten Einbürgerungswillige schon nach 15 Jahren einen Anspruch auf Einbürgerung haben, wenn diese ihre „nachhaltige berufliche und persönliche Integration“ nachweisen konnten (Fessler et al 2006: 25).

Die StbG Novelle 2006. 2006 kam es zu einer einschneidenden Änderung des österreichischen Staatsbürgerschaftsrechtes. Es kam zu mehreren wirkungsträchtigen Verschärfungen der Einbürgerungsbestimmungen, welche auch dazu führten, dass die Einbürgerungszahlen seit dem in Kraft treten der Novelle 2006 drastisch gefallen sind (siehe Kapitel 4). Diese Novelle steht im Zusammenhang mit der Neugestaltung des österreichischen Fremdenrechts durch das so genannte Fremdenrechtspaket 2005 und war vehementer Kritik ausgesetzt. Die Novelle wurde erst nach einem Beharrungsbeschluss am 1. 3. 2006 verabschiedet, da der Bundesrat dagegen Einspruch erhoben hatte. Dieser Einspruch wurde unter anderem damit begründet, dass die Novelle ein ohnehin strenges Staatsbürgerschaftsrecht, welches schon vor 2006 eines der strengsten Europas war, unnötig zusätzlich verschärft und eine erfolgreiche Integration von ausländischen MitbürgerInnen verhindert (vgl. Fessler et al. 30-32). Nach der Novelle 2005 kennt das österreichische Staatsbürgerschaftsrecht nur mehr vier Fristen für eine Einbürgerung, nämlich den Rechtsanspruch nach 30 Jahren, die Einbürgerungen nach 15 Jahren bei nachgewiesener „Integration", die mögliche Einbürgerung nach 10 Jahren, sowie die mögliche Einbürgerung nach sechs Jahren für völkerrechtlich besonders privilegierte Gruppen. Des Weiteren legte die Novelle das Niveau der erforderlichen Sprachkenntnisse und das Erfordernis der Grundkenntnisse von demokratischer Ordnung und Geschichte Österreichs und des jeweiligen Bundeslandes fest (Fessler et al. 2006: 27). Insgesamt können die Änderungen 2006 wie folgt zusammengefasst werden:

- Für eine Einbürgerung nach 10 Jahren muss die Person seit mindestens fünf Jahren in Österreich niedergelassen sein (nach dem NAG 2005) und insgesamt werden nur noch legale Aufenthalte gezählt. Wenn sich eine Person länger als 20 Prozent der benötigten Zeit im Ausland aufhält gilt der Aufenthalt als unterbrochen.
- Längere notwendige Aufenthaltsdauer für Einbürgerungen durch Heirat und vorzeitiger Einbürgerung.
- Strengere Voraussetzung in Bezug auf Vorstrafen und nachzuweisender finanzieller Mittel: Jegliche Gefängnisstrafe für ein vorsätzliches Verbrechen sowie finanzielle Vergehen schließen eine Einbürgerung aus. Selbiges gilt für wiederholte schwerwiegende Verwaltungsstrafen (vor allem Verkehrsvergehen) und die Nähe zu einer extremistischen oder terroristischen Gruppierung. Im Falle von nicht ausreichenden finanziellen Mitteln oder Erhalt von Sozialhilfe innerhalb der letzten drei Jahre vor der Einbürgerung ist keine Einbürgerung möglich.
- Einführung standardisierter Deutschtests und Neueinführung von Tests über die österreichische gesellschaftliche Ordnung und Geschichte.
- Eine signifikante Erhöhung der Einbürgerungskosten.

(vgl. Cinar und Waldrauch 2006: 52-57)

2009 wurde das Staatsbürgerschaftsrecht wieder leicht modifiziert. Es wurden unter anderem Einbürgerungsmöglichkeiten für bestimmte Personen, die im Ausland niedergelassen sind, geschaffen, radiologische Untersuchungen für die Altersbestimmung eingeführt und das Gelöbnis bei der Verleihung der Staatsbürgerschaft um ein Bekenntnis zu den Grundwerten eines demokratischen

Staates und seiner Gesellschaft erweitert (Parlament Österreich 2009). Zusätzlich wurde die Einkommensberechnung geändert, indem regelmäßige Aufwendungen, wie etwa Mietzahlungen, Kreditbelastungen, Pfändungen oder Unterhaltszahlungen, bis zu einem bestimmten Betrag von der Höhe des Einkommens abgezogen werden.[10] Somit wurde die Höhe des notwendigen Einkommens für eine Einbürgerung angehoben, was zu einer weiteren starken Verringerung der Einbürgerungszahlen ab 2010 führte.[11]

Tabelle 3.1.: Überblickstabelle der Entstehungsgeschichte der österreichischen Staatsbürgerschaft

1812	Allgemeines Bürgerliches Gesetzbuch	§ 28ff enthält erste Regelungen des Erhalts und Verlusts der österreichischen Staatsbürgerschaft
1832	Auswanderungspatent	Einführung von best. Bedingungen für den Erhalt der Staatsbürgerschaft und Verlust der Staatsbürgerschaft bei Auswanderung
1863	Heimatrechtgesetz	Recht auf ungestörten Aufenthalt und Regelung von Armenfürsorge sowie Abschiebungen
1867	Staatsgrundgesetz	Der Besitz der österreichischen Staatsbürgerschaft wird mit politischen Rechten (vorerst nur für Männer) verbunden
1918	Zerfall der Monarchie	Regelungen, welche Personen als Staatsangehörige von Deutschösterreich anzusehen sind
1920	Staatsvertrag von St. Germain und Bundesverfassungsgesetz	Alle Personen, die in Österreich heimatberechtigt und nicht StaatsbürgerInnen eines anderen Staates waren, wurden ÖsterreicherInnen. Einführung der Landesbürgerschaft, wofür das Heimatrecht benötigt wurde. Landesbürgerschaft war Voraussetzung für Bundesbürgerschaft.
1925	Staatsbürgerschaftsgesetz	Bestimmungen für die Verleihung der Landesbürgerschaft und somit Bundesbürgerschaft.
1933	Austrofaschismus	Ausbürgerungen aus „politischen Gründen“
1938	„Anschluss“ an Deutschland	ÖsterreicherInnen wurden zu deutschen StaatsbürgerInnen
1945	Wiedererstehung der Republik Österreich	Rechtsüberleitung und StbG 1945 in Anlehnung an das StbG 1925
1949	Staatsbürgerschaftsgesetz	Wiederverlautbarung des StbG 1945

10 Vgl. BGBl. 122/2009, Artikel 6

11 Persönliche Auskunft und Einschätzung aus dem Amt der Niederösterreichischen Landesregierung und der Wiener MA 35.

1965	Staatsbürgerschafts-gesetz	Schritte in Richtung Gleichbehandlung von Männern und Frauen sowie Änderungen aufgrund von internationalen Konventionen
1973	Novelle des StG	Geringfügige Änderungen ohne große Bedeutung
1983	Novelle des StG	Beseitigung von Geschlechterunterschieden im Staatsbürgerschaftsrecht
1985	Staatsbürgerschafts-gesetz	Verlautbarung des aktuellen Staatsbürgerschaftsrechtes
1988	Änderungen des B-VG	Bundesbürgerschaft wird zur Voraussetzung für die Landesbürgerschaft
1998	Novelle des StbG	Nachweis von Integration vor allem in Form von Sprachkenntnissen wird als Einbürgerungsvoraussetzung eingeführt.
2006	Novelle des StbG	Verschärfungen der Einbürgerungsbestimmungen

Quelle: Eigene Aufstellung bis 1938, ab 1945 teilweise übernommen aus Cinar und Waldrauch 2006: 54-57.

3.2 Das aktuelle österreichische Staatsbürgerschaftsrecht

Die österreichische Staatsbürgerschaft ist verfassungsrechtlich durch den Artikel 6 des österreichischen Bundesverfassungsgesetzes geregelt: „Für die Republik Österreich besteht eine einheitliche Staatsbürgerschaft" (B-VG, Art. 6. (1)). Laut Artikel 11 Absatz (1) Zeile 1 des B-VG obliegt die Gesetzgebung der Staatsbürgerschaft dem Bund und die Vollziehung der Länder. Des Weiteren wird zu Absatz (1) angemerkt, dass zur einheitlichen Staatsbürgerschaft auch die EU-Bürgerschaft tritt. Der Erhalt bzw. Verlust der österreichischen Staatsbürgerschaft wird durch das StbG 1985 geregelt, welches in der Form von 2006 im Folgenden dargestellt wird.
Fessler et al. (2006: 34-37) leiten fünf Grundsätze aus dem bestehenden Staatsbürgerschaftsrecht ab:

- Erstens, das *Abstammungsprinzip*: Das österreichische Staatsbürgerschaftsrecht basiert auf den so genannten *ius sanguinis* – Prinzip, also dem Abstammungsprinzip (im Gegensatz zum *ius soli* – Prinzip, dem Territorialprinzip). Das bedeutet, dass sich der Erwerb der Staatsbürgerschaft bei Geburt nach der Staatsbürgerschaft der Eltern richtet, gleichgültig wo das Kind geboren wird. Bei ehelichen Kindern genügt es wenn ein Elternteil ÖsterreicherIn ist, dass auch das Kind ÖsterreicherIn wird. Bei unehelich geborenen Kindern erhält das Kind die Staatsbürgerschaft der Mutter oder die des Vaters durch Legitimation.

- Zweitens steht das österreichische StbG für eine *Vermeidung der Staatenlosigkeit.* Dieses Prinzip schlägt sich in Regelungen wie den Rechtsanspruch auf Staatsbürgerschaft für Staatenlose unter bestimmten Bedingungen, die Vermutung der Staatsbürgerschaft bei Findelkindern und im Staatsgebiet geborenen Personen sowie der Voraussetzung einer fremden Staatsbürgerschaft für den Verzicht auf die Österreichische nieder. Dieser Grundsatz wird unter bestimmten Umstanden jedoch auch durchbrochen.
- Drittens zielen die Regelungen im StbG auf eine *Vermeidung mehrfacher* Staatsangehörigkeit ab. Personen, die die österreichische Staatsbürgerschaft verliehen bekommen wollen, müssen aus ihrem bisherigen Staatsverband ausscheiden, sofern dies möglich ist. Auch dieses Prinzip, welches auch noch in anderen Regelungen erkennbar ist, wird durch Ausnahmen oftmals umgangen.
- Viertens, das *Prinzip der Privatautonomie*, welches sich dadurch ausdrückt, dass der Ehegatte oder die Ehegattin einer Person, die die österreichische Staatsbürgerschaft erwirbt, nicht automatisch auch ÖsterreicherIn wird. Dieser automatische Erwerb der/des Ehegattin/en war vor 1965 noch der Fall und widerspricht dem Prinzip der Familieneinheit.
- Das fünfte *Prinzip der Familieneinheit* soll erreichen, dass alle Mitglieder einer Familie (EhegattInnen und minderjährige Kinder) die gleiche Staatsangehörigkeit besitzen. Durch das oben erwähnte Prinzip der Privatautonomie sowie durch Bestrebungen so genannte „Aufenthaltsehen“[12] zu vermeiden, wurde dieses Prinzip unwichtiger, obwohl es noch immer den Rechtsanspruch auf Erstreckung der Verleihung (sowie des Verlusts, was Kinder anbelangt) und den erleichterten Erwerb für EhegattInnen gibt.[13]

Diese fünf Prinzipien spiegeln sich im geltenden Staatsbürgerschaftsrecht wider. Der nächste Abschnitt soll die genauen Regelungen, die den Erhalt der österreichischen Staatsbürgerschaft bestimmen, darstellen, wobei die Verleihung der Staatsbürgerschaft nach der Geburt (Einbürgerung) besonders hervorgehoben wird. Prinzipiell können zwei Arten des Erwerbs einer Staatsbürgerschaft unterschieden werden, nämlich den Erhalt der Staatsbürgerschaft *bei* der Geburt und der Erhalt der Staatsbürgerschaft *nach* der Geburt (vor allem Einbürgerungen). Im Abschnitt II § 6 des StbG (Staatsbürgerschaftsgesetz) werden fünf Möglichkeiten unterschieden, wie die österreichische Staatsbürgerschaft erworben werden kann: (1) durch Abstammung (Legitimation), geregelt in §§ 7, 7a und 8; (2) durch Verleihung oder Erstreckung der Verleihung geregelt durch §§ 10 bis 24; (3) durch Dienstantritt als Universitäts(Hochschul)professorIn, festge-

---

12 Besser bekannt durch den älteren Begriff der ‚Scheinehe‘.

13 Die Erstreckung ist quantitativ die bedeutendste ‚Verleihungsart‘, wenn alle Einbürgerungen von 1981 bis 2008 betrachtet werden (siehe nächstes Kapitel).

schrieben in § 25 Absatz 1; (4) durch Erklärung (§ 25 Abs. 2); sowie (5) durch Anzeige (§ 58c).

3.2.1 Erhalt der Staatsbürgerschaft bei Geburt

Wie schon erwähnt basiert das österreichische Staatsbürgerschaftsrecht stark auf dem Abstammungsprinzip. Das bedeutet, dass Kinder von ausländischen StaatsbürgerInnen, die in Österreich geboren werden, gleichgültig wie lange die nichtösterreichischen Eltern schon in Österreich leben, nicht die österreichische Staatsbürgerschaft erwerben. Hingegen erlangen Kinder von ÖsterreicherInnen, die im Ausland zur Welt kommen, sehr wohl die österreichische Staatsbürgerschaft (vgl. StbG § 7; Cinar und Waldrauch 2006: 29). Eheliche Kinder erhalten die Staatsbürgerschaft, wenn zumindest ein Elternteil ÖsterreicherIn ist, und uneheliche Kinder erhalten die österreichische Staatsbürgerschaft, wenn die Mutter Österreicherin ist. Falls nur der Vater eines unehelichen Kindes Österreicher ist, dann erhält das minderjährige Kind die Staatsbürgerschaft durch „Legitimation", also durch Heirat der Eltern. Die formale Anerkennung der Vaterschaft ist für die Erlangung der Staatsbürgerschaft nicht ausreichend. Ist das Kind über 14 Jahre alt, müssen das Kind und der rechtliche Vormund zustimmen (Cinar und Waldrauch 2006: 29-30). Außerdem gelten als österreichische StaatsbürgerInnen: Kinder, die im Alter von unter sechs Monaten im Staatsgebiet aufgefunden werden, wenn bei ehelicher Geburt ein Elternteil und bei unehelicher Geburt die Mutter in Österreich geboren wurden (StbG § 8).

3.2.2 Erhalt der Staatsbürgerschaft nach der Geburt: Einbürgerungsregelungen

Prinzipiell ist für die Verleihung der österreichischen Staatsbürgerschaft ein schriftlicher Antrag nötig, worauf die Staatsbürgerschaft entweder durch Ermessen der Behörden oder durch Rechtsanspruch verliehen wird. ProfessorInnen an österreichischen Universitäten, an der Akademie der bildenden Künste und an einer inländischen Kunsthochschule erhalten die Staatsbürgerschaft ohne jegliche Voraussetzungen erfüllen zu müssen (§ 25 Abs. 1). Die Verleihung nach Ermessen ist an vielerlei Voraussetzungen gebunden, welche hauptsächlich durch § 10 StbG geregelt werden (Davy 2001: 648-649).

Generelle Bedingungen für die Verleihung der Staatsbürgerschaft werden in § 10 und § 10a des StbG geregelt. Im Folgenden sollen diese Bedingungen dargestellt werden (vgl. Fessler et al. 2006: 62 - 120).[14]

14 Die Darstellung der Einbürgerungsbedingungen dient dem Zwecke dieser Arbeit mit Fokus auf Eingewanderte und beinhaltet verkürzte Darstellungen. Die Darstellung kann keine rechtswissen-

Nach Paragraph 10 (1) des StbG darf die österreichische Staatsbürgerschaft nur verliehen werden, wenn

- sich die Person „[...] seit mindestens zehn Jahren in Österreich rechtmäßig und ununterbrochen im Bundesgebiet aufgehalten hat und davon zumindest fünf Jahre niedergelassen war (Z 1)";
- die Person „[...] nicht durch ein inländisches oder ausländisches Gericht wegen einer oder mehrerer Vorsatztaten rechtkräftig zu einer Freiheitsstrafe verurteilt worden ist [...]" (Z 2);
- die Person „[...] nicht durch ein inländisches Gericht wegen eines Finanzvergehens rechtskräftig zu einer Freiheitsstrafe verurteilt worden ist" (Z 2);
- gegen die Person „[...] nicht wegen des Verdachtes einer mit Freiheitsstrafe bedrohten Vorsatztat oder eines mit Freiheitsstrafe bedrohten Finanzvergehens bei einem inländischen Gericht ein Strafverfahren anhängig ist" (Z 4);
- „durch die Verleihung der Staatsbürgerschaft die internationalen Beziehungen der Republik Österreich nicht wesentlich beeinträchtigt werden" (Z 5);
- die Person nach „[...] bisherigem Verhalten Gewähr dafür bietet, [...] zur Republik bejahend eingestellt [zu sein] und weder eine Gefahr für die öffentliche Ruhe, Ordnung und Sicherheit darstellt noch andere in Art. 8 Abs 2 EMRK genannte öffentliche Interessen gefährdet" (Z 6);
- der „Lebensunterhalt hinreichend gesichert ist" (Z 7); und
- die Person „nicht mit fremden Staaten in solchen Beziehungen steht, dass die Verleihung der Staatsbürgerschaft die Interessen der Republik schädigen würde" (Z 8).

Nach Absatz 2 des Paragraph 10 darf die österreichische Staatsbürgerschaft nicht verliehen werden, wenn

- bestimmte „Tatsachen gemäß § 60 Abs. 2 Z. 4, 5, 6, 8, 9, 10, 12, 13 und 14 des Fremdenpolizeigesetzes 2005 (FPG), BGBl. I Nr. 100, vorliegen; § 60 Abs. 3 FP gilt" (Z 1);
- die Person „mehr als einmal wegen einer schwerwiegenden Verwaltungsübertretung mit besonderem Unrechtsgehalt, insbesondere wegen [...]" bestimmten Regelungen der Straßenverkehrsordnung (§ 99 Abs. 1 bis 2), des Führerscheingesetzes (§ 37 Abs. 3 und 4), der Gewerbeordnung (§ 366 Abs 1 Z 1 i. V. m. Abs. 2), des Sicherheitspolizeigesetzes (§§ 81 bis 83) „[...] oder wegen einer schwerwiegenden Übertretung des Fremdenpolizeigesetzes 2005, des Niederlassungs- und Aufenthaltsgesetzes (NAG) [...], des Grenzkontrollgesetzes [...] oder des Ausländerbeschäftigungsgesetzes [...] rechtskräftig bestraft worden ist [...]" (Z 2);

schaftliche Analyse ersetzen. Für eine detaillierte Darstellung wird auf das zitierte Buch Fessler et al. 2006 verwiesen.

- gegen die Person „ein Verfahren zur Aufenthaltsbeendigung anhängig ist (Z 3); ein aufrechtes Aufenthaltsverbot gemäß § 60 FPG besteht (Z 4); ein Aufenthaltsverbot eines anderen EWR Staates besteht (Z 5); in den letzten zwölf Monaten eine Ausweisung gemäß § 54 FPG oder § 10 des Asylgesetzes 2005 [...], rechtskräftig erlassen wurde" (Z 6); oder
- die Person „ein Naheverhältnis zu einer extremistischen oder terroristischen Gruppierung hat und im Hinblick auf deren bestehende Strukturen oder auf zu gewärtigende Entwicklungen in deren Umfeld extremistische oder terroristische Aktivitäten derselben nicht ausgeschlossen werden können" (Z 7).

Nach Absatz 3 des § 10 StbG darf die österreichische Staatsbürgerschaft nicht verliehen werden, wenn

- die Person „die für das Ausscheiden aus [dem] bisherigen Staatsverband erforderlichen Handlungen unterläßt, obwohl [ihr] diese möglich und zumutbar sind oder" (Z 1)
- „auf Grund [ihres] Antrages oder auf andere Weise absichtlich die Beibehaltung [ihrer] bisherigen Staatsangehörigkeit erwirkt" (Z 2).

Absatz 4 des § 10 StbG bestimmt Ausnahmen bezüglich einer bevorzugten Einbürgerung von ehemaligen ÖsterreicherInnen, die die Staatsbürgerschaft anders als durch Entziehung verloren haben (vgl. Fessler et al. 2006: 102).

Absatz 5 des § 10 StbG bestimmt, wann der in Absatz 1 Zeile 7 desselben Paragraphen bestimmte Lebensunterhalt hinreichend gesichert ist. Demnach ist der Lebensunterhalt hinreichend gesichert, wenn

> „feste und regelmäßige eigene Einkünfte aus Erwerb, Einkommen, gesetzlichen Unterhaltsansprüchen oder Versicherungsleistungen zum Entscheidungszeitpunkt im Durchschnitt der letzten drei Jahre nachgewiesen werden, die ihm eine Lebensführung ohne Inanspruchnahme von Sozialhilfeleistungen der Gebietskörperschaften ermöglichen und der Höhe nach dem Durchschnitt der Richtsätze des § 293 des Allgemeinen Sozialversicherungsgesetzes (ASVG), BGBl. Nr. 189/1955, der letzten drei Jahre entsprechen. Feste und regelmäßige eigene Einkünfte werden durch regelmäßige Aufwendungen geschmälert, insbesondere durch Mietbelastungen, Kreditbelastungen, Pfändungen und durch Unterhaltszahlungen an Dritte nicht im gemeinsamen Haushalt lebende Personen. Dabei bleibt einmalig ein Betrag bis zu der in § 292 Abs. 3 ASVG festgelegten Höhe unberücksichtigt und führt zu keiner Erhöhung der notwendigen Einkünfte im Sinne des ersten Satzes. Bei Nachweis der Unterhaltsmittel durch Unterhaltsansprüche ist zur Berechnung der Leistungsfähigkeit des Verpflichteten nur der das pfändungsfreie Existenzminimumgemäß § 291a der Exekutionsordnung (EO), RGBl. Nr. 79/1896, übersteigende Einkommensteil zu berücksichtigen".

Schließlich bestimmt der Absatz 6 des Paragraphen 10 StbG, dass die „Voraussetzungen des Abs. 1 Z 1 und 7 sowie des Abs. 3 entfallen, wenn die Bundesregierung bestätigt, daß die Verleihung der Staatsbürgerschaft wegen der vom Fremden bereits erbrachten und von ihm noch zu erwartenden außerordentlichen Leistungen im besonderen Interesse der Republik liegt".

Der § 10a des StbG 1985 bestimmt, dass erstens der Nachweis der

Kenntnis der deutschen Sprache und zweitens der Nachweis von Grundkenntnissen der demokratischen Ordnung sowie der Geschichte Österreichs und des jeweiligen Bundeslandes Voraussetzung jeglicher Verleihung der Staatsbürgerschaft ist (vgl. Absatz 1 Zeile 1 und 2). Davon ausgenommen sind besondere Einbürgerungsgruppen (Fälle des § 10 Abs. 4 und 6, § 11 a Abs. 2 und § 58c), Minderjährige, die zum Zeitpunkt der Antragstellung noch der Schulpflicht unterliegen sowie Personen, denen aufgrund ihres hohen Alters oder ihres schlechten dauerhaften Gesundheitszustandes die Erbringung der nötigen Nachweise nicht möglich ist (vgl. Absatz 2 § 10 StbG). Die benötigten Leistungen nach Absatz 1 gelten als erbracht, wenn minderjährige AntragstellerInnen im Rahmen der Schulpflicht eine Primar- oder Sekundarschule besucht haben und der Unterrichtsgegenstand „Deutsch" positiv beurteilt wurde. Die benötigten Leistungen nach Absatz 1 Zeile 1 (Sprachkenntnisse) gelten außerdem als erbracht, wenn Deutsch die Muttersprache der/des Antragstellerin/s ist oder diese das Modul 2 der Integrationsvereinbarung nach § 14 Abs. 5 Z 2 bis 5 und 7 NAG erfüllt hat (verkürzte Darstellung, vgl. Absatz 3 und 4 § 10a StbG).

Der Nachweis nach Abs. 1 Z 2 (Grundkenntnisse der demokratischen Ordnung und Geschichte) muss, falls nicht gemäß Abs. 3 erbracht, durch eine von der Landesregierung durchgeführten Prüfung erbracht werden. Diese Prüfung ist eine schriftliche Multiple Choice-Prüfung, welche mit „Bestanden" oder „Nicht-Bestanden" beurteilt wird und im Falle von nicht bestandenen Prüfungen wiederholt werden kann (vgl. Absatz 5 § 10 StbG). Die Inhalte der demokratischen Ordnung sowie der Geschichte der Republik Österreichs werden durch Verordnung des BMI festgelegt. Die Grundkenntnisse der demokratischen Ordnung „umfassen in Grundzügen den Aufbau und die Organisation der Republik Österreich und ihrer maßgeblichen Institutionen, der Grund- und Freiheitsrechte einschließlich der Rechtsschutzmöglichkeiten und des Wahlrechts auf dem Niveau des Lehrplans der Hauptschule für den Unterrichtsgegenstand „Geschichte und Sozialkunde" in der 4. Klasse [...]". Die Grundkenntnisse über die Geschichte Österreichs „haben sich am Lehrstoff des Lehrplans der Hauptschule für den Unterrichtsgegenstand „Geschichte und Sozialkunde" in der 4. Klasse [...] zu orientieren" (Absatz 6 § 10 StbG) und die Inhalte in Bezug auf die Grundkenntnisse der Geschichte des jeweiligen Bundeslandes ist durch Verordnung der Landesregierung festzulegen (vgl. Absatz 7 § 10 StbG).

Paragraph 10 und 10a legen somit die generellen Voraussetzungen für eine Einbürgerung fest. Eine Einbürgerung kann nun nach *‚Ermessen'* (§ 11 StbG), durch einen *Rechtsanspruch* (§ 11a, 12 bis 14, 25 und 58c) und durch *Erstreckung* (§ 16 bis 18) erfolgen.

Paragraph 11 des Staatsbürgerschaftsgesetzes versteht sich als Interpretationsmaxime für § 10 Abs. 1 und 2. Dieser Absatz spielt auf den *Er-*

messensspielraum der Einbürgerungsbedingungen an und lautet wie folgt: „Bei Entscheidungen nach diesem Bundesgesetz ist das Gesamtverhalten des Fremden im Hinblick auf das allgemeine Wohl, die öffentlichen Interessen und das Ausmaß seiner Integration zu berücksichtigen. Zu dieser zählt insbesondere die Orientierung des Fremden am gesellschaftlichen, wirtschaftlichen und kulturellen Leben in Österreich sowie an den Grundwerten eines europäischen demokratischen Staates und seiner Gesellschaft."[15] Die Behörde hat zu prüfen, ob alle Voraussetzung gemäß § 10 (1) und § 10a vorliegen und erst dann wird § 11 angewandt. Wenn alle Bedingungen nach § 10 (1) erfüllt sind, liegt die Entscheidung über die Einbürgerung im Ermessen der Behörde unter Berücksichtigung des allgemeinen Wohles, der öffentlichen Interessen und des Gesamtverhaltens der Partei. Die im § 11 erwähnte „Integration" bezieht sich nicht auf § 10a sondern auf die Einbindung in das öffentliche Leben und Eingliederung in das soziale Umfeld. Ob jedoch die Einbürgerungsbedingungen erfüllt sind, liegt nicht im freien Ermessen der Behörde (vgl. Fessler et al. 2006: 121-122).

Ein *Rechtsanspruch* auf Einbürgerung besteht für EhegattInnen von ÖsterreicherInnen schon nach sechs Jahren rechtmäßigem und ununterbrochenem Aufenthalt, wenn die Bedingungen des § 10 Absatz 1 Z 2 bis 8 sowie Abs. 2 und 3 erfüllt sind (vgl. § 11a Abs. 1 StbG).[16] Außerdem ist Einbürgerungswilligen nach sechs Jahren unter den genannten Bedingungen die Staatsbürgerschaft zu verleihen, wenn

- diese asylberechtigt sind,
- diese EWR-BürgerInnen sind,
- sie im Bundesgebiet geboren wurden, oder
- die Verleihung aufgrund von schon erbrachten oder zu erwartenden außerordentlichen Leistungen (wissenschaftlich, wirtschaftlich, künstlerisch oder sportlich) im Interesse der Republik liegt.

Nach § 12 StbG Z 1 haben Personen einen Anspruch auf Einbürgerung nach Erfüllung der Voraussetzungen unter § 10 Abs. 1 Z 2 bis 8, Abs. 2 und 3 nach einem ununterbrochenem Aufenthalt von 30 Jahren oder einem Aufenthalt von 15 Jahren und eine nachgewiesenen nachhaltigen persönlichen und beruflichen

15 Dieser Paragraph wurde durch die Novelle 2006 geändert, wobei in der alten Fassung noch direkt ein in § 10 eingeräumtes freies Ermessen erwähnt wird (vgl. http://www.ris.bka.gv.at/, 24. September 2009).

16 Dies gilt auch für Fremde ohne Aufenthalt in Österreich, wenn der Ehegatte oder die Ehegattin die Staatsbürgerschaft durch Verleihung gemäß § 10 Abs. 4 Z 2 (ehemalige ÖsterreicherInnen die die österreichische Staatsbürgerschaft durch Entziehung verloren hatten) oder durch Erklärung gemäß § 58c erworben hat und der/ die Fremde vor dem 9. Mai 1945 seinen/ ihren Hauptwohnsitz im Bundesgebiet hatte (vgl. § 11a Abs. 2).

Integration (vgl. § 12 StbG)[17]. Paragraph 13 regelt den Anspruch auf Verleihung der österreichischen Staatsbürgerschaft an Personen, die durch bestimmte Umstände (Ehe mit einer/m Fremden) die österreichische Staatsbürgerschaft verloren haben. Paragraph 14 regelt den Anspruch auf Verleihung von Staatenlosen, die im Bundesgebiet geboren wurden.

Die Verleihung der Staatsbürgerschaft ist auf den/die im gemeinsamen Haushalt lebende/n Ehegatten/in zu *erstrecken*, wenn (1) sich diese/r seit sechs Jahren rechtmäßig und ununterbrochen im Bundesgebiet aufhält (und niedergelassen, asylberechtigt oder InhaberIn einer Legitmationskarte ist), (2) die Ehe weder von Tisch und Bett noch sonst ohne Auflösung des Ehebandes gerichtlich geschieden ist, (3) nicht infolge von Entziehung nach § 33 FremdeR ist und (4) die Ehe seit mindestens fünf Jahren aufrecht ist. Zusätzlich müssen die Voraussetzungen des § 10 Abs. 1 Z 2 bis 8, Abs. 2 und 3 erfüllt sein (vgl. § 16 (1) StbG). Die Verleihung ist außerdem auf Kinder[18] zu erstrecken. Für die Erstreckung müssen die Voraussetzungen des § 10 Abs. 1 Z 2 bis 8, Abs. 2 und 3 sowie § 16 Abs. 1 Z 2 (Niederlassung, Asylberechtigung oder Legitimationskarte) erfüllt sein (vgl. § 17 StbG).

Die *Verleihung durch Erklärung* nach § 25 Absatz 2 betrifft EhegattInnen von HochschulprofessorInnen, die zwar die Vorraussetzungen nach § 10 Absatz 1 Z 2 bis 8 erfüllen müssen, jedoch nicht nach § 10 Absatz 2 und 3. Weiters kann die österreichische Staatsbürgerschaft durch Anzeige nach § 58c erworben werden. Dies betrifft Personen die sich vor dem 9. Mai 1945 in das Ausland begeben haben, weil sie „Verfolgungen durch Organe der NSDAP oder der Behörden des Dritten Reiches mit Grund zu befürchten hatten oder erlitten [hatten] oder weil [sie] wegen [ihres] Eintretens für die demokratische Republik Österreich Verfolgungen ausgesetzt [waren] oder solche zu befürchten hatte[n]" (§ 58c StbG).

Eine Einbürgerung benötigt einen schriftlichen Antrag (§ 19 StbG) und vor der Einbürgerung muss ein Gelöbnis abgelegt werden (vgl. § 21 StbG):
„Ich gelobe, dass ich der Republik Österreich als getreuer Staatsbürger angehören, ihre Gesetze stets gewissenhaft beachten und alles unterlassen werde, was den Interessen und dem Ansehen der Republik abträglich sein könnte und bekenne mich zu den Grundwerten eines europäischen demokratischen Staates und seiner Gesellschaft."[19]

---

17 Die Zeilen 2 und 3 des Paragraphen zielen auf ehemalige ÖsterreicherInnen und Familienmitgliedern von ÖsterreicherInnen ab.

18 Eheliche Kinder des/der Fremden, uneheliche Kinder der Frau oder des Mannes (sofern die Vaterschaft festgestellt oder anerkannt ist und ihm die Pflege und Erziehung der Kinder zustehen) und Wahlkinder des/der Fremden (sofern diese minderjährig, ledig und nicht durch § 33 Fremde sind).

19 Der letzte Teil *„und bekenne mich zu den Grundwerten eines europäischen demokratischen Staates und seiner Gesellschaft"* wurde erst durch die Novelle 2009 hinzugefügt.

Eine Einbürgerung in Österreich ist mit hohen Kosten verbunden. Diese auch im internationalen Vergleich hohen Kosten wurden mit der Novelle 2006 nochmals deutlich erhöht. Die Kosten unterscheiden sich nach Rechtsgrund der Einbürgerung und teilen sich in Bundes- und Landesgebühren auf, wobei sich die Landesgebühren zwischen den verschiedenen Ländern signifikant unterscheiden. Nach §14 des Gebührengesetztes 1957 (Stand Oktober 2009) sind folgende Bundesgebühren für den Erhalt der österreichischen Staatsbürgerschaft zu entrichten:[20]

§ 10 StbG (außer Abs. 4)	900,- Euro
§ 10 StbG Abs. 4, § 11a Abs. 2, § 25 Abs. 2	200,- Euro
§ 12 Z 3, § 17	200,- Euro
Andere Fälle	700,- Euro

Quelle: Gebührengesetz 1957, BGBl.Nr. 267/1957 zuletzt geändert durch BGBl. I Nr. 79/2009

Die unterschiedlichen Landesgebühren sind ebenfalls abhängig von der Art der Einbürgerung sowie in manchen Bundesländern auch vom Einkommen. In Wien entfallen etwa 153 Euro auf Einbürgerungen nach §10 (1), (4) und (6), 36 Euro bei einer Einbürgerung nach § 25 (2), 38,- bei einer Verleihungszusicherung und 76 Euro bei allen restlichen Arten. In Niederösterreich schwanken die Kosten für die Verleihung oder die Erstreckung der Verleihung je nach Einkommen zwischen 74 und 799 Euro. Die höchsten Gebühren finden sich in Vorarlberg, wo bis zu 1.090 Euro eingehoben werden (vgl. Waldrauch und Cinar 2003: 275, Stand März 2002). Die Staffelung nach Einkommen in Niederösterreich ist jedoch sehr niedrig angesetzt und die niedrigste Gebühr von 74,13 Euro betrifft Jahresnettoeinkommen von unter 731 Euro. Die höchste Stufe von 799,40 Euro gilt schon ab einem Jahresnettoeinkommen von 14.600 Euro, was bei 14 Monatsgehältern einem monatlichen Nettoverdienst von knapp über 1.000 Euro entspricht (NÖ Landes-Verwaltungsabgabenverordnung 2001, 3800/1-1). Die Einbürgerungskosten in Österreich als sehr hoch zu bezeichnen, ist also keine besonders gewagte Einschätzung und wird im internationalen Vergleich (siehe weiter unten) noch deutlicher. Lässt sich beispielsweise eine Person mit einem Jahresnettoeinkommen von 15.000 Euro nach § 10 (1) in Wien einbürgern, dann kostet dies über 1.000 Euro. In Niederösterreich müsste dieselbe Person schon etwa 1.800,- Euro bezahlen, was über einem Zehntel des Jahreseinkommens entspricht.

20 Zusätzlich entfallen noch Antragsgebühren, welche 2002 zwischen 13,- und 43,- Euro lagen (vgl. Waldrauch/ Cinar 2003: 275).

Zusammenfassend sind also ohne Berücksichtigung von Ausnahmen die folgenden Kriterien für eine Einbürgerung in Österreich von Bedeutung:

- *Aufenthaltsdauer*: Diese beträgt prinzipiell zehn Jahre, kann aber unter Umständen auf sechs Jahre verkürzt werden. Nach 15 bzw. 30 Jahren besteht ein Anspruch auf Verleihung der Staatsbürgerschaft.
- *Unbescholtenheit*: Die Abwesenheit von Verurteilungen wird in verschiedenen Teilen des Staatsbürgerschaftsgesetzes bestimmt und betrifft unter anderem Verurteilungen zu Freiheitsstrafen, bestimmte Tatsachen nach dem Fremdenpolizeigesetz sowie schwerwiegende Verwaltungsübertretungen.[21]
- *Wahrung von internationalen Beziehungen und nationalen Interessen*: Hierzu gehören die Bestimmungen, dass die Einbürgerungen nicht Beziehungen zu anderen Staaten beeinträchtigen und, dass Personen eine bejahende Einstellung zu Österreich haben sowie keine Gefahr für die öffentliche Ruhe, Ordnung und Sicherheit darstellen.
- *Gesicherter Lebensunterhalt:* Dieser muss aus festen und geregelten Einkünften aus selbst- oder unselbstständiger Tätigkeit, Vermögen oder anderen Quellen stammen, für die letzten drei Jahre vor den Einbürgerung nachgewiesen werden und dafür sorgen, dass eine Inanspruchnahme von Sozialhilfeleistungen nicht notwendig ist. Die Richtsätze des ASVG nach § 293 werden jährlich festgelegt und betrugen beispielsweise 2006 690 Euro für eine Person und 1.055,99 Euro für eine Person plus Ehegatte/in sowie 72,32 Euro für jedes weitere Kind.
- *Vermeidung mehrfacher Staatsbürgerschaft*: Dieses Kriterium wurde schon oben nach Fessler et al. (2006: 35) als einer der Grundsätze des geltenden österreichischen Staatsbürgerschaftsrechts bestimmt. Die Ausscheidung aus dem bisherigen Staatsbürgerschaftsverband ist nur erforderlich, wenn dies der/dem Einbürgerungswilligen auch möglich ist.
- *Kenntnisse der deutschen Sprache, der demokratischen Ordnung Österreichs sowie der österreichischen Geschichte und der der jeweiligen Bundesländer*: Diese Anforderungen wurden 2006 verschärft. Einbürgerungstests können als symbolisches Instrument verstanden werden, was vor allem dadurch erkenntlich ist, dass die historischen Fragen kaum mit dem täglichen Leben in Verbindung stehen. Bisher wird eine sehr hohe Erfolgsrate von etwa 90 Prozent berichtet (vgl. hierzu Perchinig 2009).

Ganz allgemein können diese Kriterien als prinzipieller Selektionsmechanismus verstanden werden. Einbürgerungswillige die diese Kriterien nicht erfüllen, können nicht österreichische Staatsangehörige werden. Vor allem die hohen Kosten der Einbürgerung können die Wirkung haben, dass sich eher Personen

21 Hierzu zählen auch fahrlässig begangene Verkehrsdelikte, wobei es unerheblich ist, wie häufig ÖsterreicherInnen gegen straßenpolizeiliche Vorschriften verstoßen (vgl Fessler et al. 2006: 79-80).

mit höheren Einkommen einbürgern lassen. Inwiefern das österreichische Staatsbürgerschaftsrecht bestimmte Personengruppen selektiert, soll im Zuge dieser Arbeit noch herausgearbeitet werden. Zunächst wird jedoch ein internationaler Vergleich der Einbürgerungsbestimmungen vorgenommen.

3.3 Internationaler Vergleich der Einbürgerungsregelungen

Dass souveräne Staaten bestimmen, wer seine StaatsbürgerInnen sind, ist ein international anerkanntes Prinzip. Diese generelle Anerkennung bedeutet aber nicht, dass Staaten völlig frei über die Einbürgerungen entscheiden können, da Staatsangehörigkeit auch internationale Bedeutung hat. Dies gilt hauptsächlich in Bezug auf diplomatischen Schutz, persönliche Souveränität und internationale Verantwortung. Deshalb sind die eigenen Gestaltungsmöglichkeiten von einzelnen Staaten aufgrund von Rechtsbestimmungen anderer Staaten und aufgrund von Menschenrechtsbestimmungen beschränkt. Besonders Menschenrechtsüberlegungen beeinflussten die Europäische Konvention zur Staatsangehörigkeit (*European Convention on Nationality*)[22] des Europarates, welche, unter anderem aufgrund der starken Unterschiede bei Einbürgerungsregelungen und Einbürgerungspraxis in europäischen Staaten, in Kapitel 2 Artikel 4 generelle Prinzipien für Staatsangehörigkeit (*nationality*) bestimmt:
"The rules on nationality of each State Party *shall be based* on the following principles:
a) everyone has the right to a nationality;
b) statelessness shall be avoided;
c) no one shall be arbitrarily deprived of his or her nationality;
d) neither marriage nor the dissolution of a marriage between a national of a State Party and an alien, nor the change of nationality by one of the spouses during marriage, shall automatically affect the nationality of the other spouse."
(Eigene Hervorhebung)

Auch wenn der Ausdruck „shall be based" eine Verpflichtung andeuten soll, stellt die Konvention in Artikel 3 auch klar, dass jeder Staat durch sein eigenes Recht bestimmt, wer seine Staatsangehörigen sind (Hailbronner 2006a: 52-54). Bis 2010 wurde die Konvention von 19 Staaten ratifiziert, darunter elf zentral- und osteuropäische und acht westeuropäische Länder. Darunter ist auch Österreich, welches die Konvention zwar ratifiziert hat, jedoch eine Reihe von Vorbehalten formulierte, da das österreichische Staatsbürgerschaftsgesetz nicht mit allen Richtlinien übereinstimmte und Österreich die Regelungen auch nicht

22 Siehe http://conventions.coe.int/Treaty/en/Treaties/Html/166.htm, 25 September 2009.

adaptierte, wie das etwa andere Länder taten. Zehn weitere Länder haben die Konvention unterzeichnet jedoch noch nicht ratifiziert (Vink und DeGroot 2010: 725).

Die Bestimmungen der Konvention von 1997 sind sehr allgemein und die Einbürgerungsregelungen verschiedener Staaten unterscheiden sich auch teilweise sehr stark. Im Folgenden sollen die Einbürgerungsregelungen europäischer Staaten mit einem besonderen Augenmerk auf Österreich verglichen werden. Die Analyse basiert auf einer Literaturanalyse von vorhandenen Studien zu diesem Thema. Speziell das von der EU geförderte Projekt NATAC[23] hat besonders viel in diesem Bereich gearbeitet und Publikationen dieses Projektes bieten die Basis dieses Abschnitts. Hauptsächlich werden die Länder der EU 15 bedacht.

Nach Harald Waldrauch (2006a) können generell 27 verschiedene Formen/ Möglichkeiten des Erhalts von Staatsbürgerschaft (*Modes of acquisition of nationality*) ausgemacht werden, welche wiederum in sieben Untergruppen unterteilt werden können.[24] All diese 27 Formen beinhalten Charakteristika, die nicht nur auf ein bestimmtes Land zutreffen und basieren auf einer bestimmten gesetzlichen Regelung oder einer Kombination von gesetzlichen Regelungen. Die Analyse bezieht sich auf Regelungen, die zwischen 1985 und 2004 in Kraft waren.

Wie oben schon erwähnt kann der Erhalt einer Staatsangehörigkeit prinzipiell danach unterschieden werden, ob die Staatsbürgerschaft *bei der Geburt* oder *nach der Geburt* erhalten wird. *Bei* der Geburt kann die Staatsbürgerschaft entweder durch Abstammung (*ius sanguinis*) oder durch Geburt im Staatsgebiet (*ius soli*) erhalten werden. Der Erhalt durch Abstammung bedeutet, dass die Staatsangehörigkeit der Eltern bei Geburt auf das Kind übertragen wird. Der Erhalt durch Geburt im Staatsgebiet (Territorialprinzip) kann einerseits allgemein für alle Personen, die im Staatsgebiet geboren werden, gelten oder nur für Findelkinder, deren Staatsangehörigkeit unklar ist oder welche andernfalls staatenlos wären. Der Erhalt der Staatsbürgerschaft *nach* der Geburt kann in fünf Gruppen/ Formen unterteilt werden (Waldrauch 2006a: 108-111):

1. **Geburtsrechtbezogener Erhalt der Staatsbürgerschaft nach der Geburt (*Birthright-based modes*)**

Hierzu gehören Abstammungsprinzipien sowie Territorialprinzipien die nach der Geburt geltend gemacht werden.

23 Das Projekt „The acquisition of nationality in EU Member States: rules, practices and quantitative developments (NATAC)“ wurde 2004 und 2005 durchgeführt und vom Sechsten Rahmenprogramm der EU Kommission finanziert. Siehe www.imiscoe.org/natac, Zugriff am 26. September 2009.

24 Harald Waldrauch 2006 unterscheidet auch 15 Varianten des Verlusts von Staatsangehörigkeit, welche hier jedoch nicht beschrieben werden.

2. Prinzipielle *aufenthaltsbezogene* Formen (*Basic residence-based modes*)
Hierzu gehören Einbürgerungen aufgrund einer bestimmten Aufenthaltsdauer im Land sowie sozialisationsbezogene Einbürgerung von Personen. Letztere Bestimmung betrifft Personen, die als Minderjährige für eine Zeit in einem bestimmten Land lebten und soll somit Personen betreffen, die als Minderjährige in ein Land eingewandert sind und ihre Sozialisation in diesem Land nachweisen sollen. Erstere Bestimmung betrifft allgemeine Bestimmungen für erwachsene Zuwanderinnen und Zuwanderer.

3. Familienbezogene Formen (*Family relation-based modes*)
Diese Möglichkeit beinhaltet einerseits verschiedene Formen der Übertragung der Staatsbürgerschaft auf Verwandte (beispielsweise EhegattInnen und Kinder) und andererseits die zeitgleiche Erstreckung der Einbürgerung auf Verwandte der/ des Eingebürgerten.

4. Affinitätsbezogene Formen (*Affinity-based modes*)
Diese Form bezieht sich auf Personen, die in irgendeiner bestimmten Beziehung zu dem Land stehen, dessen Staatsbürgerschaft erlangt werden soll. Hierzu gehören Personen, die schon einmal die Staatsbürgerschaft des Landes hatten, dessen Staatsbürgerschaft erlangt werden soll, Personen die eine bestimmte Staatsbürgerschaft besitzen, Personen, die eine gewisse ‚kulturelle' Beziehung zu dem Land haben (‚ethnische', sprachliche oder religiöse Beziehungen) sowie Personen, die in einer anderen Form mit einem Land in spezieller Beziehung stehen.

5. Andere zielgerichtete Formen (*Other targeted modes*)
Diese Möglichkeit beinhaltet die Vergabe der Staatsbürgerschaft an bestimmte Zielgruppen, wie anerkannte Flüchtlinge, staatenlose Personen, Personen, die besondere Leistungen erbracht haben und andere Zielgruppen.

Für eine ausführliche Analyse der hier aufgeführten Formen des Erhalts der Staatsbürgerschaft wird auf Waldrauch (2006b) verwiesen. Die folgende Darstellung konzentriert sich auf prinzipielle aufenthaltsbezogene Formen des Erhalts der Staatsbürgerschaft, welche vor allem die generellen Einbürgerungsbestimmungen für Einwanderer und Einwanderinnen betreffen. Diese Form der Vergabe nach Aufenthaltsdauer ist in den meisten Ländern die wichtigste Form des Erhalts der Staatsbürgerschaft nach der Geburt (Waldrauch 2006b: 134). Der Vergleich bezieht sich auf Staatsbürgerschaftsrichtlinien die Anfang 2005 in den EU15 Ländern galten.[25]

25 Somit war bei der originalen Analyse die letzte Novelle in Österreich noch nicht berücksichtigt. Diese wird aber in der vorliegenden Beschreibung mitgedacht.

3.3.1 Generelle Einbürgerungsbestimmungen für die aufenthaltsdauerbezogene Einbürgerung

Aufenthaltsdauer. Mit einer benötigten Aufenthaltsdauer von 10 Jahren für eine Ermessenseinbürgerung liegt Österreich am oberen Ende im europäischen Vergleich. Neben Österreich verlangen auch noch Griechenland, Italien, Portugal und Spanien (und unter Umständen auch die Niederlande) einen Aufenthalt von zehn Jahren. Dänemark verlangt neun Jahre, Deutschland acht und Belgien (für einen Rechtsanspruch) sieben. In Finnland werden sechs Jahre benötigt und in Frankreich, Luxemburg, den Niederlanden, Schweden und im Vereinigten Königreich werden fünf Jahre Aufenthalt verlangt. In Irland werden vier Jahre Aufenthalt innerhalb der letzten acht Jahre benötigt und in Belgien gibt es auch schon die Möglichkeit nach drei Jahren eine Ermessenseinbürgerung zu erwirken (vgl. Waldrauch 2006b und Tabelle 3.2). Die in Österreich benötigten zehn Jahre für eine Ermessenseinbürgerung bzw. sogar 15 und 30 Jahre für einen Rechtsanspruch auf eine Einbürgerung sind somit sehr hoch angesetzt. Dies wird noch deutlicher, wenn auch die vergleichsweise geringen Aufenthaltsdauern in den „typischen Einwanderungsländern“ berücksichtigt werden. Diese liegen in den USA bei fünf, in Neuseeland bei vier, in Kanada bei drei und in Australien sogar bei zwei Jahren (vgl. Bevelander und DeVoretz 2008: 158). In den meisten der EU15 Länder werden Einbürgerungen nach Ermessen der Behörde erwirkt.

Verlust der vorherigen Staatsbürgerschaft. Nur in sechs der 15 Länder, nämlich Österreich, Dänemark, Deutschland, Luxemburg, den Niederlanden und Spanien, wird die Aufgabe der vorherigen Staatsbürgerschaft bei Einbürgerung verlangt, wobei es in Deutschland und in den Niederlanden zu vielen Ausnahmen kommt und in Spanien kein Nachweis der Rückgabe verlangt wird. In allen fünf Ländern außer Spanien, wo die Rückgabe nicht überprüft wird, gibt es Ausnahmen für anerkannte Flüchtlinge und Personen, denen die Rückgabe nicht möglich ist. Die Rückgabe der Staatsbürgerschaft wird in Belgien, Finnland, Frankreich, Griechenland, Irland, Italien, Portugal, Schweden und im Vereinigten Königreich nicht verlangt (vgl. Waldrauch 2006b: 148-149 und Tabelle 3.2).

Kriminelle Vergangenheit. Kriminelle Aktivitäten, welche oftmals mit keinem ‚guten Charakter' in Verbindung gebracht werden, sind wichtige Ausschlussgründe für eine Einbürgerung. Grundsätzlich ist ein internationaler Vergleich dieser Regelungen schwierig, da die verschiedenen Regelungen und der den Behörden eingeräumte Ermessensspielraum stark variiert. Harald Waldrauch (2006b: 149-150) unterscheidet vier Gruppen der EU15 Länder: (1) Länder, die nur sehr vage Regelungen in Hinblick auf kriminelle Vergangenheit und „guten Charakter“ haben, was den Behörden relative Freiheit zur Einschätzung der Einbürgerungswilligen überlässt. Zu dieser Gruppe gehören Irland, Italien, Portugal,

Spanien sowie Belgien. (2) In den drei skandinavischen Ländern Dänemark, Finnland und Schweden sowie im Vereinigten Königreich gibt es Systeme von Warteperioden. Dies bedeutet, dass Einbürgerungswillige im Falle von bestimmten Verbrechen oder Vergehen für eine bestimmte Zeit nicht eingebürgert werden können. (3) In Österreich, Frankreich und Griechenland gibt es eindeutige Regelungen, welche Vergehen bzw. welche Strafen zu einen Einbürgerungsverbot führen. (4) In der vierten Gruppe, mit Deutschland, Luxemburg und den Niederlanden, gibt es gewisse Obergrenzen von Vergehen, die zu einem (temporären) Verbot von Einbürgerung führen können.

Finanzielle Situation. Nur in Belgien und den Niederlanden wird die finanzielle Situation von Einbürgerungswilligen nicht beachtet. In Dänemark, Italien, Luxemburg und Spanien sind Anforderungen an die finanzielle Situation nicht im Staatsbürgerschaftsgesetz verankert, jedoch werden bestimmte Anforderung mittels Erlässen, Rundschreiben oder anderen rechtlichen Mitteln geregelt (außer in Dänemark). In den verbleibenden Ländern der Analyse, Frankreich, Irland, Schweden und das Vereinigte Königreich, gibt es keine expliziten Anforderungen an die finanzielle Situation, allerdings kann diese für andere Bedingungen von Bedeutung sein. In Frankreich beispielsweise belegt ein Beruf mit regelmäßigem Einkommen, dass die Person ihr berufliches Zentrum im Lande hat (Waldrauch 2006b: 150-151).

Kenntnis der Sprache und Integration. Die Bedingung der Kenntnis der Landessprache, wie sie in Österreich 1998 eingeführt und 2006 verschärft wurde, ist in den meisten EU15 Ländern von Bedeutung. Belgien, Irland, Italien und Schweden sind die einzigen Länder, in denen Sprachkenntnisse keine Rolle bei der Einbürgerung spielen. In den übrigen elf Ländern spielen Sprachkenntnisse eine ex- oder implizite Rolle bei der Einbürgerung. Offizielles Ziel dieser Anforderung ist, dass die Personen in Zukunft mit MitbürgerInnen und Behörden kommunizieren und am gesellschaftlichen Leben teilhaben können. Bestimmte Kenntnisse über das Land, wie beispielsweise in Österreich 2006 eingeführt wurde, sind ebenso in Dänemark, Frankreich, Griechenland, den Niederlanden und im Vereinigten Königreich von Relevanz. In Spanien und Portugal wird solch ein Wissen nicht eindeutig verlangt, kann aber unter Umständen von Bedeutung sein.

Die generelle Bedingung, dass Einbürgerungswillige in die Gesellschaft des Einbürgerungslandes ‚integriert' sind, abgesehen von den anderen genannten Bedingungen, wird in vielen Ländern in einer so genannten Integrationsklausel verlangt. In Belgien, Dänemark, Finnland, Griechenland, Irland, Italien, Schweden und dem Vereinigten Königreich finden sich keinerlei Integrationsklauseln. In den übrigen Ländern wird in der einen oder anderen Form eine Integration verlangt, wobei die Klauseln eher generell gehalten werden, wie etwa „soziale und kulturelle Integration und Assimilierung an die französische Gemeinschaft", „Integration bezüglich der deutschen Lebensbedingungen" oder „effektive Verbindungen zur portugiesischen Gemeinschaft" (Waldrauch 2006b: 151-153). „Integrationstests" sind in Europa erst in den letzten Jahren „in Mode gekommen", wobei solche Tests in anderen Ländern, wie beispielsweise in den USA, schon längere Tradition haben. In den meisten Ländern sind diese Tests jedoch sehr einfach und sind deshalb hauptsächlich von symbolischer Bedeutung (Kraler 2006: 46-47).

Kosten und Eid. Schließlich sind noch die Kosten einer Einbürgerung sowie die Anforderung einen Eid zu leisten für die Einbürgerung von Relevanz. In Belgien, Frankreich, Luxemburg und Spanien ist eine Einbürgerung kostenfrei. Österreich sticht hierbei gemeinsam mit Griechenland im internationalen Vergleich heraus. In Griechenland kostet eine Einbürgerung fast 1.500 Euro und in Österreich musste vor 2006 mit Kosten von 846 bis 1.878 Euro gerechnet werden. In den übrigen Ländern müssen zwischen elf Euro (Italien) und 635 Euro (Irland) bezahlt werden. Einen Eid bzw. ein Gelöbnis, wie in Österreich verlangt wird, gibt es auch in Belgien (für die Einbürgerung nach drei Jahren), Dänemark, Deutschland, Griechenland, Irland, Italien, Spanien und dem Vereinigten Königreich (Waldrauch 2006b: 136-138).

Es ist wichtig darauf hinzuweisen, dass ein simpler Vergleich der Einbürgerungsmodalitäten noch keinen direkten Schluss auf die ‚Restriktivität' der Länder zulässt. Beispielsweise wird in Irland und Italien der Anschein erweckt, dass es vergleichsweise einfach ist, eingebürgert zu werden. Den Länderberichten des NATAC-Projektes nach zu urteilen, unter Einbezug von Einbürgerungsstatistiken, ist dies in diesen beiden Ländern jedoch keineswegs einfach, eingebürgert zu werden. Generell ist zu bedenken, inwiefern ein Ermessensspielraum für die Behörden besteht und dieser gehandhabt wird und wie effektiv das Recht auf Einspruch ist; also eine Einbürgerung durchgesetzt werden kann (Waldrauch 2006: 155).

Tabelle 3.2: Vergleich ausgewählter Voraussetzungen für Einbürgerung in den EU15 Staaten

Staat	Benötigte Aufenthaltsdauer	Ermessen/ Recht	Verlust der vorh. Staatsbürgerschaft	Kenntnis der Sprache	Kenntnisse über das Land (Geschichte o. ä.)	Integrationsklausel	Kosten (Eur)	Eid
AUT	10 (bzw. 6, 15 od. 30)	E/R	J	J	J*	J	bis zu ~1800	J
BEL	7 (3)	R/E	N	N	N	N	N	N/J
DEN	9	E	J	J	J	N	~ 134	J
FIN	6	E	N	J	N	N	400	N
FRA	5	E	N***	J	J	J	N	N
GER	8	E/R	J**	J	N/J	N/J	255	J
GRE	10 (der letzten 12)	E	N	J	J	N	1467	J
IRE	4 (der letzten 8)	E	N	N	N	N	634,9	J
ITA	10	E	N***	N	N	N	~ 11	J
LUX	5	R	J	J	N	J	N	N
NED	5 (bzw. 10 od. 15)	R	J**/N	J/N	J/N	J/N	132-~600	N
POR	10	E	N	J	J	J	56	N
SPA	10	R	J	J	J	J	N	J
SWE	5	E	N	N	N	N	~160	N
UK	5	E	N	J	J	N	~460	J

* Seit 2006, ** mit vielen Ausnahmen, *** außer StaatsbürgerInnen von Staaten, die die Straßburg Konvention ratifiziert haben

Quelle: Übernommen und leicht verändert aus Waldrauch 2006b

Harald Waldrauch (2006b: 155-156) erkennt vier Trends bezüglich der Einbürgerungsanforderungen in Westeuropa: (1) Eine breitere Anerkennung von mehrfacher Staatsangehörigkeit, (2) ein notwendiges Wissen über bestimmte Aspekte des jeweiligen Landes, (3) die explizite Anforderung an Sprachkenntnisse des jeweiligen Landes, sowie (4) die Einbürgerung kostenfrei zu machen.

Österreich liegt hierbei im Trend in Bezug auf notwendiges Wissen über bestimmte Aspekte des Landes (seit 2006) und erforderliche Sprachkenntnisse (seit 1998 und verschärft seit 2006). Trends in Richtung Duldung von mehrfacher Staatsbürgerschaft und Erlass der Einbürgerungskosten sind in Österreich nicht zu erkennen. Im Gegenteil, mehrfache Staatsbürgerschaft wird auch nach der letzten Reform prinzipiell ausgeschlossen (mit Ausnahmen) und die ohnehin sehr hohen Kosten wurden durch die letzte Reform sogar erhöht. Österreich liegt also im Trend in Hinblick auf Erschwernisse bei der Einbürgerung, steuert aber gegen den Trend in Hinblick auf Erleichterungen der Einbürgerung.

3.3.2 Regelungen für die ‚zweite Generation'

Wenn auch der Vergleich von Staatsbürgerschaftsregelungen nur auf Basis des Vergleichs von *ius soli* und *ius sanguinis* prinzipiell nicht ausreichend ist (Kraler 2006: 44), wird die Frage danach, ob die Staatsbürgerschaft auf Basis von Geburts- oder Abstammungsprinzipien verliehen wird, für die so genannte ‚zweite Generation' von ImmigrantInnen wieder relevant. Denn ohne *ius soli* Prinzipien sind Kinder von eingewanderten AusländerInnen auch AusländerInnen und somit von Geburt an ‚fremd im eigenen Land' bis sie die generellen Einbürgerungsregelungen erfüllen.

Trotz der starken Einwanderungen in europäische Länder in der zweiten Hälfte des 20. Jahrhunderts behielten die meisten Länder grundsätzlich *ius sanguinis*-Prinzipien bei. Nachkommen von Einwanderern und Einwanderinnen in der zweiten wie auch dritten Generation werden in Österreich keine StaatsbürgerInnen und sind auf allgemeine Einbürgerungsregelungen wie auch ImmigrantInnen der ersten Generation angewiesen. Keine *ius soli*-Prinzipien bei Geburt gibt es in Österreich, Dänemark, Finnland, Griechenland, Italien, Luxemburg und Schweden (wie auch in Norwegen und der Schweiz). In Deutschland war dies bis 1999 ebenfalls so. Jedoch wurde das Staatsbürgerschaftsrecht 1999 reformiert und Kinder von AusländerInnen, die seit acht Jahren in Deutschland leben und einen dauerhaften Aufenthaltstitel besitzen, werden deutsche Staatsangehörige. Im Alter zwischen 18 und 23 müssen sich zweifache StaatsbürgerInnen dann für eine Staatsbürgerschaft entscheiden. Neben Deutschland gibt es noch in Irland, Portugal und dem Vereinigten Königreich *ius soli*-Regelungen bei der Geburt von Kindern von ImmigrantInnen. In Belgien, Frankreich, den Niederlanden und Spanien gibt es solche Regelungen für die „dritte Generation". In mehreren Ländern ist die Geburt im Bundesgebiet jedoch ein förderlicher Einflussfaktor für den Erhalt der Staatsbürgerschaft nach der Geburt. Dies ist hingegen in Österreich, wie auch in Dänemark, Finnland, Deutschland, Griechenland, Portugal und Schweden sowie Norwegen und Schweiz nicht der Fall (Kraler 2006: 45-46 und Waldrauch 2006c).

3.4 Zusammenfassung und Schlussfolgerungen

Die österreichische Staatsbürgerschaft hat seine Anfänge im 18. Jahrhundert, wo ihre Verbindung mit der Wehrpflicht eine wichtige Rolle spielte. Generell zeichnen sich Regelungen für den Erhalt der österreichischen Staatsbürgerschaft durch eine bemerkenswerte Kontinuität aus (Waldrauch und Cinar 2003). Das Abstammungsprinzip für den Erhalt der Staatsbürgerschaft bei der Geburt sowie die prinzipiell benötigte Aufenthaltsdauer von zehn Jahren für den Erhalt der Staatsbürgerschaft nach der Geburt wurden schon im Allgemeinen Bürgerlichen Gesetzbuch von 1811 bestimmt und gelten heute noch. Stark verändert hat sich im Laufe des 19. und 20. Jahrhunderts die Bedeutung der Staatsbürgerschaft. Im 18. Jahrhundert war das Heimatrecht von wesentlicher Bedeutung für die Bestimmung von Zugehörigkeit sowie für Armenfürsorge und das Recht auf ungestörten Aufenthalt. Dieses wurde erst 1939 nach dem „Anschluss" Österreichs an Deutschland aufgehoben und danach nicht wieder eingeführt. 1987 erfährt die Staatsbürgerschaft eine wichtige Erweiterung in ihrer Bedeutung, da diese mit einem Wahlrecht für bestimmte privilegierte Männer in Verbindung gebracht wurde. Das allgemeine Wahlrecht für alle StaatsbürgerInnen wurde erst 1918 eingeführt. Im 18. Jahrhundert kann der österreichischen Staatsbürgerschaft ein sehr weltbürgerliches Element zugeschrieben werden, da es keine Einschränkungen nach Sprache, „Rasse" oder Kultur gab. Erst 1918 kam es zu einem „rassistischen Turn" und „Rasse und Sprache" wurden zu einem wichtigen Element bei der Vergabe der österreichischen Staatsbürgerschaft in der ersten Republik. Diese Vergabepraxis, etwa zwanzig Jahre vor Ausbruch des Zweiten Weltkrieges, basierte in erster Linie auf antisemitischen Motivationen. Trotzdem blieben die staatsbürgerlichen Rechte der Juden und Jüdinnen sogar noch 1934 im Austrofaschismus gewährt, und JüdInnen wurden erst durch die NationalsozialistInnen schrittweise aus der Staatsbürgerschaft ausgeschlossen. Die Restitution der österreichischen Staatsbürgerschaft an JüdInnen beschäftigte die österreichische Staatsbürgerschaftsgesetzgebung bis zum Ende des 20. Jahrhunderts (vgl. Burger und Wendelin 2002). In dieser Zeit wurde auch das Element der Sprache wieder für die Staatsbürgerschaft relevant, und seit 1999 müssen bestimmte Einbürgerungswillige über Sprachkenntnisse verfügen. Diese Bestimmung wurde gemeinsam mit anderen Bestimmungen 2006 stark verschärft.

Das aktuelle österreichische Staatsbürgerschaftsrecht bestimmt die Anforderungen, die erfüllt werden müssen, um eingebürgert werden zu können. Die wichtigsten Anforderungen betreffen eine bestimmte Aufenthaltsdauer, Unbescholtenheit, Wahrung von internationalen Interessen, gesicherter Lebensunterhalt, Rückgabe der vorherigen Staatsbürgerschaft und Nachweis von Kenntnissen der Sprache, der demokratischen Ordnung und Geschichte. Außerdem ist die

Einbürgerung mit hohen Kosten verbunden. Im internationalen Vergleich gehört Österreich zu den restriktivsten Staaten in Bezug auf Einbürgerungsbestimmungen. In Anbetracht der Entwicklungen des letzten Jahrzehntes, liegt Österreich im internationalen Trend was die Einführung von Einbürgerungs- und Sprachtests betrifft, jedoch nicht was die fortdauernde Ablehnung einer mehrfachen Staatsbürgerschaft und die Erhöhung der Einbürgerungskosten betrifft.

Wie schon erwähnt stellen die Anforderungen einen Selektionsmechanismus dar. Es wird bestimmt, welchen Personen es erlaubt wird Mitglied des Staatsverbandes zu werden und welche ausgeschlossen werden sollen. Die Entscheidungen, welche Kriterien wie eingesetzt werden, ist mit normativen Diskussionen der Politik verbunden (siehe für eine politische Analyse Cinar und Waldrauch 2006: 37-42) und jede Entscheidung kann normativ hinterfragt werden. Dass Nationalstaaten die Bedingungen selbst bestimmen, ist freilich ein normatives Recht von souveränen Staaten (vgl. Benhabib 2008), jedoch ist genau zu bedenken, welche Folgen ein möglicher Ausschluss bestimmter Gruppen aus dem Staatsverband zur Folge haben kann. Seyla Benhabib (2008: 146) spricht hierbei von der Gefahr der „permanenten Entfremdung" bestimmter Gruppen von Personen, durch beispielsweise einen dauerhaften Ausschluss von politischer Beteiligung.

Welche Bedeutung und Folgen der Erhalt (oder eben Nicht-Erhalt) der Staatsbürgerschaft nun für die Betroffenen hat, ist wenig erforscht und wird weiter unten noch genauer beleuchtet. Zunächst wird die österreichische Einbürgerungspraxis quantitativ dargestellt und analysiert.

4 Einbürgerungen in Österreich: statistische Entwicklungen

Dieses Kapitel stellt die Entwicklung der Einbürgerungszahlen in Österreich in der zweiten Republik dar. Zuerst werden die allgemeinen Einbürgerungszahlen seit 1945 für Österreich und die einzelnen Bundesländer analysiert und interpretiert. Danach wird genauer auf die verschiedenen Herkunftsgruppen eingegangen, indem die Statistiken nach vorheriger Staatsbürgerschaft und Geburtsland unterschieden werden. Weiters werden die Einbürgerungszahlen nach Rechtsgrund und Alter unterschieden. Geschlechterunterschiede in den Einbürgerungszahlen werden immer mitdiskutiert. Abschließend werden die österreichischen Einbürgerungsstatistiken international verglichen.

Einbürgerungszahlen werden durch eine Reihe von verschiedenen – in gegenseitiger Beziehung stehenden – Faktoren beeinflusst. Harald Waldrauch und Dilek Cinar (2003: 268-270) beschreiben eine Reihe von Einflussfaktoren auf Einbürgerungsraten[26], welche grundsätzlich in drei Gruppen unterteilt werden können: (1) Einflussfaktoren in Bezug auf das Einbürgerungsland; (2) Einflussfaktoren in Bezug auf das Land der bisherigen Staatsangehörigkeit; sowie (3) Einflussfaktoren auf der Ebene der potentiellen EinbürgerungswerberInnen. Diese drei Gruppen von Faktoren können in folgende Unterpunkte unterteilt werden:[27]

1) Einflussfaktoren in Hinblick auf das Einbürgerungsland

a) *Rechtliche Regelungen für Einbürgerungen*: Die Bedingungen, die für eine Einbürgerung erfüllt werden müssen, sind wohl die eindeutigsten Einflussfaktoren auf Einbürgerungszahlen/-raten. Dazu zählen etwa die benötigte Aufenthaltsdauer, Anforderungen an Sprachkenntnisse, ökonomische Bedingungen etc. Sind gewisse Anforderungen (zu) hoch, dann können sich bestimmte Gruppen von Personen nicht einbürgern lassen. Besonders von Bedeutung sind hierbei die Einbürgerungskosten, welche rechtlich geregelt sind, aber auch von der Einbürgerungspraxis abhängen können.

---

26 Einbürgerungsraten sind definiert als der Anteil der Einbürgerungen eines Jahres an der Gesamtzahl der ausländischen Bevölkerung desselben Jahres.

27 Die Darstellung beruht auf der Beschreibung von Waldrauch und Cinar 2003: 268-270, wurde jedoch leicht abgeändert.

b) *Einbürgerungspraxis*: Die zuständigen Behörden haben einen nicht unwesentlichen Einfluss auf die Einbürgerungszahlen, da diese einerseits ihren Ermessenspielraum unterschiedlich nutzen können, jedoch andererseits auch durch mangelnde Ressourcen die Dauer und somit die Einbürgerungszahlen beeinflussen können.

c) *Rechtliche Regelungen in Hinblick auf die ausländischen EinwohnerInnen*: Das Ausmaß der Rechte von Nicht-StaatsbürgerInnen ist ein wichtiger Faktor, da die Attraktivität der Staatsbürgerschaft durch das Ausmaß der zusätzlichen Rechte, die erworben werden können, steigt. Besitzen AusländerInnen die gleichen Rechte wie InländerInnen, so gibt es weniger Anreize sich einzubürgern.

d) *Er- oder Entmutigung zur Einbürgerung*: Ein Staat kann – beispielsweise durch Kampagnen – das Klima gegenüber AusländerInnen im Land beeinflussen, so dass sich ImmigrantInnen stärker willkommen fühlen und somit zur Einbürgerung ermuntert werden.

e) *Das Ausmaß der dauerhaften Zuwanderung* beeinflusst die Gesamtzahl der potentiellen EinbürgerungskandidatInnen. Stärkere Zuwanderung erhöht somit die Einbürgerungszahlen, jedoch nicht die Einbürgerungsraten. Es ist jedoch zu bedenken, dass durch die geforderte Mindestaufenthaltsdauer Einbürgerungen zeitlich versetzt stattfinden. Auf diesen Punkt wird weiter unten nochmals eingegangen.

2) Einflussfaktoren in Hinblick auf das Land der bisherigen Staatsangehörigkeit

a) *Politische und ökonomische Entwicklungen*: Die Situation im Herkunftsland kann die Attraktivität der Rückkehr und des Zugehörigkeitsgefühls stark beeinflussen.

b) *Entlassung aus dem bisherigen Staatsangehörigkeitsbundes*: Falls die Rückgabe der bisherigen Staatsangehörigkeit gefordert wird, beeinflusst der damit verbundene Aufwand (Kosten, bürokratischer Aufwand) die Einbürgerungsmöglichkeiten.

c) *Rechte nach der Entlassung aus dem bisherigen Staatsbürgerschaftsbund*: Eine wichtige Rolle in Bezug auf die Einbürgerungsentscheidung spielt, ob nach einer eventuell notwendigen Rückgabe der bisherigen Staatsbürgerschaft noch ein Aufenthaltsrecht besteht, Erbschaften noch wahrgenommen werden können und ob man noch Land erwerben/ besitzen darf. Zu diesem Punkt kann auch gezählt werden, dass eine Vermeidung der Wehrpflicht im Herkunftsland einen wichtigen Einfluss auf die Einbürgerungsentscheidung (verbunden mit der Rückgabe der bisherigen Staatsbürgerschaft) haben kann.

d) *Er- oder Entmutigung zur Einbürgerung*: Wie auch das Aufnahmeland kann das Herkunftsland eine positive oder negative Stimmung bezüglich der Einbürgerung seiner EmigrantInnen schaffen.

3) Einflussfaktoren auf Ebene der potentiellen EinbürgerungskandidatInnen

a) *Wanderungsmotive*: Der Grund für das Verlassen des Herkunftslandes kann einen Einfluss auf die Wahrscheinlichkeit auf die Einbürgerung haben.

b) *Soziodemographische Merkmale*: Alter, Zuwanderungsalter, Geburtsort, Bildung und berufliche Stellung können die Einbürgerungsneigung beeinflussen.

c) *Das Wissen über Einbürgerungen*: Um sich einbürgern zu lassen, müssen die rechtlichen Bedingungen und Möglichkeiten einer Einbürgerung bekannt sein. Fehlt dieses Wissen oder der Zugang zu diesem Wissen, dann ist eine Einbürgerung sehr unwahrscheinlich.

d) *Emotionale Bindungen an das Herkunfts- oder an das Aufnahmeland*: Eine Identifikation mit einem der beiden Länder oder das Gefühl „zuhause zu sein" spielt eine Rolle für die Einbürgerungsentscheidung.

e) *Niederlassungs- oder Rückkehrabsicht*: Ein aufrechter Rückkehrwunsch kann die Einbürgerungsentscheidung negativ beeinflussen und umgekehrt kann die Entscheidung nicht mehr zurückwandern zu wollen, mit einer Entscheidung für eine Einbürgerung einhergehen.

f) *Einbürgerungstradition der jeweiligen Herkunftsgruppe*: Ob es innerhalb einer bestimmten Gruppe eher üblich oder nicht üblich ist, sich einbürgern zu lassen, kann unabhängig von anderen Faktoren, die Einbürgerungsentscheidung auf individueller Ebene beeinflussen.

All diese Faktoren, die in einem engen Zusammenhang miteinander stehen, sind wichtige Faktoren, die einen Einfluss auf Einbürgerungszahlen haben. Das Wissen über die verschiedenen Faktoren variiert sehr stark und am ehesten sind einbürgerungslandspezifische Faktoren bekannt (Waldrauch und Cinar 2003: 270). Für die Darstellung der Einbürgerungszahlen und Einbürgerungsraten in diesem Kapitel wird vor allem auf aufnahmelands- und herkunftslandspezifische Einflussfaktoren – sofern diese bekannt sind – Rücksicht genommen. Auf Einflussfaktoren auf der individuellen Ebene wird im Kapitel 6 und 7 noch genauer eingegangen werden.

4.1 Gesamtzahlen von Einbürgerungen: 1946 bis 2008

In Österreich lebten am 1. Jänner 2009 8,3 Millionen Menschen. Davon wurden über 1,27 Millionen im Ausland geboren, was einem Anteil von 15,3 Prozent entspricht. Von diesen Personen besitzen 530.000 oder 6,3 Prozent der Gesamtbevölkerung die österreichische Staatsbürgerschaft. Insgesamt besitzen 10,4 Prozent der österreichischen Bevölkerung nicht die österreichische Staatsbürgerschaft und der Großteil, der in Österreich lebenden AusländerInnen, ist auch im Ausland geboren (vgl. Tabelle 4.1). Somit ist der Anteil, der im Ausland geborenen Bevölkerung in Österreich höher als in den USA, welcher 2008 bei etwa 12,8 Prozent lag.[28] Diese Zahlen lassen aber keinen Schluss auf die Zahl der Eingebürgerten in Österreich zu, da die im Ausland geborenen ÖsterreicherInnen, auch bei der Geburt schon ÖsterreicherInnen gewesen sein können und – viel wichtiger – da viele eingebürgerte ÖsterreicherInnen in Österreich geboren wurden.

Tabelle 4.1: Bevölkerung nach Staatsbürgerschaft und Geburtsland 1. Jänner 2009

Geburtsland	Staatsbürgerschaft		Gesamt
	Österreich	Nicht-Österreich	
Österreich	6.954.552 83,2%	123.610 1,5%	7.078.162 84,7%
Nicht-Österreich	530.004 6.3%	747.094 8,9%	1.277.098 15,3%
Gesamt	7.484.556 89,6%	870.704 10,4%	8.355.260 100%

Quelle: Website Statistik Austria, Zugriff am: 13. November 2009

In offiziellen Registern kann die Zahl der aktuell in Österreich lebenden Eingebürgerten nicht erhoben werden, da die offiziellen Einbürgerungsstatistiken keine Informationen darüber enthalten, ob bisher Eingebürgerte verstorben oder ausgewandert sind. Somit würde eine einfache Zusammenzählung der Einbürgerungen die Zahl der Eingebürgerten überschätzen. Erst ein Spezialmodul des österreichischen Mikrozensus im Jahr 2008 beinhaltete Fragen über Einbürgerung und war somit die erste systematische Erfassung von Eingebürgerten in

28 Eigene Berechnung auf Basis der Daten von www.migrationinformation.org und www.census.gov, Zugriff am 13. November 2009. Siehe auch: Jandl und Kraler 2003.

Österreich.[29] Laut dieser Befragung lebten 2008 527.600 Personen in Österreich, die erst nach ihrer Geburt die österreichische Staatsbürgerschaft erhalten haben. Dies entspricht einem Anteil von 6,4 Prozent der Wohnbevölkerung in Privathaushalten. Mit 45,9 Prozent wurde der Großteil der heute in Österreich lebenden Personen seit 1998 eingebürgert. Ein Viertel der Eingebürgerten erhielt die Staatsbürgerschaft in den vorangegangenen fünf Jahren (vgl. Statistik Austria 2009a: 27-28).

Zwischen 1946 und 2008 kam es in Österreich zu 1.090.553 Einbürgerungen. Diese Zahl beinhaltet zwischen 1946 und 1965 auch Auslandseinbürgerungen, da bis dahin die in- und auslandswirksamen Einbürgerungen nicht gesondert ausgewiesen wurden. Seit 1966 kam es zusätzlich zu 26.880 Einbürgerungen von Personen mit Wohnsitz im Ausland; das entspricht 4,5 Prozent aller Einbürgerungen seit 1966. Der Großteil der inlandswirksamen Einbürgerungen seit 1946 fand in den Nachkriegsjahren statt. 41,7 Prozent aller Einbürgerungen fand in den Jahren von 1946 bis 1956 statt. Diese Einbürgerungen betrafen hauptsächlich nach dem Krieg vertriebene ‚Volksdeutsche' und andere Flüchtlinge aus Osteuropa (Waldrauch und Cinar 2003: 266). Bis 1958 erhielten etwa 230.000 ‚ethnische Deutsche' die österreichische Staatsbürgerschaft durch Erklärung, während andere Displaced Persons, welche nicht ‚ethnische Deutsche' waren, für Ermesseneinbürgerungen ansuchen mussten (Cinar und Waldrauch 2006: 25). Zwischen 1958 und 1990 bleiben die jährlichen Einbürgerungen mit unter 10.000 pro Jahr vergleichsweise niedrig. Von 1990 bis 2003 steigen die jährlichen Einbürgerungen stark an und erreichen einen Höhepunkt von fast 44.700 im Jahr 2003. Danach sinken die Einbürgerungen wieder stark ab, auf etwa 10.200. Seit 1946 wurden in Österreich durchschnittlich 17.310 Personen pro Jahr eingebürgert. Ohne die Nachkriegseinbürgerungen ist dieser Durchschnitt niedriger mit 12.224 seit 1960. Der jährliche Durchschnitt seit 1990 liegt bei 21.722 und seit 2000 bei 29.255. 2009 sanken die gesamten Einbürgerungszahlen weiter auf unter 8.000, was einer Einbürgerungsrate von 0,9 entspricht. Durch die Verschärfung des Einbürgerungsgesetzes 2009, insbesondere des Anhebens des notwendigen Einkommens, sanken die Zahlen 2010 weiter.

Trotz der Vielfalt von Faktoren, die die Einbürgerungszahlen beeinflussen, liegt der Hauptgrund für den Anstieg der Einbürgerungen seit 1990 an der großen Zahl der Zuwanderung nach Österreich, welche in den 1960ern und 1970ern die so genannte „Gastarbeitsmigration" mit dem darauf folgenden Familiennachzug betraf sowie die starke Fluchtmigration in den 1990ern durch den

29 Der österreichische Mikrozensus beinhaltet die in der gesamten EU durchgeführte Arbeitskräfteerhebung. Diese hatte in allen Mitgliedsstaaten 2008 ein Zusatzmodul über die Arbeitsmarktsituation von MigrantInnen und ihren Nachkommen durchgeführt, wo auch Fragen zur Einbürgerung enthalten waren.

Zusammenbruch der Sowjetunion und vor allem den Krieg im ehemaligen Jugoslawien (vgl. Kraler und Stacher 2001).

Abbildung 4.1: Einbürgerungszahlen nach Bundesland 1946 bis 2008

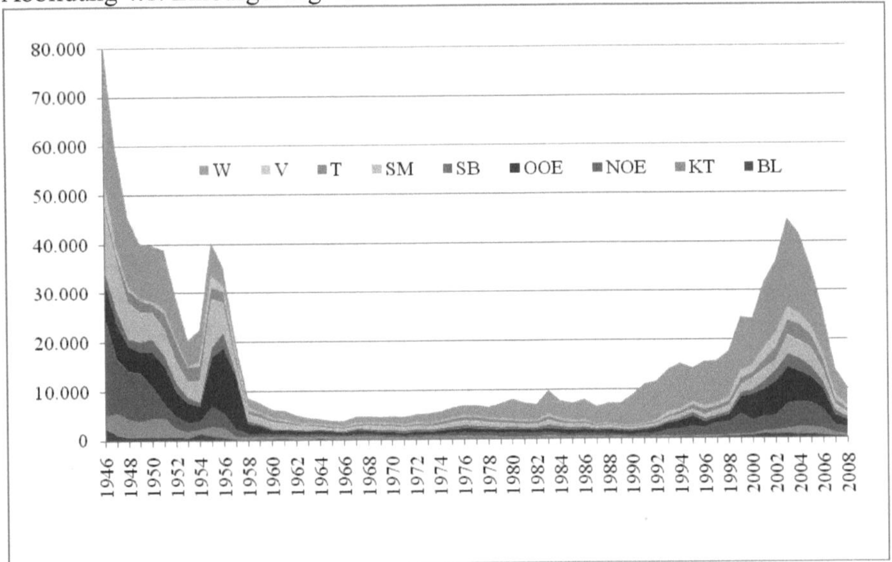

Quelle: Statistik Austria Website, Online-Zugriff: 26. Oktober 2009

Nicht verwunderlich ist, dass mit 36 Prozent aller Einbürgerungen seit 1946 die meisten Einbürgerungen in Wien stattgefunden haben. Nach Wien haben Oberösterreich mit 15,6%, Niederösterreich mit 13,4% und die Steiermark mit 11,6% höhere Anteile an den Einbürgerungen seit 1946. Die Einbürgerungen in den anderen Bundesländern liegen zwischen 1,9 Prozent im Burgenland und 6,6 Prozent in Tirol. Diese Gesamtverteilung ist nicht besonders verwunderlich, da sich die Bevölkerungsgrößen der Bundesländer auch stark unterscheiden. Da die Vollziehung der Einbürgerungen in der Kompetenz der Länder liegt, kommt es auch zu einer unterschiedlichen Einbürgerungspraxis in den Bundesländern. Werden die Anteile der Einbürgerungen in den Bundesländern über die Jahre verglichen, sind klare Unterschiede zu erkennen, wobei der Anteil der Einbürgerungen in Wien auf bis zu 72,3 Prozent aller Einbürgerungen im Jahr 1991 ansteigt. Bis 2008 sinkt dieser Anteil wieder auf 37 Prozent. Um die Einbürgerungspraxis besser verdeutlichen zu können, ist es einfacher Einbürgerungsraten zu vergleichen. Die Einbürgerungsrate ist der Anteil der jährlichen Einbürgerungen an der ausländischen Bevölkerung desselben Jahres. Betrachtet man die

Einbürgerungsraten zwischen 1991 und 2008, so zeigt sich die höchste Einbürgerungsrate in Wien im Jahr 2003 mit 6,6 Prozent. Die Wiener Einbürgerungsrate war von 1991 bis 1999 immer die höchste aller Bundesländer und lag bis 2004 über dem nationalen Durchschnitt. Seit 2000 weist meistens Oberösterreich die höchste Einbürgerungsrate aus. Die Einbürgerungsrate ist in den letzten Jahren drastisch gefallen und liegt im Jahr 2008 bei 1,2 Prozent.

Obwohl Einbürgerungsraten im Vergleich zu den Gesamtzahlen einen besseren Vergleichsindikator für die Einbürgerungspraxis bestimmter Regionen abgeben, so haben Einbürgerungsraten auch ihre Schwächen: Eine stark steigende Zuwanderung verringert unmittelbar die Einbürgerungsrate, obwohl die Bevölkerung, die für eine Einbürgerung in Frage kommt (AusländerInnen, die seit einer gewissen Zeit in Österreich leben), nicht zugenommen hat und es folglich keine Änderung in der Einbürgerungspraxis bzw. Einbürgerungsverhalten gegeben hat. Der Zusammenhang zwischen Einwanderung und Einbürgerung ist also Zeit versetzt. Abgesehen davon gibt es – wie oben schon erwähnt – eine Reihe weiterer Erklärungspunkte für steigende und sinkende Einbürgerungszahlen. Gäbe es keine weiteren Einflüsse auf Einbürgerungen außer der Aufenthaltsdauer, so müssten Einbürgerungszahlen in Österreich etwa zehn Jahre nach einer starken Zuwanderungsphase ansteigen. Dieser Zusammenhang ist nur sehr schwach zu erkennen, wenn die Entwicklung der ausländischen Bevölkerung in Österreich mit den Einbürgerungszahlen gegenübergestellt wird. Das Hoch der ausländischen Bevölkerung von 1973 führt zu einem Hoch in den Einbürgerungszahlen 1983. Genauso erklärt das vorläufige Hoch der Zuwanderung 1993 die hohen Einbürgerungen 2003 mit (siehe Grafik 4.2, unten).

Aufgrund der schwachen Aussagekraft von Einbürgerungsraten auf Basis von Querschnittdaten ist es empfehlenswert Einbürgerungen nach Kohorten darzustellen und nicht nur nach Jahr der Einbürgerung. Auch wenn die Aufenthaltsdauer nicht der einzige Einflussfaktor auf Einbürgerung ist, kann aber dieser Einfluss durch Kohorten zumindest besser dargestellt werden; also Einwanderungskohorten für ImmigrantInnen und Geburtsjahrgänge für in Österreich geborene AusländerInnen. Dadurch könnten beispielsweise – wie bei anderen demographischen Ereignissen wie Heirat oder Todesfall – Einbürgerungswahrscheinlichkeiten errechnet werden und Einbürgerungsverhalten und Einbürgerungspraxis besser erklärt werden. Die Möglichkeiten hierzu hängen jedoch stark von den verfügbaren Daten ab (vgl. hierzu Perrin 2006).

Tabelle 4.2: Einbürgerungsraten nach Bundesland 1991 bis 2008

	Österreich - Inland	**BL**	**KT**	**NÖ**	**OÖ**	**SB**	**SM**	**T**	**V**	**W**
1991	2,2	0,8	0,9	0,9	1,3	0,9	1,2	0,9	0,6	4,4
1992	2,0	0,8	1,0	0,9	1,5	0,6	0,9	0,9	1,0	3,8
1993	2,2	0,9	1,2	1,3	1,6	0,7	1,4	1,1	1,7	3,9
1994	2,3	1,6	0,8	1,5	1,8	0,8	1,5	1,2	1,2	4,0
1995	2,1	1,5	0,9	2,1	2,1	1,1	1,2	1,8	1,6	2,9
1996	2,3	1,2	0,8	1,8	1,2	1,0	1,4	2,0	1,7	3,8
1997	2,3	1,4	0,7	2,9	1,0	0,9	1,7	1,7	1,4	3,7
1998	2,6	1,7	0,8	3,0	1,5	1,0	2,2	1,7	2,0	3,9
1999	3,6	3,0	0,8	4,6	3,5	1,4	2,7	2,4	3,6	4,6
2000	3,5	3,9	0,8	3,0	5,4	1,6	4,2	2,0	3,5	3,9
2001	4,4	7,0	1,4	3,3	5,5	2,7	4,4	2,8	5,5	5,3
2002	4,9	6,0	2,1	3,4	6,8	3,9	3,1	4,1	6,4	5,6
2003	6,0	7,1	3,0	5,4	7,3	4,4	6,3	4,5	6,1	6,6
2004	5,5	5,4	4,7	5,3	6,0	4,5	5,4	5,2	5,0	5,8
2005	4,4	5,2	4,5	4,9	5,0	3,4	5,8	3,8	4,2	4,1
2006	3,2	3,9	3,8	3,9	4,0	2,4	3,3	3,0	3,2	2,8
2007	1,7	1,9	1,8	1,7	1,9	1,4	1,6	1,7	2,3	1,6
2008	1,2	1,2	1,2	1,5	1,3	0,9	1,1	1,1	1,5	1,1

Quelle: Statistik Austria Website, Online Zugriff: 30. Oktober 2009

Da die Einbürgerungen jedoch von einer Vielzahl von Faktoren abhängig sind, ist die Aufenthaltsdauer ein ungenügender Erklärungsfaktor. Die hohen Einbürgerungsraten in Wien in den 1990er Jahren im Vergleich zu anderen Bundesländern können jedenfalls auf eine liberalere Einbürgerungspraxis zurückgeführt werden sowie auf die vergleichsweise niedrigeren Kosten. Zwischen 1985 und 1998 wurde in Wien vor allem von Einbürgerungen aufgrund von „besonders berücksichtigungswürdigen Gründen" nach vier Jahren und aufgrund von zu erwartenden besonderen Leistungen (also nach § 10 (3) und (4) nach dem damaligen Staatsbürgerschaftsrecht) Gebrauch gemacht. Diese Einbürgerungen machten in diesem Zeitraum zwischen 16 und 26 Prozent aller Wiener Einbürgerungen aus, jedoch nur zwischen neun und 17 Prozent der Einbürgerungen in anderen Bundesländern. Durch die Reform 1998 wurde der Anteil der Einbürgerungen nach besonders berücksichtigungswürdigen Gründen stark gesenkt auf 13 Prozent im Jahr 2000 und weiter auf vier Prozent im Jahr 2003. Der Rückgang des Anteils der vorzeitigen Einbürgerungen liegt aber nicht nur am Abnehmen der absoluten Zahlen, sondern auch an der starken Zunahme von Einbürgerungen nach zehn Jahren Aufenthalt, nach 15 bzw. 30 Jahren Aufenthalt und durch Erstreckung der Einbürgerung auf EhegattInnen und Kinder (Cinar und Waldrauch 2006: 43-44). Der enorme Anstieg von Einbürgerungen zwischen 1998 und 1999 hat verschiedenste Gründe: Erstens, sind Faktoren in Bezug auf das Aufnahmeland – also Österreich – von Bedeutung. Dazu gehören die Aufarbeitung von durch Personalmangel entstandenen Rückständen im Burgenland sowie die Wiederaufnahme abgelehnter Anträge auf vorzeitige Einbürgerung von Personen, die nun einen Aufenthalt von zehn Jahren nachweisen konnten in Oberösterreich. Zweitens stiegen die Einbürgerungen jedoch auch durch herkunftslandspezifische Faktoren. Durch die Krise im Herkunftsland mussten Kosovo-AlbanerInnen nicht mehr die Aufgabe ihrer bisherigen Staatsbürgerschaft nachweisen (Niederösterreich) und in Niederösterreich und Wien gelangten andere Nachweise der Entlassung aus der bisherigen Staatsangehörigkeit nur blockweise ein (Waldrauch und Cinar 2003: 272).

Abbildung 4.2: Normierte Entwicklung von Einbürgerungen, AusländerInnenzahl und Einbürgerungsrate seit 1966 (1966 = 1)

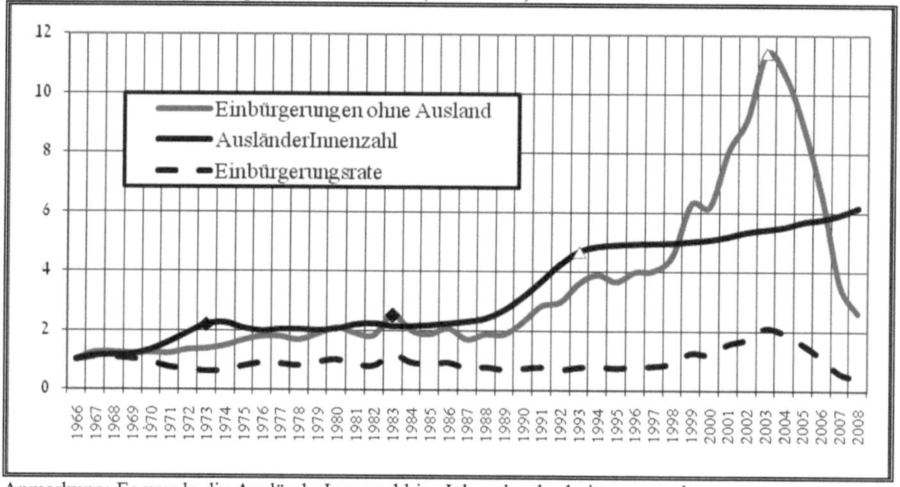

Anmerkung: Es wurde die AusländerInnenzahl im Jahresdurchschnitt verwendet

Quelle: Website Statistik Austria, Online Zugriff: 30. Oktober 2009 und eigene Berechnung

Somit lässt sich festhalten, dass die Einbürgerungszahlen/ -raten nur multikausal durch verschiedenste Gründe erklärt werden können. Diese Thematik wird weiter unten wieder aufgegriffen. Die kommenden Teile dieses Kapitels beschäftigen sich mit der Zusammensetzung der eingebürgerten Personen nach herkunftsspezifischen und demographischen Aspekten sowie nach Rechtsgrundlage der Einbürgerungen.

4.2 Einbürgerungen nach vorheriger Staatsangehörigkeit und Geburtsland

Werden die Einbürgerungen nach bisheriger Staatsangehörigkeit seit 1992 betrachtet, dann ergibt sich ein eindeutiges Bild. Die mit Abstand wichtigsten Einbürgerungsgruppen stammen aus den zwei wichtigsten Ländern der so genannten „Gastarbeitsmigration" nach Österreich in den 1960er und 1970er Jahren. Von den über 400.000 Einbürgerungen zwischen 1992 und 2008 betrafen etwa 155.000 Einbürgerungen bzw. 38,6 Prozent BürgerInnen aus dem ehemaligen Jugoslawien (ohne Slowenien) und fast 117.000 Einbürgerungen bzw. 29,2 Prozent BürgerInnen aus der Türkei; also stammen über zwei Drittel der Eingebürgerten aus diesen beiden Regionen. Etwa 13 Prozent betrafen Einbürgerungen von BürgerInnen aus Ländern der EU27. Die jährlichen Einbürgerungen von BürgerInnen aus Ländern des ehemaligen Jugoslawien bewegen sich in den 1990er Jahren um die 5.000 und steigen ab 1998 stark an. Einbürgerungen dieser Gruppe erreichen 2003 mit über 21.500 ihren absoluten Höhepunkt und fallen seit dem wieder. Bei den Einbürgerungen von TürkInnen sind während der 1990er zwei Höhepunkte zu erkennen: 1996 und 1999 erreichen diese Einbürgerungen ihre ersten Höhepunkte und sind in diesen Jahren auch die wichtigste Einbürgerungsgruppe. Der absolute Höhepunkt der Einbürgerungen von TürkInnen wird – wie auch bei den BürgerInnen aus dem ehemaligen Jugoslawien – 2003 erreicht, mit über 13.600 Einbürgerungen. Danach fallen die Einbürgerungen drastisch ab. Der Einbruch der Einbürgerungszahlen fällt bei der Gruppe der TürkInnen wesentlich stärker aus als bei jenen aus ehemaligen jugoslawischen Ländern. Die Einbürgerungen der TürkInnen fallen zwischen 2003 und 2008 um fast 90 Prozent, die der Personen aus dem ehemaligen Jugoslawien um 70 Prozent.

Die wichtigsten bisherigen Staatsbürgerschaften aus ehemaligen jugoslawischen Ländern zwischen 1998 und 2008 waren Serbien und Montenegro[30] mit 17,1 Prozent aller Einbürgerungen und Bosnien und Herzegowina mit 15,9 Prozent sowie Kroatien (6,5%) und Mazedonien (1,9%). Weitere wichtige Einbürgerungsgruppen sind (ehemalige) RumänInnen (16.845 bzw. 5,4%), ÄgypterInnen (5.959 bzw. 1,9%), ChinesInnen (4.637 bzw. 1,5%) und InderInnen (4.607 bzw. 1,5%). Im gleichen Zeitraum machen 1.240 Einbürgerungen von

30 Für die Jahre 2006 bis 2008 wurden die geteilten Zahlen zusammengezählt.

Deutschen nur 0,4 Prozent aus (eigene Berechnungen mit Daten der Statistik Austria).

Tabelle 4.3: Einbürgerungen nach bisheriger Staatsangehörigkeit 1992 bis 2008

	EU-Staaten (2007)	Ehem. Jugoslawien (ohne SI)	Türkei	rest. eur. Staaten	Außereurop. OECD-Staaten, Israel	sonstige Staaten	Staatenlos unbekannt ungeklärt	Gesamt
1992	2470	4263	1994	151	202	2684	156	**11920**
1993	2640	5659	2688	233	163	2875	144	**14402**
1994	3148	5529	3379	251	833	2940	190	**16270**
1995	2884	4467	3209	563	474	3512	200	**15309**
1996	2384	2968	7499	332	330	2570	160	**16243**
1997	3073	3572	5068	394	238	3717	212	**16274**
1998	3871	4064	5683	544	219	3813	127	**18321**
1999	3503	6671	10350	405	204	3750	149	**25032**
2000	4774	7473	6732	479	220	4815	152	**24645**
2001	4992	10629	10068	523	191	5532	145	**32080**
2002	4074	13858	12649	487	154	5068	92	**36382**
2003	4088	21519	13680	439	195	5042	149	**45112**
2004	3216	18940	13024	671	255	5908	160	**42174**
2005	2443	17001	9562	637	221	5426	127	**35417**
2006	1956	12644	7549	565	140	3346	59	**26259**
2007	1053	9350	2077	287	108	1130	36	**14041**
2008	854	6003	1664	289	151	1244	63	**10268**
Gesamt	**51423**	**154610**	**116875**	**7250**	**4298**	**63372**	**2321**	**400149**

Quelle: Statistik Austria, ISIS Datenbank, Online-Zugriff: 31. Oktober 2009; eigene Berechnungen

Interessant sind auch Vergleiche der Einbürgerungsraten der wichtigsten Gruppen (Abbildung 4.3). Zwischen 1998 und 2006 waren die Einbürgerungsraten von TürkInnen durchgehend mit Abstand am höchsten und lagen zu ihren Spitzenzeiten von 2002 bis 2004 bei über zehn Prozent. Von 2006 auf 2007 fallen diese drastisch ab und liegen erstmals unter jenen der BürgerInnen aus dem ehemaligen Jugoslawien, welche nicht so drastisch fallen. Den Zahlen nach zu urteilen, kann dieser drastische Rückgang der Einbürgerungsrate der TürkInnen mit der Staatsbürgerschaftsnovelle 2006 in Verbindung gebracht werden. Somit hat diese Novelle hauptsächlich türkische Einbürgerungen verhindert und hat Personen aus dem ehemaligen Jugoslawien nicht so stark getroffen.

Durch das in Österreich vorherrschende Abstammungsprinzip in den Staatsbürgerschaftsgesetzen, werden Kinder von AusländerInnen, die in Österreich geboren werden, nicht automatisch zu ÖsterreicherInnen, sondern müssen ebenfalls eingebürgert werden. Die Statistiken nach bisheriger Staatsangehörigkeit beinhalten somit ImmigrantInnen und in Österreich geborene AusländerInnen. Mit 30 Prozent betrifft ein nicht unbeachtlicher Teil der Einbürgerungen seit 1992 Personen, die in Österreich geboren wurden.[31] Dieser Anteil schwankt jedoch stark zwischen den unterschiedlichen Einbürgerungsgruppen. Am höchsten ist der Anteil bei den Personen mit Staatsbürgerschaften aus den außereuropäischen OECD Ländern und Israel mit 50 Prozent. Diese Einbürgerungen machen jedoch mit etwa 4.300 nur 1,1 Prozent der Einbürgerungen zwischen 1992 und 2008 aus. Bedeutender ist hierbei schon der überdurchschnittliche Anteil von in Österreich geborenen Personen bei den ehemaligen TürkInnen. Bei dieser Gruppe stehen 69.000 ImmigrantInnen fast 48.000 Personen (40,8 %) gegenüber, die im Inland geboren wurden.

Das Geschlechterverhältnis bei Einbürgerungen ist zwischen 1992 und 2008 relativ ausgeglichen mit 49,2 Prozent Männern. Für den Zeitraum von 2000 bis 2008 stieg der Männeranteil auf 49,8 Prozent. Genau genommen ist der Männeranteil sogar etwas höher als in der österreichischen Gesamtbevölkerung, welcher 2008 bei 48,7 Prozent lag.[32] Jedoch ergeben sich auch bei der Geschlechterverteilung eindeutige Unterschiede zwischen den verschiedenen Staatsangehörigkeitsgruppen. Zwischen 1992 und 2008 wurden mit 53,9 Prozent mehr Türken als Türkinnen eingebürgert. Bei Einbürgerungen aus sonstigen Staaten sowie bei Staatenlosen oder unbekannter Staatsbürgerschaft ist ebenfalls ein Männerüberhang zu beobachten. Bei der bedeutendsten Einbürgerungsgruppe – den BürgerInnen aus ehemals jugoslawischen Ländern – ist jedoch mit 53,3 Prozent Frauen ein wesentlich größerer Frauenanteil auszumachen. Noch höher sind die Anteile von Frauen bei BürgerInnen aus EU27 Ländern (56,5%) und sonstigen Staaten (58,9%).

---

31 Für den Zeitraum von 1981-2008 sowie für 2000-2008 errechnen sich fast gleiche Anteile von 29,2% bzw. 30,5%.

32 Eigene Berechnung auf Basis von der Bevölkerungsstatistik der Statistik Austria vom 27. Mai 2009.

Abbildung 4.3: Einbürgerungsraten nach bisheriger Staatsbürgerschaft (Türkei, ehem. Jugoslawien und andere) 1998 - 2008

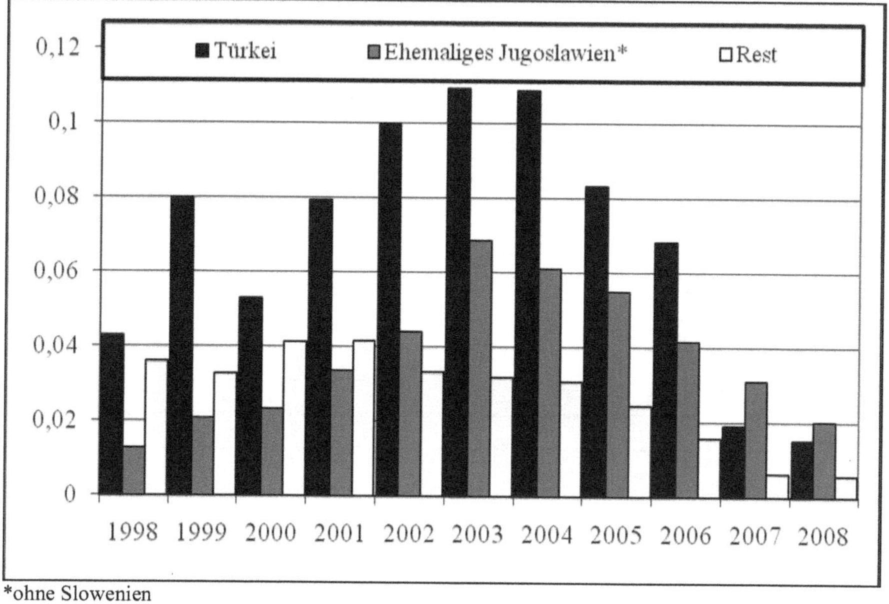

*ohne Slowenien

Quelle: Statistik Austria, Online-Zugriff: 30. Oktober 2009, eigene Berechnungen

Schlussendlich können die Einbürgerungsstatistiken noch danach unterschieden werden, ob es sich um anerkannte Konventionsflüchtlinge handelt oder nicht. Von den zwischen 1992 und 2008 Eingebürgerten waren 3,9 Prozent Konventionsflüchtlinge. Der höchste Flüchtlingsanteil ist für Staatenlose bzw. für Personen deren Staatsangehörigkeit unbekannt oder ungeklärt war auszumachen, mit 13,7 Prozent. Ebenfalls erhöhte Anteile von Flüchtlingen finden sich bei den sonstigen Staaten (10,2%), bei EU27 Staaten (6,9%) sowie übrige europäische Staaten (4,9%). Innerhalb der 15.535 eingebürgerten Flüchtlinge zwischen 1992 und 2008 waren sonstige Staaten mit 41,6 Prozent am bedeutendsten. Die zweitgrößte Zahl an eingebürgerten Konventionsflüchtlingen stammt aus dem ehemaligen Jugoslawien mit 30 Prozent bzw. 4.661 Personen. Blickt man etwas weiter zurück, dann ist der Anteil der eingebürgerten Flüchtlinge jedoch etwas höher mit 5,7 Prozent zwischen 1981 und 2008. Dieser höhere Prozentsatz ergibt sich aus den höheren Anteilen der 1980er bis Anfang der 1990er Jahre. Höhere Anteile bedeuten hierbei jedoch aber nicht höhere Absolutzahlen; d.h. die Anteile der

Flüchtlinge an den Gesamtzahlen sind in den 1990er Jahren zwar gesunken, stiegen aber ab 1999 wieder an, wobei restlichen Einbürgerungen noch stärker angestiegen sind.

Tabelle 4.4: Einbürgerungen nach bisheriger Staatsbürgerschaft und Flüchtlingsstatus, Geschlecht und Geburtsland zwischen 1992 und 2008

	Anteil Flüchtlinge	**Männeranteil**	**Anteil in Ö geboren**
EU-Staaten (27)	6,9%	43,5%	17,1%
ehem. Jugoslawien	3,0%	46,7%	33,0%
Türkei	0,4%	53,9%	40,8%
übriges Europa	4,9%	41,1%	11,0%
OECD ohne Europa*	-	49,9%	50,0%
Sonstige Staaten	10,2%	52,3%	15,6%
Staatenlos, unbekannt	13,7%	54,9%	32,6%
Gesamt	3,9%	49,2%	30,3%

*plus Israel

Quelle: Statistik Austria, ISIS Datenbank, Online-Zugriff: 31. Oktober 2009, eigene Berechnungen

4.3 Einbürgerungen nach Rechtsgrund und Alter

Ein weiterer wichtiger Unterscheidungsgrund bei Einbürgerungen ist die rechtliche Grundlage der Einbürgerung. Diese gibt einerseits Auskunft über die Einbürgerungspraxis, jedoch auch über die Zusammensetzung der Eingebürgerten in Hinblick auf Aufenthaltsdauer und Familiensituation. Von den fast 500.000 Einbürgerungen zwischen 1981 und 2008 waren mit 42,3 Prozent der Großteil Erstreckungen der Einbürgerung nach § 16 und § 17, also Erstreckung auf EhegattInnen und Kinder. Diese Einbürgerungen stehen im Zusammenhang mit den Ermessenseinbürgerungen nach § 10, welche mit 35,1 Prozent die zweit bedeutendste Kategorie im gleichen Zeitraum darstellt. Dass die Erstreckungen höher als die Ermessenseinbürgerungen sind, deutet auf häufige Einbürgerungen ganzer Familien hin, also die Erstreckung von Einbürgerungen auf EhegattInnen *und* Kinder. Die verbleibenden 22,6 Prozent in diesem Zeitraum waren Einbürgerungen aufgrund eines Rechtsanspruches. Einbürgerungen aufgrund eines Rechtsanspruches waren von 1981 bis 1988 die wichtigste Form der Einbürgerung. 1989 wird diese Art der Einbürgerung von Ermessenseinbürgerungen und Erstreckungen ‚überholt' und bleibt bis 2006 auf dem ‚dritten Platz'. Anspruchseinbürgerungen steigen seit Beginn der 1990er Jahre nur langsam an und haben –

im Gegensatz zu Ermessenseinbürgerungen und Erstreckungen – ihren Höhepunkt nicht 2003 sondern erst 2005. Danach fallen Anspruchseinbürgerungen nicht so stark wie Ermessenseinbürgerungen und Erstreckungen und sind 2008 seit zwanzig Jahren erstmals wieder die wichtigste Einbürgerungsform.

Abbildung 4.4: Einbürgerungen nach Rechtsgrund 1981 bis 2008

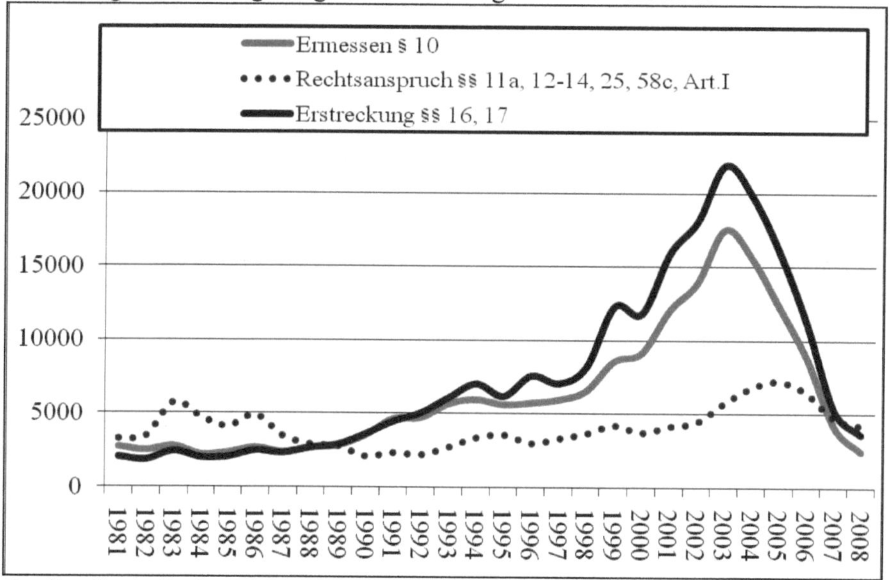

Quelle: Statistik Austria, ISIS Datenbank, Zugriff: 5. Juli 2009, eigene Berechnungen

Werden die Einbürgerungsformen nach Geschlecht verglichen, so ist deutlich erkennbar, dass mit einem Männeranteil von 59,1 Prozent deutlich mehr Männer nach Ermessen eingebürgert werden. Hingegen ist der Frauenanteil höher bei Rechtseinbürgerungen mit 55,4 Prozent und bei Erstreckungen mit 56 Prozent. Der Frauenanteil war bei Erstreckungen zwischen 1981 und 2008 immer höher und bei Rechtsanspruchseinbürgerungen nur zu Beginn der 1980er Jahre und ab 1993. Bei den Ermessenseinbürgerungen lag der Anteil der Männer im Beobachtungszeitraum durchwegs über dem der Frauen.

Bei den Ermessenseinbürgerungen wurden 9,1 Prozent schon in Österreich geboren (11,8% der Frauen und 7,2% der Männer). Der Anteil der Eingebürgerten, die in Österreich geboren wurden, ist bei den Rechtsanspruchseinbürgerungen mit 19,7 Prozent schon höher. Bei Männern ist hierbei der Anteil mit

21,8 Prozent höher als der der Frauen (17,9%). Bei den Erstreckungen ist der Anteil der in Österreich Geborenen mit 51 Prozent am höchsten. Bei männlichen Eingebürgerten ist dieser Anteil sogar bei 60,9 Prozent, jedoch bei Frauen nur 43,6 Prozent. Dieser höhere Anteil von in Österreich Geborenen bei Männern ist nicht dadurch zu erklären, dass mehr Männer in Österreich geboren wurden, sondern dass der Anteil sowie die Gesamtzahl der Erstreckungen auf im Ausland Geborene bei Frauen wesentlich höher sind als bei Männern. Dies ist dadurch zu erklären, dass bei Erstreckungen auf Frauen wesentlich mehr Ehegattinnen enthalten sind als bei Männern Ehegatten. Somit ist die häufigste Variante bei Familieneinbürgerungen, dass der Mann die Staatsbürgerschaft verliehen bekommt und diese auf seine Frau und Kinder erstreckt wird.

Interessant ist schließlich noch die Zusammensetzung der Einbürgerungen nach Alter (Abbildung 4.5). Hierbei wird die große Bedeutung der Erstreckungen der Einbürgerung auf Kinder deutlich. Von allen Einbürgerungen zwischen 1981 und 2008 war mit 31,8 Prozent fast ein Drittel unter 14 Jahre alt. Der Anteil von Kindern ist in den 1980er Jahren besonders hoch und 1984 sogar über 40 Prozent. Weitere wichtige Altersklassen bei Einbürgerungen sind 25- bis 34jährige mit 21,9 Prozent aller Einbürgerungen zwischen 1981 und 2008 und 35- bis 44jährige mit 19,2 Prozent. Somit lässt sich eindeutig festhalten, dass die ‚neuen ÖsterreicherInnen' fast ausschließlich jüngere Personen sind, da etwa 90 Prozent aller Betroffenen bei ihrer Einbürgerung jünger als 45 Jahre alt waren.

Unterschiede in den Altersklassen ergeben sich auch nach Geschlecht. Liegt der Frauenanteil bei Einbürgerungen zwar insgesamt im Beobachtungszeitraum 1981 bis 2008 bei 51 Prozent, so ist ein höherer Frauenanteil nur für die Altersklassen 18 bis 24 und 25 bis 34 erkennbar. Dieser fällt jedoch deutlich aus, mit 59 Prozent bzw. 58,2 Prozent. In allen anderen Altersklassen sind ergibt sich ein Männerüberhang, obgleich dieser bei unter 18jährigen nur gering ausfällt.

Abbildung 4.5: Einbürgerung nach Altersklassen 1981 bis 2008

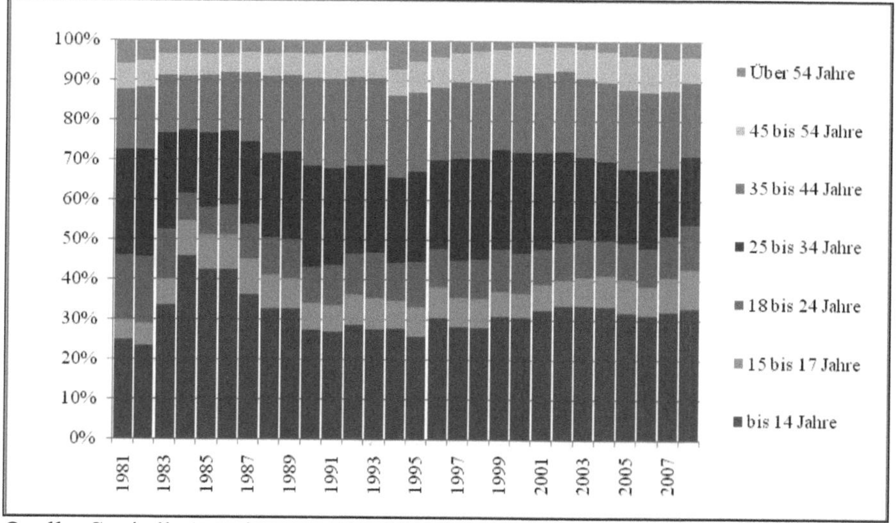

Quelle: Statistik Austria, ISIS Datenbank, 5. Juli 2009, eigene Berechnungen

4.4 Einbürgerungszahlen im internationalen Vergleich

International vergleichende Einbürgerungsstatistiken sind nur sehr schwer erhältlich, da es nur wenig vergleichende Datensammlungen auf internationaler Ebene gibt. Deshalb muss vor der Präsentation der Statistiken kurz auf die Verfügbarkeit und Vergleichbarkeit von internationalen Statistiken eingegangen werden. Gegen Ende 2009 hat Eurostat eine relativ umfangreiche Datensammlung zu Staatsbürgerschaftserwerben für alle EU-Mitgliedsstaaten veröffentlicht. Diese Daten sind für 17 der 27 Mitgliedsländer ab 1998 erhältlich. Erst ab 2002 sind für alle Mitgliedsstaaten – bis auf das quantitativ eher unwichtige Malta – Einbürgerungszahlen vorhanden (vgl. Sartori 2009). Zusätzlich wurden in einem von der EU geförderten Projekt Einbürgerungsstatistiken für die EU15 Mitgliedsstaaten von 1985 bis 2004 gesammelt und veröffentlicht.[33] Dieser Datensatz wurde und wird auf der Website des EU Democracy Observatory on Citizenship[34] auf 37 europäische Länder erweitert und aktualisiert.

Die folgende Analyse vergleicht zuerst Einbürgerungszahlen seit 1985 für die EU15 Länder und deren Anteile an den Gesamtbevölkerungen. Für die

33 Erhältlich unter www.imiscoe.org/natac, (07. Jänner 2010)
34 Siehe http://eudo-citizenship.eu/, (07. Jänner 2009)

EU15 Länder sind Zahlen zu Einbürgerungen von 1985 bis 2007 erhältlich. Diese Zahlen setzen sich jedoch aus zwei verschiedenen Datensammlungen zusammen; einerseits aus der Datensammlung des oben erwähnten Forschungsprojektes[35], welche Statistiken von 1985 bis 2004 enthält und andererseits aus einer Publikation und Datensammlung von Eurostat (vgl. Sartori 2009), welche Daten für alle EU27 Länder von 1998 bis 2007 enthält. Beide Datensätze enthalten teilweise unterschiedliche Zahlen, was auf unterschiedliche Definitionen zurückzuführen ist.[36] Im Zweifelsfall wurden die aktuelleren Zahlen von Eurostat verwendet.[37] Ferner werden Einbürgerungsstatistiken für die EU27 Länder seit 2002 beschrieben und die Einbürgerungsraten der verschiedenen Länder verglichen, um Unterschiede in der Einbürgerungspraxis darzustellen. Schlussendlich werden noch die wichtigsten Einbürgerungsgruppen nach Herkunftsgruppen unterschieden.

4.4.1 Einbürgerungen und Eingebürgerte in den EU15 Ländern seit 1985

Einbürgerung ist kein seltenes Phänomen in den EU15 Ländern. Zwischen 1985 und 2007 kam es in diesen 15 Ländern zu über 11,5 Millionen Staatsbürgerschaftserwerben, was einem jährlichen Durchschnitt von über 500.000 gleichkommt. Der Großteil dieser Erwerbe betrifft klassische Einbürgerungen von ImmigrantInnen. Mit fast 3,4 Millionen werden die meisten Staatsbürgerschaftserwerbe in Deutschland gezählt, was einen Anteil von fast 30 Prozent der Gesamtzahl der EU15 zwischen 1985 und 2007 ausmacht. 21,5 Prozent aller Staatsbürgerschaftserwerbe werden aus Frankreich berichtet, welches mit fast 2,5 Millionen die zweitmeisten Erwerbe ausweist. An dritter Stelle liegt das Vereinigte Königreich mit fast 1,9 Millionen Staatsbürgerschaftserwerben in den 23 beobachteten Jahren und einem Anteil von 16,3 Prozent. Somit fanden fast 70 Prozent aller Einbürgerungen in der EU15 in den drei Ländern Deutschland, Frankreich und Vereinigtes Königreich statt. Weitere wichtige Länder in Bezug auf die Gesamtzahl der Einbürgerungen in der EU15 sind die Niederlande (7,8%), Schweden (6,3%) und Belgien (5,9%). Danach kommt Österreich, wo

35 Daten wurden von Harald Waldrauch zusammengestellt und sind unter www.imiscoe.org/natac (07. Jänner 2010) erhältlich.

36 Die Statistiken beinhalten Zahlen zu Staatsbürgerschaftserwerben nach der Geburt und somit nicht nur Einbürgerungen sondern auch andere Formen, wie Erwerbe durch Erklärung, Registrierung, Deklaration, usw. Durch die unterschiedlichen Definitionen der beiden Datensätze ist ein Bruch in den Zahlen (vor allem in Deutschland) zwischen 1997 und 1998 zu erkennen. Die Zahlen dienen somit nur als sehr allgemeiner Überblick über Einbürgerungen in den EU15 Ländern.

37 Die gesamte Tabelle, auf der die Berechnungen dieses Kapitel beruhen, ist im Anhang A abgebildet.

mit über 439.000 Einbürgerungen zwischen 1985 und 2007 die siebtmeisten Einbürgerungen stattfanden.

Tabelle 4.5: Einbürgerungen in den EU15 von 1985 bis 2007

	Einbürgerungen 1985-2007 (in 1.000)	Anteil von Gesamt	Gesamtbevölkerung 2008 (in 1.000)	Anteil von Gesamtbevölkerung
BE	682,5	5,9%	10.666,9	6,4%
DK	174,3	1,5%	5.475,8	3,2%
DE	3.395,5	29,5%	82.217,8	4,1%
IE	35,9	0,3%	4.401,3	0,8%
EL	34,7	0,3%	11.213,8	0,3%
ES	416,1	3,6%	45.283,3	0,9%
FR	2.473,5	21,5%	63.753,1	3,9%
IT	264,5	2,3%	59.619,3	0,4%
LU	16,8	0,1%	483,8	3,5%
NL	901,6	7,8%	16.405,4	5,5%
AT	439,4	3,8%	8.318,6	5,3%
PT	25,6	0,2%	10.617,6	0,2%
FI	57,4	0,5%	5.300,5	1,1%
SE	723,1	6,3%	9.182,9	7,9%
UK	1.875,4	16,3%	61.175.586	3,1%
EU15	11.516,3	100,0%	394.115.625	2,9%

Quelle: Eigene Berechnungen mit Daten der Tabelle im Anhang A basierend auf Sartori 2009 und www.imiscoe.org/natac, (07. Jänner 2010).

Um die quantitative Bedeutung der Einbürgerungen in den „alten" EU-Ländern zu vergleichen, müssen die Zahlen mit der Gesamtgröße der Länder verglichen werden. Werden die Einbürgerungszahlen seit 1985 durch die Gesamtbevölkerungszahl im Jahre 2008 der jeweiligen Länder dividiert, erhält man eine äußerst grobe Schätzung des Anteils der eingebürgerten Personen. Diese Schätzung ist jedoch nur eine sehr schwache Annäherung an die tatsächliche Zahl, da es erstens auch noch vor 1985 Einbürgerungen gab und, da ein unbekannter Anteil von den eingebürgerten Personen bisher ausgewandert oder verstorben ist.[38] Auf

38 Die fehlenden Einbürgerungen vor 1985 dürften hierbei jedoch stärker ins Gewicht fallen und die berechneten Anteile die tatsächliche Anzahl unterschätzen, da auf Basis des Mikrozensus ein Anteil von 6,4 Prozent geschätzt wird (vgl. Statistik Austria 2009: 27-28). Auf Basis der Einbürgerungen seit 1985 wird jedoch nur ein Anteil von 5,3 Prozent geschätzt. Harald Waldrauch und Dilek Cinar kommen bei einer Berechnung der Einbürgerungszahlen seit 1946 unter Einbezug von Sterberaten

Basis der vorliegenden Zahlen dürften relativ zur Gesamtbevölkerung die meisten Eingebürgerten in Schweden leben, mit 7,9 Prozent der Gesamtbevölkerung, gefolgt von Belgien mit 6,4 Prozent und den Niederlanden mit 5,5 Prozent. Danach kommt schon Österreich, wo die Einbürgerungen zwischen 1985 und 2007 einen Anteil von 5,3 Prozent der Gesamtbevölkerung 2008 ausmachen. In den drei Staaten mit den höchsten Einbürgerungszahlen, Deutschland, Frankreich und Vereinigtes Königreich, machen die Einbürgerungen Anteile zwischen 3,1 und 4,1 Prozent der Gesamtbevölkerung aus. In allen Staaten zusammen machen die Einbürgerungen rund 2,9 Prozent der Gesamtbevölkerung 2008 aus. Ist die Gesamtzahl der Einbürgerungen in Österreich nur die siebthöchste zwischen 1985 und 2007, so ist diese Zahl verglichen mit der GesamteinwohnerInnenzahl schon von größerer Bedeutung, da Österreich hier an vierter Stelle steht.

Um die Einbürgerungspraxis eines Landes näher zu beleuchten, muss jedoch die Zahl der ausländischen Bevölkerung einbezogen, also Einbürgerungsraten errechnet werden. Diese werden im nächsten Abschnitt für die gesamte EU seit 2002 dargestellt.

4.4.2 Einbürgerungen und Einbürgerungsraten in der EU27 von 2002 bis 2007

In der gesamten Europäischen Union fanden zwischen 2002 und 2007 über 4,1 Millionen Einbürgerungen statt, was einem jährlichen Durchschnitt von 690.000 entspricht. Etwas über 60 Prozent aller Einbürgerungen fanden im Vereinigten Königreich, Frankreich und Deutschland statt. In diesen drei Ländern erhielten durchschnittlich zwischen 147.000 (UK), 139.000 (FR) und 130.000 (DE) Personen jährlich die Staatsbürgerschaft des jeweiligen Landes. Österreich hat im selben Zeitraum jährlich etwa 33.000 Personen eingebürgert. Verglichen mit der EU15, spielen in den zwölf seit 2004 beigetretenen Ländern Einbürgerungen quantitativ keine so wichtige Rolle. Die etwa 265.000 Einbürgerungen zwischen 2002 und 2007 machen nur 6,4 Prozent der Einbürgerungen aller 27 Mitgliedsstaaten aus, obwohl die Gesamtbevölkerung der EU12 über 20 Prozent der Bevölkerung der EU27 ausmacht. Hierbei ist jedoch zu bedenken, dass 2008 die Gesamtzahl der ausländischen Bevölkerung in der EU12 nur fünf Prozent der ausländischen Bevölkerung der EU27 ausmacht und die EU12 mit 1,5 Prozent einen wesentlich niedrigeren AusländerInnenanteil hat als die EU15 mit 7,4 Prozent.[39] Diese stärkere Einbürgerungspraxis wird auch durch eine leicht höhere

auf eine geschätzte Anzahl von 500.000 bis 600.000 Eingebürgerte im Jahre 2001, was einem Bevölkerungsanteil von 6,5 bis 7,5 gleichkommt (Waldrauch/ Cinar 2003: 268).

39 Alle Zahlen beruhen auf eigenen Berechnungen mit Daten der Eurostat Datenbank (extrahiert am 3. Dezember 2009).

Einbürgerungsrate 2007 in den EU12 von 2,5 im Vergleich zu EU15 mit 2,4 belegt.

Tabelle 4.6: Einbürgerungsraten in der EU 2002 bis 2007

	2002	2003	2004	2005	2006	2007	Ø	Trend
BE	5,5%	4,0%	4,0%	3,6%	3,5%	3,9%	4,1	-
BG	n. a.	n. a.	n. a.	n. a.	25,9%	23,4%	24,7	-
CZ	2,0%	1,2%	2,6%	1,4%	0,9%	0,8%	1,5	-
DK	6,5%	2,5%	5,5%	3,8%	2,9%	1,3%	3,8	-
DE	2,1%	1,9%	1,7%	1,6%	1,7%	1,6%	1,8	-
EE	n. a.	n. a.	n. a.	n. a.	2,0%	1,8%	1,9	-
IE	1,8%	1,9%	1,9%	1,6%	1,8%	1,0%	1,7	-
EL	n. a.	n. a.	0,2%	n. a.	0,2%	0,4%	0,3	+
ES	1,1%	1,0%	1,4%	1,3%	1,6%	1,6%	1,3	+
FR	n. a.	n. a.	n. a.	4,3%	4,2%	3,6%	4,0	-
IT	0,8%	0,9%	1,0%	1,2%	1,3%	1,5%	1,1	+
CY	n. a.	n. a.	5,4%	4,0%	3,0%	2,4%	3,7	-
LV	1,7%	1,9%	3,3%	4,1%	4,2%	1,9%	2,8	-
LT	n. a.	n. a.	n. a.	1,3%	1,4%	0,9%	1,2	-
LU	n. a.	0,5%	0,5%	0,5%	0,6%	0,6%	0,5	+
HU	2,9%	4,5%	4,2%	6,9%	3,9%	5,0%	4,6	+
MT	n. a	n. a	n. a	n. a	4,0%	4,0%	4,0	/
NL	6,6%	4,1%	3,7%	4,1%	4,2%	4,5%	4,5	+
AT	4,9%	6,0%	5,5%	4,5%	3,2%	1,7%	4,3	-
PL	0,2%	n. a.	n. a.	n. a.	2,0%	2,8%	1,7	+
PT	0,1%	1,0%	n. a.	n. a.	1,3%	n. a.	0,8	+
RO	0,1%	n. a.	1,1%	3,0%	0,1%	0,1%	0,9	-
SI	n. a.	7,4%	7,4%	6,1%	6,5%	2,9%	6,1	-
SK	n. a.	11,7%	13,5%	6,3%	4,4%	4,6%	8,1	-
FI	3,1%	4,4%	6,4%	5,2%	3,9%	4,0%	4,5	-
SE	7,9%	7,0%	6,1%	8,2%	10,7%	6,8%	7,8	-
UK	n. a.	4,7%	5,0%	5,3%	4,5%	4,5%	4,8	-
EU15	n. a.	n. a.	n. a.	n. a.	2,7%	2,4%	2,6	-
EU12	n. a.	n. a.	n. a.	n. a.	3,4%	2,5%	3,0	-
EU27	n. a.	n. a.	n. a.	n. a.	2,7%	2,4%	2,6	-

Anmerkungen: n. a. = Zahl der ausländischen Bevölkerung oder der Einbürgerungen nicht erhältlich. Berechnungen beruhen teilweise auf eigenen Schätzungen.

Quelle: Eigene Berechnungen auf Basis von Einbürgerungszahlen aus Sartori 2009: 2 und AusländerInnenzahlen von der Eurostat Datenbank, extrahiert am 3. Dezember 2009

Die mit Abstand höchste Einbürgerungsrate im letzten Berichtsjahr 2007 hat Bulgarien, wo fast 6.000 Staatsbürgerschaftserwerbe auf 25.500 AusländerInnen kommen. Abgesehen von diesem Sonderfall hat 2007 Schweden die höchste Einbürgerungsrate in der EU mit 6,8. Im Durchschnitt von 2002 bis 2007 ist die Einbürgerungsrate der Slowakei mit 8,1 am höchsten, gefolgt von Schweden mit einer durchschnittlichen Rate von 7,8. Österreich liegt mit einer durchschnittlichen Einbürgerungsrate von 4,3 über der der Europäischen Union von 2,6. Österreich hat jedoch einen starken Rückgang von Einbürgerungen in den letzten Jahren zu verzeichnen und die Einbürgerungsrate ist zwischen 2003 und 2007 von 6,0 auf 1,7 gesunken. Ein Abwärtstrend bei Einbürgerungsraten ist auch in den meisten anderen EU Mitgliedstaaten zu beobachten, jedoch fällt dieser in kaum einem anderen Land so drastisch wie in Österreich aus. Von den acht Ländern, die einen Aufwärtstrend bei Einbürgerungsraten verzeichnen, ist in Italien der stetigste Aufwärtstrend von 0,8 auf 1,5 zu verzeichnen.

4.4.3 Die wichtigsten Einbürgerungsgruppen in der Europäischen Union

2007 stammt die größte Einbürgerungsgruppe in der EU aus Marokko. 59.400 MarokkanerInnen erhielten 2007 eine Staatsbürgerschaft eines EU-Staates, wobei 47,3 Prozent davon aus Frankreich berichtet werden. Knapp dahinter kommen Einbürgerungen von TürkInnen mit 55.100, wovon über die Hälfte in Deutschland eingebürgert wurden. Erst weiter abgeschlagen kommen Einbürgerungen von SerbInnen mit dennoch beachtlichen 24.100 (42.7% davon in Deutschland), AlgerierInnen mit 23.900 (87% davon in Frankreich) und EcuadorianerInnen mit 23.300 (91,9% davon in Spanien). Weitere bisherige Staatsbürgerschaften sind Kolumbien (hauptsächlich in Spanien), Irak (hpts. in Schweden), Indien (hpts. in UK), Rumänien (hpts. in Ungarn) und Russland (hpts. in Deutschland). Die wichtigste Einbürgerungsgruppe aus Marokko war außer in Frankreich auch in Belgien und den Niederlanden die wichtigste Gruppe. Ehemalige TürkInnen sind neben Deutschland in Dänemark die wichtigste Gruppe und in Belgien, Griechenland und den Niederlanden die zweitwichtigste. Im Vergleich dazu waren die wichtigsten Einbürgerungsgruppen in Österreich 2007 aus Serbien, Bosnien und Herzegowina und Türkei. Weitere Besonderheiten sind, dass in allen drei Baltischen Staaten so genannte „anerkannte Staatenlose" die wichtigste Einbürgerungsgruppe darstellen, gefolgt von RussInnen (vgl. Sartori 2009: 5-7).

Von den fast 700.000 Einbürgerungen in der EU im Jahr 2007 betrafen nur 10,2 Prozent bisherige StaatsbürgerInnen eines anderen EU-Mitgliedsstaates. Somit betreffen Einbürgerungen in der EU zu einer überwältigenden Mehrheit Drittstaatsangehörige. Nur in Ungarn, Luxemburg und der Tschechischen Republik betrafen über die Hälfte der 2007 eingebürgerten Personen bisherige EU StaatsbürgerInnen. In Ungarn sind dies hauptsächlich RumänInnen, in Luxemburg PortugiesInnen und in der Tschechischen Republik sind SlovakInnen die größte Einbürgerungsgruppe (vgl. Sartori 2009: 6).

4.5 Schlussfolgerungen

In Österreich kam es seit 1946 zu über einer Million Einbürgerungen, wovon über 40 Prozent in der Nachkriegszeit bis 1956 stattgefunden haben. Vor allem durch die starke Zuwanderung nach Österreich stiegen die Einbürgerungen ab den 1990er Jahren stark an und erreichen 2003 mit über 44.000 ihren Höhepunkt. Seit 2003 fallen die Einbürgerungen stark ab. Etwa 6,4 Prozent der österreichischen Bevölkerung wurde in Österreich eingebürgert. Die meisten Einbürgerungen fanden in Wien statt, was abgesehen von der Größe Wiens auch mit einer liberaleren Einbürgerungspraxis in den 1990er Jahren zu erklären ist. Die mit Abstand wichtigsten Einbürgerungsgruppen in Österreich sind Personen aus dem ehemaligen Jugoslawien und aus der Türkei, welche gemeinsam über zwei Drittel der Einbürgerungen zwischen 1992 und 2008 ausmachen. Fast ein Drittel der zwischen 1992 und 2008 eingebürgerten Personen sind auch in Österreich geboren und fast 4 Prozent der Eingebürgerten waren anerkannte Konventionsflüchtlinge. Der Großteil der Einbürgerungen seit 1981 betrifft Erstreckungen von Einbürgerungen auf EhegattInnen und Kinder, gefolgt von Ermesseneinbürgerungen. Einbürgerungen aufgrund eines Rechtsanspruches waren im Vergleich dazu seit 1990 nicht so bedeutsam, wobei diese Einbürgerungen durch den starken Abfall von Ermesseneinbürgerungen und Erstreckungen dieser im Jahr 2008 wieder die wichtigste Einbürgerungsform darstellt. Fast 32 Prozent der Einbürgerungen zwischen 1981 und 2008 betrafen Kinder unter 14 Jahre. 51 Prozent aller Eingebürgerten waren Frauen, wobei der Frauenanteil besonders bei den 18- bis 34jährigen höher ist.

Zwischen 1985 und 2007 erwarben über 11 Millionen Personen eine Staatsbürgerschaft eines Landes der EU15. Die wichtigsten Länder sind hierbei Deutschland, Frankreich und das Vereinigte Königreich. Die Einbürgerungen in Österreich im selben Zeitraum machen 3,8 Prozent aller Einbürgerungen in den EU15 Ländern zwischen 1985 und 2008 aus. 2007 liegt Österreichs Einbürgerungsrate mit 1,7 deutlich unter der der EU27 mit 2,4. In den vorangegangenen Jahren hatte Österreich jedoch eine wesentlich höhere Einbürgerungsrate von durchschnittlich 4,3 zwischen 2002 und 2007. 2007 waren die drei wichtigsten Einbürgerungsgruppen in der EU27 MarokkanerInnen, TürkInnen und SerbInnen. MarokkanerInnen wurden hauptsächlich in Frankreich eingebürgert und

TürkInnen sowie SerbInnen in Deutschland. Die letzteren beiden Gruppen sind auch unter den drei wichtigsten Einbürgerungsgruppen in Österreich in 2007. Der absolute Großteil der in der EU eingebürgerten Personen stammt nicht aus anderen EU Ländern. Die Einbürgerungen in der EU27 sind zwischen 2002 und 2006 von 623.000 auf 735.000 angestiegen und 2007 um fünf Prozent auf 697.000 gesunken. In den meisten EU Ländern zeigt sich ein negativer Einbürgerungstrend im Jahr 2007, indiziert durch sinkende Einbürgerungsraten.

Einbürgerungsstatistiken sind von einer Vielzahl an Einflussfaktoren bestimmt. Diese betreffen Faktoren und Bedingungen im Einbürgerungsland, im Herkunftsland und Charakteristika auf der individuellen Ebene der betroffenen Personen. Einbürgerungszahlen sind ein gutes Beispiel für Möglichkeiten und Grenzen der politischen Steuerung. Da die Einbürgerungszahlen von einer Vielzahl von Faktoren abhängen, ist die Entwicklung nur bedingt politischer Steuerung unterworfen. Einflussfaktoren außerhalb der Wirkungskraft des Einbürgerungslandes sind Entwicklungen in Herkunftsländern und individuelle Charakteristika der Personen, die für eine Einbürgerung in Frage kommen. Beispielweise wurde in der Türkei 1995 eine sogenannte „Pink-Karte" eingeführt, welche es ausgewanderten TürkInnen erlaubte, nach deren Ausbürgerung bestimmte Staatsbürgerschaftsrechte zu behalten. Dazu gehören ein Aufenthaltsrecht, ein Recht auf Beschäftigung sowie Erbschaftsrechte und das Recht Land zu besitzen. Außerdem wurde die Ausbürgerung nicht mehr an die Ableistung des Militärdienstes gebunden. Diese Änderungen hatten einen starken Anstieg der Einbürgerungen in Österreich zur Folge (Cinar 2006). Neben externen Einflussfaktoren haben politische Entscheidungen oftmals verspätete Auswirkungen. Somit haben starke Einwanderungsströme erst etwa zehn Jahre später einen Einfluss auf Einbürgerungszahlen, da diese – vergleichsweise lange – Wartefrist in Österreich besteht. Jedoch zeigen sich bei den Einbürgerungszahlen auch direkte Steuerungsmöglichkeiten, wie etwa eine verstärkte liberale Einbürgerungspraxis in Wien unmittelbar zu höheren Einbürgerungszahlen führte. Ebenso hatte die Verschärfung der Einbürgerungsregelungen 2006 einen unmittelbaren Effekt auf die Einbürgerungszahlen und -quoten, welche seit 2006 drastisch abgefallen sind. Eine Zukunftsprognose der Entwicklung der Einbürgerungszahlen, ist aufgrund der Vielzahl an Einflüssen äußerst schwierig. Es kann jedoch angenommen werden, dass die Einbürgerungen in den kommenden Jahren auf dem im Vergleich zur längeren Vergangenheit niedrigen Niveau bleiben werden.

5 Staatsbürgerschaft und Integration: eine theoretische Diskussion

In diesem Kapitel möchte ich den Zusammenhang zwischen Staatsbürgerschaft und Integration diskutieren. In einem ersten Schritt sollen Definitionen und Theorien von Integration exemplarisch dargestellt werden, um verschiedene Bereiche von Integration herauszufiltern. Ziel dieses Kapitels ist nicht, Integration genau zu definieren bzw. alle sozialwissenschaftlichen Theorien umfassend darzustellen, sondern vielmehr einen groben Überblick zu geben, um die Ergebnisse dieser Arbeit besser in die vorherrschenden Diskussionen einbetten zu können. Hierfür wird vor allem ein Augenmerk auf die unterschiedlichen Dimensionen, Bereiche und Ebenen von Integration gelegt, um im darauffolgenden Kapitel die Bedeutung von Staatsbürgerschaft in Bezug auf Integration besser einordnen zu können. Um den Zusammenhang zwischen Einbürgerung und Integration theoretisch diskutieren zu können, werden einerseits die politischen Herangehensweisen an dieses Thema betrachtet und andererseits die rechtlichen Implikationen einer Einbürgerung andiskutiert.

5.1 Was ist Integration?

Die Frage, was Integration ist, kann nicht umfassend beantwortet werden. Dies liegt insbesondere daran, dass der Begriff so viele verschiedene Bereiche betrifft und noch vielmehr, dass Integration meist normativ diskutiert wird. Dabei kommt es verständlicherweise zu unterschiedlichen Ansichten darüber, was Integration sein soll. Eine allgemein gültige Integrationsdefinition muss daher sehr weit gefasst sein, um allgemeinen Konsensus zu erreichen.

Eine erste hilfreiche Unterscheidung ist die zwischen Integration und Assimilation. Integration bedeutet in seinem Ursprung „wiederherstellen bzw. ergänzen“, hingegen hat Assimilation die Ursprungsbedeutung „angleichen“ (vgl. Kluge 2002: 444, 65). In Bezug auf den Eingliederungsprozess von Individuen oder Kollektiven in ein anderes Kollektiv sieht Assimilation eine reine Anpassung der einen Gruppe an eine andere, also einen einseitigen Prozess. Integration hingegen nimmt beide Gruppen in die Verantwortung und bezieht sich ganz allgemein auf den Zustand des Zusammenhalts eines Systems.

Sozialwissenschaftliche Integrationstheorien blicken mittlerweile auf eine fast hundertjährige Geschichte zurück, die ihren Anfang in den USA nahm. Im Laufe der Zeit setzten sich unterschiedlichste Theorien durch, welche auf verschiedenen Paradigmen aufbauten. Die ersten Theorien waren keine Integrationstheorien, sondern reine Assimilationstheorien, welche davon ausgingen, dass Assimilation ein unumgänglicher Endzustand eines Phasen- bzw. Sequenzmodells darstellt. Die erste dieser Theorien wurde von Robert Park und Ernest Burgess in den 1920er-Jahren in den USA veröffentlicht. Diese Theorie erklärt den Assimilationsprozess durch den so genannten „race-relations-cycle". In den 1960er-Jahren, als erkannt wurde, dass die propagierte unvermeidliche Assimilation von Eingewanderten nicht stattfindet, kamen neue Theorien hinzu und es wurde der so genannte ethnische Pluralismus eingeführt. Nun wurde nicht mehr von einer völligen Anpassung gesprochen, sondern von einem friedlichen Nebeneinander verschiedener ethnischer Gruppen. Das Paradigma der Assimilation wurde oftmals im Zusammenhang mit der Bezeichnung der USA als „Melting Pot", also eines Schmelztiegels, verwendet. Das darauffolgende Paradigma des ethnischen Pluralismus wurde hingegen mit der Metapher einer „Salad Bowl" beschrieben, welche das Miteinander unterschiedlicher Gruppen darstellen soll (vgl. hierzu Han 2006 oder Treibel 2008).

Die darauffolgenden Phasen der Migrations- und Integrationstheorien sind besonders durch verschiedene disziplinäre Foci bestimmt, die jeweils im Zusammenhang mit unterschiedlichen makrostrukturellen gesellschaftlichen Bedingungen stehen. Petrus Han unterscheidet hierbei zusätzlich zu den oben genannten Migrations- und Integrationstheorien, Theorien mit Fokus auf Frauen, Theorien zum Thema Transnationalismus, Theorien mit Fokus auf Wirtschaftswissenschaften und Ökonomie sowie systemtheoretische Theorien (vgl. Han 2006).

Eine der heutzutage im deutschen Sprachraum wohl am weitverbreitetsten soziologischen Integrationstheorien wurde von Hartmut Esser entwickelt. Ich möchte im kommenden Abschnitt diese Theorie in groben Zügen vorstellen, da sie meiner Meinung nach einerseits eine sehr griffige und umfangreiche Theorie ist und andererseits gerade weil sie so einflussreich in der soziologischen Integrationsforschung ist. Darauffolgend werde ich auf eine weitere Integrationstheorie eingehen, die 2004 vom Britischen Home Office veröffentlicht worden ist und einen wesentlich praktischeren Fokus im Vergleich zu Essers Theorie hat. Abschließend sollen die beiden vorgestellten Integrationstheorien kritisiert und im Zusammenhang mit Staatsbürgerschaft diskutiert werden.

5.1.1 Integrationstheorie nach Hartmut Esser

Ganz allgemein bezeichnet Hartmut Esser Integration als den „[...] Zusammenhang von Teilen in einem „systemischen" Ganzen [...], gleichgültig zunächst worauf dieser Zusammenhang beruht" (Esser 2001: 1). Durch den Zusammenhalt der Teile eines Systems wird das System nach außen hin abgegrenzt und somit erst als System wahrgenommen. Besteht keine Integration von Teilen eines Systems, also bestehen die Teile lose nebeneinander, dann spricht Esser von Segmentation; als Gegenteil von Integration.

In Anlehnung an den britischen Soziologen David Lockwood unterscheidet Hartmut Esser nun zwei Sichtweisen auf Integration, nämlich Sozialintegration und Systemintegration. Bei Systemintegration wird das Augenmerk auf die Beziehung zwischen den verschiedenen Teilen eines Systems gelegt, also auf das System einer Gesellschaft in seiner Gesamtheit. Bei Sozialintegration wird der Fokus auf die Akteurinnen und Akteure innerhalb eines Systems und ihre Beziehungen zueinander gelegt. System- und Sozialintegration hängen zwar zusammen, da beide zwar meist miteinander einhergehen, jedoch müssen beide Varianten nicht miteinander einhergehen. Ein System kann ‚über die Köpfe' der Akteure und Akteurinnen hinweg funktionieren, wie etwa durch den Weltmarkt oder den Nationalstaat, ohne auf die Einbindung der Individuen einzugehen (Esser 2001: 3-6). Hierfür ist das Beispiel von undokumentierten ImmigrantInnen – wie vor allem in den USA, Italien, Spanien oder Griechenland – sehr anschaulich. Der nationale Markt profitiert von billigen, flexiblen Arbeitskräften und muss sich nicht mit integrationspolitischen Problemen auseinandersetzen. Das heißt, das System funktioniert sehr gut, jedoch sind die ImmigrantInnen als AkteurInnen selbst nicht in den Nationalstaat integriert.

Die Diskussion im Zusammenhang mit Integration von ImmigrantInnen und deren Nachkommen bezieht sich somit laut Esser auf Sozialintegration. Das Gegenteil von Sozialintegration wird als Marginalität bezeichnet. Personen, die keinem gesellschaftlichen System zuzuordnen sind bzw. sich nirgendwo zugehörig fühlen. In der Soziologie der Migration bedeutet dies beispielsweise, wenn Personen in eine andere Gegend wandern, sich dort aber (noch) nicht zugehörig fühlen, jedoch auch nicht mehr mit ihrem Herkunftsgebiet, und somit ‚zwischen den Stühlen' stehen. Dieser Abstand zu gesellschaftlichen Systemen wurde in den verschiedensten klassischen soziologischen Theorien beschrieben, wie beispielsweise Simmels FremdeR oder Robert E. Parks *marginal man* (Esser 2001: 15).

Essers Theorie unterscheidet nun vier Dimensionen von sozialer Integration, welche in kausalem Zusammenhang miteinander stehen: Kulturation,

Plazierung[40], Interaktion und Identifikation. (1) Kulturation bezeichnet das Erlernen von nötigem Wissen und Kompetenzen, um in der neuen Umgebung erfolgreich agieren und interagieren zu können. In gewisser Weise kann Kulturation als der Erwerb von nötigem Sozialkapital bezeichnet werden. Die offensichtlichste Kompetenz ist das Erlernen der Sprache, obwohl Kulturation ein wesentlich weiterer Begriff ist und jegliche kulturelle Eigenheiten der Interaktionen und Transaktionen bezeichnet. (2) Plazierung zielt auf die Besetzung bestimmter gesellschaftlicher Positionen ab. Die Plazierung von ImmigrantInnen wird erstens durch den rechtlichen Einbezug der Aufnahmegesellschaft bestimmt – allen voran die Verleihung von staatsbürgerlichen Rechten – und zweitens durch Marktgeschehen; also der Wechselwirkung von Angebot (beispielsweise von Fertigkeiten und Kompetenzen der ImmigrantInnen am Arbeitsmarkt) und Nachfrage (also der Bedarf von den angebotenen Fertigkeiten und Kompetenzen). Drittens ist Akzeptanz für Plazierung von Bedeutung, wobei die Diskriminierung gegen ImmigrantInnen in diesem Sinne als Barriere für eine erfolgreiche Plazierung gesehen werden kann. Plazierung steht in engem Zusammenhang mit der Kulturation, da nur durch die Plazierung bestimmte Fähigkeiten und Kompetenzen erlangt werden können und, umgekehrt, nur durch bestimmte Fähigkeiten und Kompetenzen sich Personen in bestimmten gesellschaftlichen Positionen platzieren können. (3) Die Interaktion ist die wechselseitige Orientierung und Handlung von AkteurInnen, wodurch Relationen entstehen. Dazu gehören gedankliche Koorientierung, symbolische Interaktion, Kommunikation und soziale Beziehungen. Aus struktureller Sicht sind die objektiv gegebenen Gelegenheiten für ein Zusammentreffen wichtig für Interaktion: eine ethnisch-räumliche Segregation – was auch fehlende Plazierung bedeutet – verhindert das Zusammentreffen und somit mögliche Interaktion. Kulturation von grundsätzlichen Fertigkeiten, die für eine Interaktion von Nöten sind, ist eine Voraussetzung von Interaktion, jedoch können diese Fertigkeiten auch nur durch Interaktion erlangt und verbessert werden. (4) Schlussendlich ist für Hartmut Esser die Dimension der Identifikation für die Sozialintegration von Bedeutung. Identifikation bedeutet, dass Personen ein soziales System als „Ganzheit“ bzw. als „Kollektiv“ wahrnehmen und mit diesem eine gedankliche und emotionale Beziehung besteht; also ein Wir-Gefühl zu anderen Mitgliedern der Gesellschaft oder Gruppe. Nach Esser können drei unterschiedliche Stufen der Identifikation unterschieden werden, die sich vor allem nach ihrer Intensität unterscheiden. Erstens, Identifikation über eine „empathische Wertintegration“. Hierbei besteht eine besondere emotionale Beziehung zu einem Kollektiv über unbedingte Werte und einem ausgeprägten Solidaritätsgefühl. Individuelle Werte stehen dem ideologisch begründe-

40 Esser schreibt „Plazierung“ immer ohne „t“.

ten System bzw. Kollektiv nach. Als eine abgeschwächte Form der Wertintegration sieht Esser den „Bürgersinn“. Letzterer bezieht sich auf „rational begründbare“ Prinzipien im Gegensatz zu fest definierten Werten, da bestimmte allgemein gültige Werte mit modernen Gesellschaften nicht mehr vereinbar sind. Die Werte dieses Typus der Identifikation beziehen sich vor allem auf den Schutz individueller Rechte und einer Verfassung, die vor dem Eindringen kollektiver fundamentalistischer Tendenzen schützen soll. Schlussendlich bezeichnet Esser die Hinnahme als schwächste Form der Identifikation mit einem System. Hierbei wird das System nur in bestimmten Hinsichten unterstützt, was in zweierlei Hinsicht passieren kann: Einerseits die Hinnahme eines Systems durch Verkettung, wobei AkteurInnen eines Systems nur durch unterschiedlichste Verkreuzungen in verschiedensten Bereichen miteinander zu tun haben, sich jedoch nicht als ein „Ganzes“ zusammenfassen lassen. Diese Form der Identifikation mit nur bestimmten Aspekten eines Systems wird in Zusammenhang mit der in der Soziologie viel diskutierten „modernen, funktional differenzierten Gesellschaft“ gesehen. Somit beziehen AkteurInnen, die nur durch Verkreuzungen ein System hinnehmen, dennoch Nutzen aus dem System, jedoch nur in bestimmten nötigen Bereichen. Dies ist in der zweiten Form der Hinnahme nicht der Fall, da hier Personen keinen Nutzen aus dem Kollektiv ziehen, weil sie aus dem System ausgegrenzt sind. Aufgrund von Machtlosigkeit muss das System jedoch hingenommen werden. Diese schwächste Form der hinnehmenden Sozialintegration bezeichnet Esser als Deferenzintegration (Esser 2001: 8-15).

Die vier Dimensionen der Sozialintegration stehen in einem Wechselverhältnis zueinander, jedoch sieht Hartmut Esser (2001: 17) die Plazierung von AkteurInnen in möglichst zentralen Positionen und die damit einhergehende Kulturation als wichtigste Vorbedingung der Sozialintegration. Wird der Blick nun auf den Status der Integration in der Aufnahmegesellschaft und in der Herkunftsgesellschaft bzw. ethnischen Gemeinde (in der Aufnahmegesellschaft) gelegt, dann ergeben sich für Esser vier unterschiedliche Formen der Integration, welche anschaulich in einer Vier-Felder-Tabelle dargestellt werden können (Tabelle 5.1).

Die oben schon erwähnte Marginalität besteht, wenn Personen keinem der genannten Gesellschaften zuzuordnen sind. Segmentation besteht bei Ausschluss aus der Aufnahmegesellschaft jedoch aufrechter Integration in der Herkunftsgesellschaft bzw. einer ethnischen Gemeinde. Sind Personen in beide gesellschaftlichen Systeme integriert, spricht Esser von Mehrfachintegration und bei einer Integration nur in die Aufnahmegesellschaft trifft die Bezeichnung Assimilation zu. Assimilation als Sonderfall der Sozialintegration wird als Angleichung verschiedener ethnischer Gruppen verstanden, welche für Esser als die einzige realistische Möglichkeit für MigrantInnen zu sehen ist, da eine Mehrfachintegration nur in Ausnahmefällen bestimmten Eliten vorbehalten ist. Der politisch belastete Begriff der Assimilation soll jedoch nicht als komplette Angleichung der Eingewanderten an die Zielgesellschaft gesehen werden, sondern als das Verschwinden von systematischen Unterschieden in der Verteilung bestimmter Eigenschaften und Ressourcen. Assimilation in Bezug auf die Sozialintegration von ImmigrantInnen kann nach den oben beschriebenen Dimensionen der Sozialintegration unterschieden werden. Im Gegensatz zu (Sozial-) Integration wird der Begriff Assimilation als treffender bezeichnet, obgleich der Begriff aus politischer Sensibilität oftmals durch (Sozial-)Integration in dieser Bedeutung ersetzt wird. Eine Angleichung in Form von Assimilation bezieht sich aber nicht auf die Angleichung von ImmigrantInnen an die Einwanderungsgesellschaft, sondern kann genauso gut umgekehrt erfolgen. Dennoch gibt es für Esser „strukturelle" Eigenschaften, wie das Erlernen der Sprache und andere kulturelle Kompetenzen sowie ein bestimmter sozialer Status, die von MigrantInnen erfülllt werden müssen um eine „interaktive" Angleichung erreichen zu können. Strukturelle Eigenschaften einer Gesellschaft sind für Esser vorgegebene Standards, an die sich Eingewanderte anpassen müssen und die durch bestimmte ‚Leitinstitutionen' vorgegeben sind, welche zentrale Positionen und Ressourcen vergeben. Diese Struktur wird in modernen Industriestaaten durch Nationalstaaten vorgegeben. In Verbindung mit den oben genannten Dimensionen von Integration umfasst Assimilation (oder soziale Integration) die folgenden Bereiche: (1) kulturelle Assimilation, (2) strukturelle Assimilation, (3) soziale Assimilation, sowie (4) emotionale oder „identifikative" Assimilation (Esser 2001: 17-24).

Tabelle 5.1: Typen der (Sozial-)Integration von MigrantInnen nach H. Esser

		Sozialintegration in die Aufnahmegesellschaft	
		Ja	Nein
Sozialintegration in die Herkunftsgesellschaft oder in die ethnische Gemeinde	Ja	Mehrfachintegration	Segmentation
	Nein	Assimilation	Marginalität

Quelle: Esser 2001: 19

5.1.2 Eine praktische Integrationstheorie von Ager und Strang

Ein breiterer Ansatz für eine Integrationstheorie wurde von Ager und Strang (2004) entwickelt. Dieser theoretische Rahmen wurde für eine Studie über Integrationsindikatoren in Hinblick auf die Integration von Flüchtlingen im Vereinigten Königreich entwickelt. Die Studie wurde vom Home Office des Vereinigten Königreichs in Auftrag gegeben, um eine gemeinsame Arbeitsdefinition von Integration für die Arbeit mit Flüchtlingen zu finden. Diese soll in erster Linie lokalen Projekten und politischen EntscheidungsträgerInnen als Grundlage für die Planung und Evaluierung von Dienstleistungen und Angeboten für Flüchtlinge dienen. Deshalb ist diese Theorie im Vergleich zu Essers Theorie weit praktischer ausgelegt und soll hier als mögliches alternatives Konzept kurz vorgestellt werden.

Tabelle 5.2: System von Integrationsindikatoren

Means and markers	Employment	Housing	Education	Health
Social connections	Social bridges	Social bonds	Social links	
Facilitators	Language & cultural knowledge	Safety & stability		
Foundation	Rights & citizenship			

Quelle: Ager und Strang 2004: 3

In Tabelle 5.2 wird das in der Studie entwickelte System von Integrationsindikatoren bildlich dargestellt. Insgesamt werden zehn Schlüsselbereiche für die Integration (von Flüchtlingen) ausgemacht, welche sich in vier Kategorien einteilen lassen. Die erste Kategorie nennt sich *means and markers* und beinhaltet die vier Bereiche Beschäftigung, Unterkunft, Bildung und Gesundheit. Diese Bereiche werden als kritische Faktoren im Integrationsprozess angesehen, wobei betont wird, dass die Bereiche weder rein als Ergebnis von noch nur als Mittel zur Integration angesehen werden können, sondern als beides. Erfolge in diesen Bereichen werden einerseits als Indikator für einen erfolgreichen Integrationsprozess gesehen und andererseits auch als Mittel zur Förderung von Integration. Wenn auch die öffentliche Aufmerksamkeit von Integration eher diesen Bereichen gilt, sollen die drei Bereiche soziale Beziehungen (*bonds*), soziale Brücken (*bridges*) und soziale Verknüpfungen (*links*) unter der Überschrift soziale Verbindungen (*connections*) genauer anzeigen, worum es bei Integration geht, nämlich um die Beziehungen zwischen Personen. Bei sozialen Beziehungen geht es um Kontakte und Beziehungen zu Mitgliedern einer ethnischen oder kulturellen Gruppe mit der sich eine Person selbst identifiziert. Bei sozialen Brücken handelt es sich um Verbindungen und Beziehungen zu anderen Gruppierungen als der ‚Eigenen'. Soziale Verknüpfungen beziehen sich auf Verbindungen mit staatlichen Institutionen. Die dritte Kategorie *facilitators* kann als VorantreiberInnen von Integration übersetzt werden und beinhaltet zwei Bereiche, welche den Prozess der Integration vorantreiben oder beschleunigen. Auf der einen Seite werden hierzu Sprach- und Kulturkompetenzen gezählt. Primär wird die (englische) Sprache als effektives Mittel zur Integration verstanden. Jedoch genügt Sprache allein nicht und ein breiteres Spektrum von kulturellen Kenntnissen über nationale und lokale Bräuche, Praxis und Einrichtungen wird als integrationsfördernd erachtet. Dieser Bereich bezieht sich aber nicht nur auf Kenntnisse der Eingewanderten (hier Flüchtlinge) über die Aufnahmegesellschaft, sondern auch umgekehrt auf Kenntnisse der Gesamtgesellschaft über die Eingewanderten. Als zweiter integrationsfördernder Bereich wird Sicherheit und Stabilität angeführt. Dieser Bereich soll die Bedeutung von Sicherheit vor allem im Sinne von Abwesenheit von rassistischer Gewalt gegenüber Eingewanderten hervorheben. Schließlich werden Rechte und Staatsbürgerschaft als Basis bzw. Grundlage von Erwartungen und Verpflichtungen in Hinblick auf Integration gesehen. Dieser Bereich wird als Grundlage für Integration angesehen, da das gesellschaftliche Verständnis von Staatsbürgerschaft und Nation so wichtig dafür ist, was als Integration verstanden wird (Ager und Strang 2004: 3-4).

Hierbei ist aber wichtig zu betonen, dass Staatsbürgerschaft (*citizenship*) nicht nur im Sinne der rechtlichen Verbindung zwischen einem Individuum und einem Staat, also Staatsangehörigkeit, verstanden wird sondern wesentlich weiter begriffen wird und verschiedene staatsbürgerliche Rechte mit einbezieht (siehe auch Kapitel 2). Dieser Bereich wird als die Basis für eine volle und gleichberechtigte Einbindung in die Gesellschaft gesehen. Diese kann zu einem formalen Antrag auf Staatsbürgerschaft führen, muss jedoch nicht.

Wenn die bildlich dargestellte Pyramide auch eine gewisse Hierarchie suggeriert, betonen die AutorInnen der Studie, dass die Bereiche des Modells weder als hierarchisch angesehen werden sollen, noch einen ‚klaren' Prozess von Integration implizieren. Die Bereiche stehen in einem komplexen Zusammenhang und sollen die Vielfalt an verschiedenen Integrationsprozessen darstellen. Die AutorInnen ermutigen auch dazu, zu versuchen die Pyramide in verschiedene Richtungen zu ‚lesen' (Ager und Strang 2004: 5). Beispielsweise kann eine gute Arbeitsmarktposition und Ausbildung zu sozialen und institutionellen Verbindungen führen, zur Erlangungen von kulturellen Kompetenzen beitragen und das Sicherheitsgefühl von Eingewanderten erhöhen. Aber auch umgekehrt, muss der Besitz bestimmter Rechte, welche den Zugang zu bestimmten Bereichen (wie z.B. Arbeitsmarkt oder Wahlrecht) und Dienstleistungen erst erlauben, auch als

Voraussetzung für die Erlangung von kulturellen Fähigkeiten gesehen werden.

Somit definiert dieser Rahmen Integration als:

- das Erreichen von vergleichbaren Ergebnissen in öffentlichen Bereichen, wie Beschäftigung, Unterkunft, Gesundheit und Bildung, mit der allgemeinen Gesellschaft,
- das Bestehen von sozialen Verbindungen mit Mitgliedern bestimmter Gemeinschaften/ Gruppierungen mit denen man sich selbst identifiziert, mit Mitgliedern anderer Gemeinschaften/ Gruppierungen, sowie mit relevanten Funktionen und Institutionen des Staates, und
- der Besitz von ausreichenden sprachlichen und kulturellen Kenntnissen und einem ausreichenden Gefühl von Sicherheit und Stabilität, um sich selbstbewusst in die Gesellschaft im Einklang mit geteiltem Verständnis von Nation und Staatsbürgerschaft einbringen zu können (Ager und Strang 2004: 5).

5.1.3 Kritik an den Integrationstheorien und ihr Verhältnis zur Staatsbürgerschaft

Die beiden Theorien zeigen sehr gut, wie unterschiedlich und allgemein Integration definiert werden kann, da Integration verschiedenste Bereiche betrifft. Ohne die Bedeutung der Theorien schmälern zu wollen, möchte ich im Folgenden einige Kritikpunkte an den Theorien andiskutieren und daraufhin den Bezug zur Einbürgerung bzw. der Staatsbürgerschaft im Allgemeinen in den Theorien verorten.

Als generelle Kritik an beiden Theorien möchte ich hier zwei Punkte anführen. Erstens, vernachlässigt vor allem Essers Theorie, die Heterogenität in den Strukturen von Gesellschaften, wobei es die Aufnahmegesellschaft als solches nicht gibt. Auch wenn Esser diesen Umstand anspricht, werden die unterschiedlichen AkteurInnen der Aufnahme- aber genauso in der aufzunehmenden Gesellschaft nicht in seinem Modell berücksichtigt. Wird die strukturelle Dimension der Aufnahmegesellschaften angesprochen, geht es um die Beziehung zwischen gesellschaftlichen Institutionen und MigrantInnen. Wird jedoch die interaktive Dimension beachtet, dann bezieht sich seine Theorie auf allgemeine soziale Kontakte mit anderen Mitmenschen. Somit haben MigrantInnen mit unterschiedlichen AkteurInnen zu tun. Hierbei sollte vor allem der Unterschied zwischen Personen und Institutionen hervorgehoben werden, bzw. der Unterschied zwischen der kollektiven und individuellen Ebene beachtet werden. Dass Essers Theorie zusätzliche Ebenen benötigt, zeigt sich auch bei den Elaborationen von Friedrich Heckmann et al. (2010) und Heinz Fassmann (2008). Heckmann et al. (2010: 20-21) beschreiben in einer Analyse über benötigte Daten für die quantitative Integrationsforschung unter Einbezug der verschiedenen Dimensionen der Assimilation Essers, die folgenden zusätzlichen Aspekte: (a) die Offenheit der Mehrheitsgesellschaft[41] in Hinblick auf persönliche Offenheit, systemische Offenheit, sowie xenophobe Tendenzen, (b) kontextuelle Faktoren der MigrantInnen, und (c) den gesellschaftlichen Kontext. Noch eindeutiger teilt Heinz Fassmann (2008: 8-9) die Dimensionen Essers auf drei unterschiedliche Ebenen auf: (a) die intrapersonelle Ebene, (b) die interpersonelle Ebene und (c) die Ebene Person-Institution (siehe Tabelle 5.3). Die intrapersonelle Ebene betrifft Prozesse innerhalb eines Individuums und beinhaltet die kognitive und identifikative Dimension der Assimilation. Die dominanten Vermittlungsformen dieser Ebene sind die Kulturation und die Identifikation. Die interpersonelle Ebene bezieht sich auf das Individuum und soziales Verhalten, was im Sinne Essers die interaktive Dimension von Assimilation betrifft. Die Ebene zwischen Personen und Institutionen betrifft das Verhältnis von Personen mit gesellschaftlichen Institutionen, welche durch die strukturelle Dimension abgedeckt und durch Plazierung vermittelt wird. Wie auch zwischen den verschiedenen Dimensionen bestehen auch zwischen den verschiedenen Ebenen Beziehungen, weshalb sie sich gegenseitig beeinflussen. Der Aspekt der Heterogenität der Aufnahmegesellschaft wird in der Theorie von Ager und Strang in der Kategorie der sozialen Verbindungen schon eher berücksichtigt, in dem sie zwischen Beziehungen zwischen Individuen sowie zwischen Individuen und Institutionen unterscheiden.

Diese nötige Unterscheidung verschiedener Ebenen ist auch der Grund warum ich Integration nicht als zweiseitigen Prozess bezeichnen würde, da diese Darstellung zu kurz greift. Integration ist ein multikausaler Prozess auf mehreren Ebenen. Zusätzlich zu den Ebenen Fassmanns könnte auch noch die rein institutionelle Ebene eingeführt werden. Diese Ebene umfasst Interaktionen zwischen (ethnischen) Organisationen von Eingewanderten und Institutionen der Aufnahmegesellschaft.

Ein zweiter Kritikpunkt ist der Fokus auf Gesellschaften als abgetrennte Systeme. Auch wenn Esser das Thema des Transnationalismus anspricht, geht dieser Blickpunkt in der Ausarbeitung der verschiedenen Formen von Typen der Sozialintegration verloren, zumal Esser auch die ethnische Gemeinde im Aufnahmeland (Diaspora) und die Herkunftsgesellschaft als *eine* Bezugsgruppe verwendet. In der Theorie von Ager und Strang wird der Fokus fast ausschließlich auf die Aufnahmegesellschaft gelegt und nur die Bedeutung von ethnischen Gruppen berücksichtigt.

41 Wobei ich hierfür den Begriff ‚Gesamtgesellschaft' bevorzuge.

Tabelle 5.3: Dimensionen und Ebenen der Sozialintegration nach Fassmann

	Ebenen		
	Intrapersonell	Interpersonell	Person-Institution
Dimension von Sozialintegration	kognitive und identifikative	soziale	strukturelle
Dominante Vermittlungsform	Kulturation und Identifikation	Interaktion	Plazierung
Messbare Variablen	Sprache, Fertigkeiten, Werte- und Normenkenntnisse, Identifikation	Innerethnische und interethnische Kontakte, Netzwerke, Heiratsbeziehung	Einkommen, Berufsprestige, Wohnraum, Wohnort, Status, Staatsbürgerschaft

Quelle: Fassmann 2008: 9

Nach diesen generellen Anmerkungen zu den beiden vorgestellten Theorien möchte ich nun auf die Bedeutung der Staatsbürgerschaft im Sinne von Staatsangehörigkeit in den beiden Theorien eingehen. Bei Esser befindet sich die Staatsbürgerschaft in der strukturellen Dimension. Eingewanderte können durch die Vergabe von staatsbürgerlichen Rechten in der Aufnahmegesellschaft erst gewisse Positionen einnehmen, da staatsbürgerliche Rechte als Plazierung bezeichnet werden können. Auch bei Ager und Strang werden staatsbürgerliche Rechte als Vorbedingung für weitere Integration angesehen, wobei sie explizit betonen, dass staatsbürgerliche Rechte oder ein Ansuchen um formelle Staatsbürgerschaft auch am Ende eines Integrationsprozesses gesehen werden kann. Wo die (formelle) Staatsbürgerschaft im Integrationsprozess gesehen wird, ist oftmals eine politische Ansichtssache und hängt auch mit Einbürgerungsvoraussetzungen zusammen. Diese meist politisch-normative Diskussion um Staatsbürgerschaft und Integration soll im nächsten Abschnitt diskutiert werden.

5.2 Staatsbürgerschaft und Integration

5.2.1 Politische Sichtweisen zum Thema Staatsbürgerschaft und Integration

Das Thema der Integration von Eingewanderten hat in den letzten Jahren enorm an politischer Bedeutung gewonnen und kaum ein (West-)europäisches Land konnte sich dieser Diskussion verweigern. Ebenso wurde in Österreich 2008 vom Bundesministerium für Inneres der Nationale Aktionsplan für Integration ins Leben gerufen. Nach einer Reihe von Diskussionen, ExpertInnenrunden und Studien wurde ein Endbericht mit integrationspolitischen Leitlinien in sieben

Handlungsfeldern herausgegeben (BMI 2010). In diesem Bericht wird ausdrücklich darauf verwiesen, dass der Erhalt der österreichischen Staatsbürgerschaft den Endpunkt eines umfassenden Integrationsprozesses darstellen soll (BMI 2010: 9). Die Politik „Integration vor Einbürgerung" wird in Österreich schon seit längerem verfolgt und ist mit einer stetigen Verschärfung der Einbürgerungsregelungen vor allem seit 1998 einhergegangen (vgl. Cinar 2007; Vogl 2007: 38-39).

Die Konzeption von *Staatsangehörigkeit als Endpunkt eines Integrationsprozesses* stellt klar, dass Staatsbürgerschaft nicht als Mittel zur Integration gesehen wird, sondern Integration voraussetzt. Genauso kann jedoch die Politik verfolgt werden, dass *Integration durch Staatsangehörigkeit* erfolgen soll und Staatsangehörigkeit bzw. Einbürgerung somit als Mittel zur Integration gesehen wird. Je nach politischer Konzeption werden die Bedingungen für den Erwerb der Staatsangehörigkeit erschwert oder erleichtert. Soll Staatsangehörigkeit als Mittel zur Integration angesehen werden, muss der Zugang zum Erwerb der Staatsangehörigkeit an leicht erfüllbare Bedingungen gebunden werden. Soll Staatsangehörigkeit jedoch als Endpunkt eines Integrationsprozesses gesehen werden, dann müssen die Bedingungen für den Erwerb der Staatsangehörigkeit – je nachdem was als Integration angesehen wird – gestaltet bzw. erschwert werden. Hierbei muss die Integrationsleistung von einbürgerungswilligen AusländerInnen erst erbracht werden und erst danach – als eine Art Belohnung – wird die Staatsangehörigkeit verliehen (Gusy 1999: 262-264). Deutschland wie eben auch Österreich können als Länder betrachtet werden, die Staatsangehörigkeit nicht als Mittel zur Integration ansehen, hingegen verwenden beispielsweise die Niederlande oder Belgien mit ihren liberaleren Einbürgerungsgesetzen Staatsbürgerschaft als Mittel zur Integration.

Der Europarat hat sich dem Zusammenhang zwischen Staatsangehörigkeit und Integration in der zweiten Europäischen Konferenz über Staatsangehörigkeit gewidmet, wo die Bedeutung des Zusammenhangs betont wurde.[42] Der Europarat streicht generell die Bedeutung der politischen Integration von ImmigrantInnen hervor und in einer Empfehlung der parlamentarischen Versammlung des Europarates werden die Regierungen der Mitgliedsstaaten gedrängt, die Einbürgerungsbedingungen in Hinblick auf die Bedürfnisse von Eingewanderten zu überdenken.[43]

42 2nd European Conference on Nationality "Challenges to national and international law on nationality at the beginning of the new millennium" (Strasbourg, 8 and 9 October 2001)

43 Council of Europe: Recommendation 1500 (2001), siehe: http://assembly.coe.int//Main.asp?link=http://assembly.coe.int/Documents/AdoptedText/ta01/erec1500.htm (April 2010)

Die Kommission der Europäischen Gemeinschaften geht in ihrer Kommunikation von 2005 für eine gemeinsame Integrationsagenda als Rahmen für die Integration von Drittstaatsangehörigen in die EU nicht genauer auf den Zusammenhang zwischen Einbürgerung und Integration ein. Es wird lediglich auf die Erarbeitung von nationalen Programmen für die Vorbereitung auf Einbürgerung verwiesen.[44]Diese Vorsicht der Kommission ist nicht weiter überraschend, da diese Diskussionen immer einen normativen Gehalt haben und die Kommission keine direkte rechtliche Kompetenz im Bereich der Staatsangehörigkeit der Mitgliedsstaaten hat.

Die Ansichten über die Rolle der Staatsangehörigkeit im Integrationsprozess werden von SozialwissenschafterInnen schon eindeutiger formuliert. Forschungsarbeiten zum Thema Staatsbürgerschaft und Integration schlussfolgern ausschließlich, dass Staatsbürgerschaft nur ein Mittel zur Integration sein kann und am Beginn eines umfangreichen Integrationsprozesses stehen sollte (vgl. beispielsweise Latcheva et al. 2006a: 177, Bevelander und DeVoretz 2008: 165). Argumente für die Wichtigkeit von Staatsbürgerschaft für den Integrationsprozess sind beispielsweise nach Rainer Bauböck (2006b: 2), dass

- volle Aufenthaltssicherheit und politische Rechte immer noch vom Staatsbürgerschaftsstatus abhängen,
- der Ausschluss von Langzeitansässigen aus Staatsbürgerschaft die Wahrnehmung von AusländerInnen als nicht zugehörig fördert,
- eingewanderte StaatsbürgerInnen mit vollem Wahlrecht auch im politischen Prozess vertreten sind und somit von politische Parteien berücksichtigt werden müssen, und
- der Ausschluss eines größer werdenden Teils der Bevölkerung von der Möglichkeit, die Gesetze zu gestalten, welchen sie unterworfen sind, zu einem ernsthaften demokratischen Defizit führt.

Die Bedeutung des Erwerbs von Staatsangehörigkeit für den Integrationsprozess von ImmigrantInnen wird auch im sogenannten *Migrant Integration Policy Index* (MIPEX) berücksichtigt. Der MIPEX wurde von der Migration Policy Group und dem British Council 2006 zum zweiten Mal entwickelt, um Integrationspolitiken in den EU Mitgliedsstaaten zu messen und Diskussionen zur Verbesserung anzuregen.[45] Der Index beinhaltet neben den Punkten Langzeitaufenthalt, Familienzusammenführung, politische Teilhabe, Anti-Diskriminierung und Arbeitsmarktzugang auch den Punkt Zugang zur Staatsangehörigkeit. Dieser Punkt wird aus vier Unterpunkten aufgebaut: Berechtigung

44 KOM(2005) 289, Brüssel 1.9.2005

45 Der MIPEX wurde auch schon 2004 erarbeitet. 2006 wurde das Projekt von der Generaldirektion für Justiz, Freiheit und Sicherheit im Rahmen des sogenannten INTI – Programms finanziert. Siehe: http://www.integrationindex.eu/ (Mai 2010)

zum Zugang zur Staatsangehörigkeit, Bedingungen für den Zugang zur Staatsangehörigkeit, Sicherheit des Status und Doppelstaatsangehörigkeit. Aufgrund seiner restriktiven Regelungen erreicht Österreich auf diesem Index nur 22 von möglichen 100 Punkten und liegt somit auf dem letzten Platz der EU25 sowie Norwegen, Schweiz und Kanada. Den höchsten Wert erreichen Schweden und Belgien mit 71 Punkten (vgl. http://www.integrationindex.eu/, Zugriff im Mai 2010).

Die Diskussion um die Rolle von Staatsangehörigkeit im Integrationsprozess wird wohl eine normative bleiben, welche hauptsächlich an einem Punkt scheitert: der unterschiedlichen bzw. schwierigen Definition von Integration. Was Einbürgerung im Integrationsprozess jedoch genau bewirken kann, hängt davon ab, welche zusätzlichen Rechte eine Person durch den Erwerb der Staatsbürgerschaft erhält. Diese Diskussion wird im nächsten Abschnitt aufgegriffen.

5.2.2 Rechtliche Integration durch Staatsbürgerschaft

Inwiefern Staatsangehörigkeit zur Integration von Einbürgerungswilligen beitragen kann und welche Folgen der Erwerb der österreichischen Staatsangehörigkeit haben kann, hängt unter anderem davon ab, welche zusätzlichen Rechte erworben werden. Da AusländerInnen InländerInnen vor dem Gesetz nicht gleich gestellt sind, sondern zusätzlichen rechtlichen Regelungen unterliegen, bedeutet erst der Erwerb der österreichischen Staatsangehörigkeit eine völlige rechtliche Assimilation. Eine genaue Darstellung, welche zusätzlichen Rechte durch Einbürgerung konkret erworben werden können, ist in diesem Rahmen nicht möglich, da dies eine rechtswissenschaftliche Analyse voraussetzt, welche aus zweierlei Gründen sehr komplex ist. Erstens gibt es verschiedenste rechtliche Stellungen von AusländerInnen, abhängig von ihrer Staatsangehörigkeit (EU oder Drittstaatsangehörige), von der rechtlichen Basis ihres Aufenthalts (ArbeitsmigrantInnen, Familienangehörige, Flüchtlinge, etc.) und der Dauer ihres Aufenthalts. Zweitens haben sich die rechtlichen Regelungen für AusländerInnen in Österreich in den letzten Jahrzehnten mehrmals geändert, was auch unterschiedliche Bedingungen für eine Einbürgerung bedeutete. Dieser Abschnitt soll jedoch allgemein die Bereiche andiskutieren und abgrenzen, in welchen eine Einbürgerung zu neuen Rechten führt bzw. inwiefern Staatsangehörigkeit rechtlich integriert.

Die Frage, wie Staatsangehörigkeit integriert bzw. desintegriert, stellen sich Ulrike Davy (1999) und Christoph Gusy (1999) in Bezug auf Deutschland. Beide verweisen auf vier Bereiche, in welchen AusländerInnen in Deutschland nicht mit Deutschen gleich gestellt sind: (1) Aufenthaltsrecht, (2) Beschäftigungsrecht, (3) soziale Rechte und (4) politische Rechte. Diese vier Bereiche betreffen ebenfalls im Wesentlichen die Ungleichstellung von Fremden gegenüber InländerInnen in Österreich, und sollen im Folgenden kurz dargestellt werden. Die Darstellung ist keineswegs vollständig und soll nur einem groben Überblick über die rechtliche Stellung von AusländerInnen in Österreich geben.[46]

Grundsätzlich brauchen Nicht-österreichische Staatsangehörige für den Aufenthalt in Österreich eine Erlaubnis bzw. einen Aufenthaltstitel. Im Laufe der zweiten Republik wurde das österreichische Fremdenrecht mehrmals umfassend geändert (vgl. Davy 2001 oder Reichel 2010: 61-63). Die letzte umfassende Änderung wurde mit dem so genannten Fremdenrechtspaket 2005 (BGBl. I Nr. 100/2005) durchgeführt. Die Einreise nach und der Aufenthalt in Österreich von Fremden werden seit her hauptsächlich vom Asylgesetz 2005 (AsylG), vom Fremdenpolizeigesetz 2005 (FPG) und vom Niederlassungs- und Aufenthaltsrecht 2005 (NAG) geregelt. Für den längerfristigen Aufenthalt in Österreich (über sechs Monate) sieht das NAG verschiedene Titel vor. Dazu zählen hauptsächlich Aufenthaltsbewilligungen (§ 58ff NAG) und Niederlassungsbewilligungen (§ 41-46 NAG). Die Titel unterscheiden sich in Hinblick auf ihre Aufenthaltsdauer und auf den Aufenthaltszweck. Befristete Aufenthaltstitel sind zumeist auf die Dauer von 12 Monaten beschränkt. 2005 wurde auch aufgrund der Richtlinie 2003/109/EG der Aufenthaltstitel „Daueraufenthalt – EG" eingeführt, welcher nach einer fünfjährigen Niederlassung Drittstaatsangehörigen erteilt werden kann und nach fünf Jahren auf Antrag zu verlängern ist. Dieser Titel führt auch zu einem unbeschränkten Arbeitsmarktzugang (vgl. Bruckner et al. 2005).

Ohne Aufenthaltsrecht gibt es in Österreich auch kein Recht auf Beschäftigung. Die unselbstständige Beschäftigung von AusländerInnen in Österreich wird vom Ausländerbeschäftigungsgesetz 1975 geregelt. Dieses sieht grundsätzlich vier Berechtigungen für unselbstständige Beschäftigung in Österreich vor, wobei eine Berechtigung, die so genannte Arbeitserlaubnis, ein Auslaufmodell darstellt und eine zweite nur VolontärInnen, PraktikantInnnen und Au-Pairs betrifft. Für Personen die aufenthaltsberechtigt aber nicht niedergelassen sind, ist die Erteilung einer Beschäftigungsbewilligung die einzige Möglichkeit einer unselbstständigen Tätigkeit nachgehen zu können. Die Beschäftigungsbewilligung wird nur dem/der DienstgeberIn erteilt (und nicht dem/der AusländerIn), ist höchstens für ein Jahr gültig und erlischt mit Ende der Beschäftigung. Für die Genehmigung einer Beschäftigungsbewilligung muss das AMS zuerst prüfen, ob nicht ein/e Inländer/in oder ein/e bereits in den Arbeitsmarkt integrierte/r Ausländer/in zur Verfügung steht. Für in Österreich niedergelassene

46 Zur genaueren Darstellung wird auf die zitierte Literatur verwiesen.

AusländerInnen besteht die Möglichkeit einen Befreiungsschein zu erhalten, welcher einen uneingeschränkten Arbeitsmarktzugang im gesamten Bundesgebiet für fünf Jahre erlaubt. Seit der Einführung der Aufenthaltstitel „Daueraufenthalt – EG“ und „Niederlassungsbewilligung unbeschränkt“ im Jahre 2005, welche einen uneingeschränkten Arbeitsmarktzugang implizieren, hat der Befreiungsschein an Bedeutung verloren (Peyrl 2008: 31-32, 44-46). Unter anderem aufgrund des erschwerten Arbeitsmarktzugangs ist eine selbstständige Beschäftigung für AusländerInnen eine oftmals gewählte Alternative zur unselbstständigen Beschäftigung (vgl. Biffl 2007: 277-279).

Soziale Rechte betreffen eine Vielzahl von Bereichen angefangen bei der Sozialversicherung über Sozialhilfe bis hin zum Zugang zu Wohnungen bzw. Wohnförderung. Im Bereich der Sozialversicherung bestehen prinzipiell keine Unterschiede zwischen Aus- und InländerInnen. Zu Problemen für Zugewanderte kommt es hauptsächlich, wenn sie wieder zurückwandern (wenn auch nur temporär) und somit gewisse Ansprüche verlieren; durch die Unterbrechung der Beitragszahlung oder weil bestimmte Bezüge im Ausland nicht geltend gemacht werden können. Zusätzlich können Eingewanderte Probleme mit dem Erreichen der Mindestversicherungsdauer für Pensionsansprüche haben, wenn sie erst ab einem gewissen Alter einreisen. Versicherungsanspruche können aber in zunehmendem Maße über Landesgrenzen hinweg mitgenommen werden, sofern bestimmte bilaterale Verträge zwischen den Ländern bestehen. Ein Problem für AusländerInnen kann unter Umständen der Bezug von Sozialhilfe darstellen, weil sie dadurch in ihrer Aufenthaltssicherheit gefährdet werden können, wie auch der Erwerb der österreichischen Staatsbürgerschaft (Davy 2001: 212-217). In Österreich gibt es eine Reihe von Sozialleistungen, die nur für EU- und EWR-StaatsbürgerInnen zugänglich sind und somit Drittstaatsangehörige ausschließen.[47]

Ein enorm wichtiger Bereich für die Integration von ImmigrantInnen ist der Bereich Wohnen und Unterkunft. Dieser Bereich wird in vielen Befragungen und Studien als bedeutender Problembereich von ImmigrantInnen angesehen.[48] Gründe hierfür sind unter anderem auch rechtliche Hindernisse beim Zugang zum Wohnungsmarkt sowie zur Wohnbauförderung für AusländerInnen. Gerade in Wien waren Gemeindebauwohnung lange Zeit für AusländerInnen nicht zugänglich, was dazu führte das AusländerInnen auf den privaten, wesentlich teureren Wohnungsmarkt angewiesen waren (vgl. Volf und Bauböck 2001: 241-268).

47 Beispielsweise ist in Niederösterreich die Hortförderung nur für EU- oder EWR-StaatsbürgerInnen zugänglich. Ebenso ist der Wohnzuschuss in Niederösterreich für Drittstaatsangehörige (außer Konventionsflüchtlinge) nicht beziehbar.

48 Vgl. beispielsweise Kohlbacher und Reeger 2003, Kohlbacher und Reeger 2007a, Kohlbacherund Reeger 2007b, Reichel 2006: 54-57, 107-108.

Erst 2006 wurden aufgrund der notwendigen Umsetzung einer EU Richtlinie auch AusländerInnen zu Gemeindewohnungen zugelassen.

Schließlich ist der Erhalt von politischen Rechten durch Einbürgerung zentral. AusländerInnen sind prinzipiell vom aktiven sowie vom passiven Wahlrecht in Österreich ausgeschlossen. Ausnahmen bestehen nur für EU-BürgerInnen mit Hauptwohnsitz in Österreich bei der Teilnahme an Gemeinderatswahlen und an Wahlen zum Europäischen Parlament. Auf nationaler Ebene sind Drittstaatsangehörige bis auf wenige Ausnahmen in allen EU Staaten von Wahlen ausgeschlossen. Auf lokaler Ebene kommt es für Drittstaatsangehörige schon öfters zu Ausnahmen, was in Österreich jedoch nicht der Fall ist (vgl. Waldrauch 2006d). In diesem Zusammenhang muss der Erwerb der Staatsbürgerschaft im Kontext von politscher Teilhabe gesehen werden, da einerseits eine Einbürgerung aufgrund des Wunsches nach (mehr) politischer Teilhabe angestrebt werden kann (vgl. Gropas 2008 und Kapitel 6) und andererseits die zusätzlichen politischen Rechte die politische Teilhabe forcieren kann (vgl. beispielsweise Bevelander und Pendakur 2010).

Diese vier Hauptbereiche – Aufenthalt, Beschäftigung, Soziales und Wohnen sowie Wahlrecht – können somit als Hauptbereiche angesehen werden, in denen eine Einbürgerung zu zusätzlichen Rechten führen kann. Sofern nicht aufgrund bestimmter Regelungen schon gegeben, erwirkt eine Einbürgerung eine Verfestigung bzw. Sicherung des Aufenthalts, sichert einen freien bzw. uneingeschränkten Arbeitsmarktzugang, berechtigt zum Zugang sozialer Förderungen und ermöglicht politische Mitbestimmung. Zusätzlich muss hier auch mit bedacht werden, dass AusländerInnen auch sozialen Diskriminierungen in diesen Bereichen unterworfen sind. Auch wenn dies gesetzlich nicht erlaubt ist, können beispielsweise ArbeitgeberInnen oder VermieterInnen ihre Angebote (inoffiziell) nur an österreichische StaatsbürgerInnen richten und somit AusländerInnen ausschließen. Neben zusätzlichen Rechten und einem möglichen Entkommen von Diskriminierung gibt es jedoch noch eine Reihe weiterer Gründe für den Erwerb der österreichischen Staatsbürgerschaft. Die Motive und Beweggründe für eine Einbürgerung werden im nächsten Kapitel dargestellt und diskutiert.

6 Motive für den Wechsel der Staatsbürgerschaft: Warum Einbürgern?

Dieses Kapitel geht der allgemeinen Frage nach, welche Motive und Beweggründe hinter einer Einbürgerung stehen. Es wird untersucht, welche Erwartungen an den Erwerb der Staatsbürgerschaft gestellt werden. Die Erforschung der Gründe, welche Personen dazu bewegen, eine neue Staatsbürgerschaft aufzunehmen, soll auch einen Beitrag dazu leisten, welche Dimensionen und Bereiche des Lebens durch die Staatsbürgerschaft betroffen sind. Nach einer Darstellung und Diskussion der bisherigen Forschung zum Thema werden die Ergebnisse einer Befragung von Einbürgerungswilligen und Eingebürgerten aus Wien und Niederösterreich dargestellt und analysiert.

6.1 Einbürgerungsmotive, wahrgenommene Folgen und Gründe gegen eine Einbürgerung: Stand der Forschung

Es existiert vergleichsweise wenig empirische Forschung, die sich mit den subjektiven Einstellungen von Eingebürgerten gegenüber der Einbürgerung beschäftigt. Die wenigen Studien, die Einbürgerungsmotive untersuchen, basieren hauptsächlich auf qualitativen Interviews. Nur zwei der fünf vorgestellten Studien haben sich ausschließlich mit dem Thema der Einbürgerung in den Interviews beschäftigt (Wunderlich 2005[49] und Strehle-Hechenberger 2008[50]). Die anderen Studien fokussierten auf andere Aspekte der Integration von Eingewanderten, wie die politische und bürgerliche Teilhabe (Gropas 2008[51]), die allgemeine soziale Integration (Latcheva et al. 2006a[52]) und dem generellen Zusammenhang zwischen dem Fremdenrecht und Integration (Reichel 2006[53]). In diesem Ab-

49 26 qualitative Interviews mit Eingebürgerten in Bayern/ Deutschland.

50 10 qualitative Interviews mit Eingewanderten aus der Türkei in Vorarlberg/ Österreich, wovon 5 eingebürgert waren.

51 Qualitative Interviews in ganz Europa mit 176 Eingewanderten, wovon 91 eingebürgert waren.

52 Qualitative Interviews mit 30 Einwanderern und Einwanderinnen aus der Türkei und dem ehemaligen Jugoslawien in Wien/ Österreich.

53 Schriftliche Befragung von 108 Eingewanderten aus der Türkei und dem ehemaligen Jugoslawien, die vor mindestens zehn Jahren eingewandert sind und bei der Einreise mindestens 10 Jahre alt

schnitt werden die Ergebnisse dieser Studien in Hinblick auf Motive für eine Einbürgerung herausgearbeitet und zusammengeführt. Zusätzlich werden Ergebnisse in Bezug auf die subjektiv empfundenen Folgen der Einbürgerung dargestellt sowie die subjektiven Gründe gegen eine Einbürgerung von AusländerInnen diskutiert.

6.1.1 Einbürgerungsmotive

In meiner Diplomarbeit habe ich 108 langansässige MigrantInnen zum Thema Erfahrungen mit dem österreichischen Fremdenrecht schriftlich befragt. Die Eingebürgerten unter den Befragten wurden unter anderem nach dem Grund für die Entscheidung zur Einbürgerung befragt. Bei den vorgegebenen Antwortkategorien wählten 58,5 Prozent der 65 eingebürgerten Befragten die Antwort „Rechtliche Gründe", 49,2 Prozent die Antwort „Weil ich hier bleiben wollte" und 4,6 Prozent gaben an, sich für die Einbürgerung entschieden zu haben, weil sie sich als ÖsterreicherIn fühlten. Zusätzlich gaben 16,9 Prozent an, dass ein „anderer Grund" für die Einbürgerung von Bedeutung war (Reichel 2006: 92). Dieses Ergebnis deutet darauf hin, dass pragmatisch-rechtliche Gründe wichtiger sind als emotionale Gründe wie eine Identifikation mit Österreich. Jedoch weist das Ergebnis auch darauf hin, dass es noch andere Gründe für eine Einbürgerung gibt und die Kategorisierung zu kurz greift.

Qualitative Untersuchungen erfassen das Spektrum der möglichen Einbürgerungsgründe schon genauer und zeigen, dass es eine Reihe von unterschiedlichen Motivationen gibt, sich für eine Einbürgerung zu entscheiden. Die verschiedenen Motive der oben genannten Studien werden in Tabelle 6.1 dargestellt und kategorisiert. Prinzipiell kann zwischen emotionalen und instrumentellen/ pragmatischen Einbürgerungsmotiven unterschieden werden, obwohl diese Unterscheidung nicht auf alle Beweggründe für eine Einbürgerung anzuwenden ist, weil mehrere Gründe beide Ebenen ansprechen.

Zu den instrumentellen Gründen zählen jedenfalls ökonomische und andere pragmatische Gründe, die entweder auf finanzielle Vorteile oder eine generelle Vereinfachung des alltäglichen Lebens abzielen. Zu den ökonomischen Gründen zählen Verbesserungen der Situation am Arbeits- sowie am Wohnungsmarkt. Eingebürgerte gaben an, die Staatsbürgerschaft angenommen zu haben, weil sie sich dadurch einen besseren Arbeitsmarktzugang und allgemein bessere Chancen auf dem Arbeitsmarkt – durch beispielsweise den Wegfall von Diskriminierung aufgrund der Staatsangehörigkeit – erhofften. Bezüglich der

waren. Die Befragung wurde in Wien und Niederösterreich durchgeführt und von den Befragten waren 65 Personen schon eingebürgert.

Wohnungssituation sind Pläne für den Kauf eines Hauses sowie ein allgemein besserer Zugang zum Wohnungsmarkt Gründe für eine Einbürgerung. Zusätzlich werden eine Reihe von anderen pragmatischen Gründen genannt, die das alltägliche Leben erleichtern. Ein wichtiger Punkt ist das Reisen, welches durch den Erhalt der österreichischen bzw. deutschen Staatsbürgerschaft deutlich erleichtert wird. Eine deutsche oder österreichische Staatsbürgerschaft erlaubt visafreies Reisen in eine Vielzahl von Ländern und mit einem deutschen bzw. österreichischen Pass sind Visa auch leichter zugänglich (vgl. Wunderlich 2005: 115-116; Latcheva et al. 2006a: 168-169). Ein wichtiger Grund ist dabei die Erleichterung beim Umgang mit Behörden und allgemein weniger Bürokratie beim Reisen; ein Punkt der auch in vielen anderen Lebensbereichen von großer Wichtigkeit ist. In erster Linie betrifft der Wegfall des bürokratischen Aufwands, mit dem sich AusländerInnen auseinanderzusetzen haben, die Verlängerung von Aufenthaltstiteln. Andere pragmatische Gründe betreffen mögliche Verpflichtungen im Herkunftsland, wie beispielsweise die Ableistung des Wehrdienstes.

Nicht eindeutig als instrumentell zu bezeichnen ist das Einbürgerungsmotiv „politische Teilhabe". Personen geben an, dass der Wunsch nach politischer Mitbestimmung durch die Erlangung des Wahlrechts ein Grund für eine Einbürgerung ist (vgl. Latcheva et al. 2006a: 174-175; Wunderlich 2005: 117-118). Dazu ist jedoch auch zu erwähnen, dass politische Partizipation und bürgerliches Engagement nicht nur durch Staatsbürgerschaft möglich ist, sondern auch in anderer Form ausgeübt werden kann bzw. wird. Jedoch verbessert die Staatsbürgerschaft die Möglichkeiten für politische Teilhabe (vgl. Gropas 2008). Eher zu den emotionalen Gründen können soziale bzw. familiäre Motive gezählt werden. Der Umstand, dass andere Familienmitglieder oder Bekannte schon eingebürgert wurden, wird ebenfalls als ein Anstoß, sich einbürgern zu lassen, empfunden. Insbesondere Kinder spielen dabei eine wichtige Rolle und die Tatsache, dass Kinder schon die Staatsbürgerschaft haben oder diese bekommen sollen. Diese Überlegung steht im Zusammenhang mit den besseren Möglichkeiten, die Kinder mit der österreichischen Staatsbürgerschaft haben.

Zu emotionalen Einbürgerungsmotive können Beweggründe, die auf ein Zugehörigkeits- und Gerechtigkeitsgefühl der Betroffenen zurückgehen, gezählt werden. Dazu gehört erstens der wichtige Zusammenhang zwischen der Entscheidung, nicht mehr ins Herkunftsland zurückgehen zu wollen, und sich einbürgern lassen zu wollen. Der Zusammenhang zwischen der Aufgabe des oftmals langgehegten Rückkehrwunsches und dem Wunsch nach der Staatsbürgerschaft, ist in allen Studien als äußerst prominent (vgl. Strehle-Hechenberger 2008: 114-118; Latcheva et al. 2006a: 167; Reichel 2006: 92; Wunderlich 2005: 114). Personen sehen eine Einbürgerung als „logische Folge" der Bleibeabsicht, da die Personen zu der Gesellschaft gehören wollen, in der sie leben. In diesem

Sinn wird die Einbürgerung als eine Art Statusanpassung gesehen, da sich die Personen schon als volle Mitglieder der Gesellschaft fühlen, diese aber rechtlich nicht sind. Personen, die die Einbürgerung als Statusanpassung sehen, empfinden laut Gropas (2008: 154-155) diesen Schritt nicht als Notwendigkeit sondern als individuelle Entscheidung. Es wird nur als gerecht empfunden, mit den Mitmenschen gleich behandelt zu werden bzw. den gleichen Status zu haben. Somit ist ein bestehendes Zugehörigkeitsgefühl ein Beweggrund sich einbürgern zu lassen. Auf einfachste Weise wird diese Zugehörigkeit durch die nationale Identität ausgedrückt. Eingebürgerte geben auch an, die Staatsbürgerschaft anzunehmen, weil sie sich schon als StaatsbürgerInnen fühlen. Die Identifikation mit dem Aufnahmeland als Integrationsindikator ist ein viel diskutiertes Thema das in einigen Darstellungen oftmals zu einfach diskutiert wird. Klassischerweise kann die nationale Identifikation nach Essers Aufteilung in die vier Typen der Sozialintegration (2001 bzw. Kapitel 5.1.1, Tabelle 5.1) unterschieden werden. Eine reine Identifikation mit dem Herkunftsland, eine reine Identifikation mit dem Aufnahmeland, eine Identifikation mit beiden Ländern sowie die Marginalisierung, wo sich Personen zu keinem Land zuordnen können/ wollen. Prinzipiell kann ein Zusammenhang zwischen einer Einbürgerung und einer erhöhten nationalen Identität mit dem Aufnahmeland nachgewiesen werden (vgl. beispielsweise Ersanilli und Koopmans 2010). Jedoch sind die Kausalität bei diesem Zusammenhang und der genaue Einfluss der Einbürgerung sowie die unterschiedliche Operationalisierung von Identität differenziert zu diskutieren. Das Thema wird in den folgenden Abschnitten sowie im Exkurs 1 nochmals aufgenommen und genauer behandelt.

Schließlich muss noch auf Motive, die sich auf das Sicherheitsgefühl beziehen, verwiesen werden. Die interviewten Personen der Studien geben an, die deutsche oder österreichische Staatsbürgerschaft annehmen zu wollen, weil sie sich dadurch mehr Sicherheit in verschiedenen Bereichen erwarten. Dazu gehört eine allgemeine ökonomische Sicherheit, Aufenthaltssicherheit, politische Sicherheit sowie mehr Sicherheit auf Reisen.

Die verschiedenen Motive und Beweggründe, die zur Entscheidung führen, sich einbürgern lassen zu wollen, sind also vielfältig. Für einzelne Personen spielen meist mehrere verschiedene Gründe eine Rolle. Der Entscheidungsprozess kann unterschiedliche Formen annehmen und kann entweder durch eine bestimmte Situation ausgelöst werden oder als Ergebnis der Kumulation verschiedener Faktoren verstanden werden. Außerdem kann der Entscheidungsprozess mehrere Jahre dauern oder aber sehr schnell von statten gehen (Wunderlich 2005: 126-142). Die Einbürgerungsentscheidung hängt freilich auch von den rechtlichen Rahmenbedingungen und der Einbürgerungspraxis der Behörden zusammen, da sich Personen auch nur für eine Einbürgerung entscheiden können, wenn diese auch möglich ist.

Tabelle 6.1: Einbürgerungsmotive

Ökonomische Gründe	Haus kaufen, Diskriminierung am Arbeitsmarkt, Zugang zu Staatsbetrieben, Zugang zu Wohnung, Verbesserung der beruflichen Chancen, mehr Sicherheit bzgl. des ökonomischen Lebensstandards
Pragmatische/ Praktische Gründe	Reiseerleichterung, Zugang zu Visa, weniger Bürokratie, Probleme mit dem Aufenthaltstitel, Vermeidung des Wehrdienstes im Herkunftsland, belastende Verpflichtungen im Herkunftsland, Ermöglichung längerer Aufenthalte im Herkunftsland
Politische Teilhabe	Aktives und passives Wahlrecht
Familiäre/ soziale Gründe	Andere Familienmitglieder sind bereits StaatsbürgerInnen, Kinder wollen/sollen StaatsbürgerInnen werden, Zukunft der Kinder
Zugehörigkeit/ Gerechtigkeit/ Identität	Bleibeabsicht, logische Folge und Bedürfnis zur Gesellschaft zu gehören, in der man lebt, als Abschluss der gefühlten Integration und Erfüllung der Einbürgerungsvoraussetzungen, „bin hier SteuerzahlerIn", Einbürgerung als logische Folge des Integrationsprozesses, „innere Beweggründe", Lebensmittelpunkt ist im Aufnahmeland, Statusanpassung (Herstellung von Kongruenz von subjektiven Empfinden und objektiver, rechtlicher Zugehörigkeit), Wunsch dazuzugehören, „fühle mich bereits als StaatsbürgerIn"
Sicherheit	Ökonomische Sicherheit, Aufenthaltssicherheit, Stabilität der staatlichen Ordnung und sozialer Sicherungssystemen, Sicherheit beim Reisen

Quellen: Eigene Aufstellung auf Basis der Einbürgerungsmotive aus Gropas 2008, Latcheva et al. 2006a, Strehle-Hechenberger 2008, Wunderlich 2005

Zusammenfassend lässt sich somit festhalten, dass sich Personen einbürgern lassen, weil sie sich durch die neue Staatsbürgerschaft neue Möglichkeiten in Bezug auf Beruf, Reisen und Wohnen erwarten, weil die Einbürgerung zu Erleichterungen im alltäglichen Leben führt, mehr Sicherheit in verschiedenen Bereichen gibt und mehr Gerechtigkeit bringt.

6.1.2 Subjektiv wahrgenommene Einbürgerungsfolgen

Bevor ich auf die subjektiv wahrgenommenen Folgen von Einbürgerung eingehe, soll erwähnt werden, dass der Einbürgerungsprozess selbst kein leichter ist und Einbürgerungswillige oftmals mit vielen Schwierigkeiten konfrontiert sind (Latcheva et al. 2006a: 169-170). Abgesehen davon ist der Einbürgerungsprozess, welcher den Kontakt mit inländischen und ausländischen Behörden sowie die Verleihung der Staatsbürgerschaft umfasst, generell ein emotionales Erlebnis, das mit positiven sowie negativen Gefühlen einhergehen kann. Positive Gefühle sind die Freude über die Erfüllung eines Wunsches oder Stolz über die neue Staatsbürgerschaft aber auch die Erleichterung, das Verfahren abgeschlossen zu haben sowie ein neues Zugehörigkeitsgefühl. Negative Gefühle die mit der Verleihung des neuen Passes einhergehen können, sind eine Enttäuschung über den nicht feierlichen Ablauf, ein momentaner Zugehörigkeitskonflikt, Unsicherheit über die neuen Rechte und Pflichten sowie Verbitterung über den Verfahrensablauf (Wunderlich 2005: 152).

Die subjektive Einschätzung der Folgen der Einbürgerung muss somit einerseits im Zusammenhang der Dauer seit der Einbürgerung gesehen werden, aber auch mit den gehegten Erwartungen an die neue Situation. In meiner schriftlichen Befragung aus dem Jahr 2006 gaben drei Viertel der eingebürgerten Befragten an, dass die Einbürgerung zu Vorteilen geführt hat, wobei die Mehrheit dieser nur ein paar und nicht viele Vorteile durch die Staatsbürgerschaft sieht (Reichel 2006: 93).

Die unterschiedliche Wahrnehmung der Wirkung der Einbürgerung wurde von Tanja Wunderlich (2005) genauer untersucht und nach Essers vier Typen von sozialer Integration (siehe Kapitel 5) unterschieden. Die wahrgenommene Wirkung von Einbürgerung betrifft somit die strukturelle Dimension in Bezug auf Erleichterungen beim Reisen und weniger Bürokratie, (keine) Verbesserungen der beruflichen Chancen, Erlangung des Wahlrechts und (kein) gesteigertes politisches Interesse sowie (kein) gesteigertes Sicherheitsgefühl. Die kulturelle Integration wurde bei den Befragten durch keine oder geringe Veränderungen im Alltagsleben wahrgenommen sowie durch eine verstärkte Pflege der Herkunftskultur. Auswirkungen auf die soziale Dimension wurden durch positive, neutrale oder auch negative Reaktionen im sozialen Umfeld sowie durch (kein) gesteigertes Einbürgerungsinteresse in der Familie wahrgenommen. Die Befragten der Studie nahmen keine gesteigerte gesellschaftliche Akzeptanz durch die Einbürgerung war. Schließlich wurden auch unterschiedliche Wirkungen auf die identifikative Integration festgestellt. Hierbei wurden verstärkte Zugehörigkeitsgefühle berichtet. Ebenso berichten Interviewte, dass sie keine verstärkte Zugehörigkeit nach der Einbürgerung verspürten und sich nach wie vor mit dem Herkunftsland verbunden fühlen (Wunderlich 2005: 160-179).

Dieser Untersuchung zufolge korrespondieren die Folgen und unterschiedlichen Dimensionen der wahrgenommenen Folgen einer Einbürgerung auch mit den Erwartungen. Die sich bestätigenden Auswirkungen der Einbürgerung betreffen hauptsächlich den praktischen Bereich, wie das Wegfallen des bürokratischen Aufwands und Reiseerleichterungen. Jedoch ist auch zu erwähnen, dass manche Befragte das Ausbleiben bestimmter Folgen thematisieren bzw. auch von unerwarteten Folgen berichten. Dazu gehört beispielsweise das Ausbleiben einer gesteigerten gesellschaftlichen Akzeptanz oder das unerwartet gesteigerte politische Interesse.

Die Studien berichten zwar von fallweiser Steigerung des nationalen Zugehörigkeitsgefühls durch die Einbürgerung[54], jedoch muss dies einerseits nicht der Fall sein und andererseits muss die Identifikation – wie schon oben erwähnt – differenziert betrachtet werden. Identität ist ein fließendes Konzept, welches erstens sehr unterschiedlich operationalisiert werden kann, zweitens durch viele andere Aspekte – wie Diskriminierung, Rückkehrwunsch und Sprachgebrauch – beeinflusst wird (vgl. Weiss 2007) und drittens, sich über die Zeit verändert (siehe Exkurs1, unten). Zusätzlich ist zu erwähnen, dass die Studien nachweisen, dass eine Mehrfach- oder Doppelidentität nicht als problematisch angesehen wird und nicht zu einer Spaltung der Gefühlswelt führt (Latcheva et al. 2006a: 183-190, Gropas 2008: 155-157).

Schließlich muss noch das wahrgenommene Ausbleiben von erhöhter gesellschaftlicher Akzeptanz erwähnt werden. Besonders stark betonen die befragten Eingebürgerten der hier berücksichtigten Studien, dass sich die soziale Diskriminierung durch die Einbürgerung nicht verringert hat, sondern gleich geblieben ist. Typische Aussagen dazu sind beispielsweise: „[...] Sie sehen in mir drinnen immer noch, dass ich ein Türk bin. Zwar vom Pass her bin ich ein Österreicher, aber sehen tun sie mich eher als ein Türk [...]“; „Mein Name ist Ibraim, gestern Ibraim gewesen, heute immer noch Ibraim.“ (beide in Strehle-Hechenberger 2008: 119) oder „[...] Auch wenn du 100 Pässe hast, trotzdem bist Ausländer [...]“ (Wunderlich 2005: 170). Dies macht die Grenzen der Staatsbürgerschaft im Integrationsprozess deutlich, da eine rechtliche Gleichstellung und ein Wegfall rechtlicher Diskriminierung nicht zur Verringerung sozialer Diskriminierung beitragen. In erster Linie sind es die ‚nicht eingebürgerten Namen‘, die zur Diskriminierung führen. Dass die Diskriminierung aufgrund von bestimmten ‚äußerlichen‘ Merkmalen, wie eben der Name, das Aussehen oder der

54 Jedoch kommt es hierbei auch zu Unterschieden in verschiedenen Ländern. Ersanilli und Koopmans (2010) berichten von höheren Zugehörigkeitsgefühlen von Eingebürgerten im Vergleich zu Nicht-Eingebürgerten in Deutschland und Frankreich im Vergleich zu den Niederlanden.

Akzent, nicht soziale Ausnahmeerscheinungen sind, zeigen verschiedene ‚Diskriminierungstests' die in Europa durchgeführt wurden, welche hauptsächlich die geringeren Jobchancen von Personen mit bestimmten ‚ausländischen Merkmalen' nachweisen.[55]

Obgleich die subjektive Bewertung der Eingebürgerten eine wichtige Rolle für die Auswirkung auf bewusst-erlebte Integration spielt, sind die persönlichen Wahrnehmungen begrenzt und bestimmte Folgen können der Staatsbürgerschaft zugeschrieben, obwohl diese nicht damit zusammenhängen. Genauso gut können bestimmte Folgen, die mit der Staatsbürgerschaft zusammenhängen, nicht wahrgenommen werden.

6.1.3 Gründe gegen eine Einbürgerung

Die Studien, die auch Befragte einbezogen haben, die (noch) nicht eingebürgert waren, geben Auskunft über mögliche Gründe gegen die Aufnahme einer neuen Staatsbürgerschaft. Tabelle 6.2 fasst die unterschiedlichen Gründe gegen eine Einbürgerung zusammen. Diese verschiedenen Gründe habe ich in vier verschiedene Kategorien aufgeteilt, welche als Hauptargumente gegen eine Einbürgerung verwendet werden.

Tabelle 6.2: Gründe gegen eine Einbürgerung

Keine rechtlichen Vorteile durch Einbürgerung	Kein Grund bei unbefristeter Aufenthaltsgenehmigung, bisher keine Probleme mit Arbeit oder Wohnung
Rückkehrabsicht	Vereitelung des Rückkehrplans, keine Zukunftsperspektive
Ökonomische Gründe	Vermögen im Herkunftsland, Kosten der Einbürgerung
Strukturell-rechtliche Hindernisse	Aufgabe der bisherigen Staatsbürgerschaft nicht gewollt, hohe Kosten der Einbürgerung, hoher administrativer Aufwand, fehlende Erfüllung der Voraussetzungen für eine Einbürgerung

Quellen: Eigene Aufstellung aus Latcheva et al. 2006a, Strehle-Hechenberger 2008, Reichel 2006

Demnach geben ausländische StaatsbürgerInnen an, dass sie die österreichische Staatsbürgerschaft nicht annehmen wollen, da sie sich keine rechtlichen Vorteile

55 Vgl. beispielsweise Kraler et al. 2011 oder Gächter 2011

durch die neue Staatsbürgerschaft erwarten. Es wird ganz allgemein angenommen, dass sich durch die Einbürgerung bei bestehendem unbefristeten Aufenthaltstitel und unbeschränktem Zugang zum Arbeitsmarkt nichts ändert. Viel wichtiger erscheint jedoch die Ablehnung der Einbürgerung, wenn noch Rückkehrpläne bestehen. Eingewanderte, die noch den Wunsch hegen, ins Herkunftsland zurückzugehen, wollen auch nicht die österreichische Staatsbürgerschaft annehmen (Strehle-Hechenberger 2008: 115-117; Latcheva et al. 2006a: 166-167). Die Bleibeabsicht spielt somit eine bedeutende Rolle in Bezug auf Staatsbürgerschaft, da umgekehrt die Entscheidung, nicht mehr ins Herkunftsland zurückgehen zu wollen, ein wichtiger Grund für eine Einbürgerung ist. Der Rückkehrwunsch muss jedoch nicht mit konkreten Rückkehrplänen einhergehen.

Die Ablehnung der Einbürgerung kann auch ökonomisch begründet werden, da durch die nötige Aufgabe der bisherigen Staatsbürgerschaft das Vermögen im Herkunftsland gefährdet sein kann (wie der Besitz von Grundstücken oder ähnlichem) oder da die Kosten der Einbürgerung einfach zu hoch sind. Da die hohen Kosten der Einbürgerung in Österreich rechtlich festgelegt werden, können diese auch als strukturell-rechtliches Hindernis gesehen werden. Andere strukturell-rechtliche Hindernisse, die gegen den Erwerb der Staatsbürgerschaft sprechen, sind die nötige Aufgabe der bisherigen Staatsbürgerschaft, der hohe administrative Aufwand der Einbürgerung und andere Voraussetzungen für die Einbürgerung, die nicht erfüllt werden wollen bzw. können.

Die Bedeutung der hohen Kosten als Grund gegen eine Einbürgerung sollte hierbei hervorgehoben werden. In der Befragung in meiner Diplomarbeit geben von 54 befragten AusländerInnen fast zwei Drittel an, dass sie die neue Staatsbürgerschaft nicht haben, weil die Einbürgerung zu teuer ist. Fast ein Drittel kann die Staatsbürgerschaft aus nicht näher definierten Gründen nicht haben und nur etwas weniger als ein Viertel der langansässigen Eingewanderten will die österreichische Staatsbürgerschaft nicht haben (Reichel 2006: 93-94). Bei Latcheva et al. erzählt hierzu eine 73-jährige Serbin, dass sie intensiv auf die Staatsbürgerschaft spart: „[…] momentan kann ich es mir nicht leisten…ich bin auch ein Typ, der jetzt spart und keinen Urlaub macht und keine Sachen kauft und nur sparen sparen sparen… für zum Beispiel Staatsbürgerschaft […]" (Latcheva et al. 2006a: 171).

Aus soziologischer Sicht muss der Wunsch, sich nicht einbürgern lassen zu wollen, jedenfalls im Zusammenhang mit den Möglichkeiten – eben den strukturell-rechtlichen Begründungen – gesehen werden, da sich individuelle Möglichkeiten auf das Wunschverhalten auswirken. Das bedeutet, dass Personen unter Umständen nur deshalb angeben, dass sie die Staatsbürgerschaft nicht haben wollen, weil sie wissen, dass dies nicht möglich ist. Passend hierzu ist Pierre Bourdieus Diskussion über Habitusformen und soziale Praktiken, wo er auf den Zusammenhang zwischen objektiven Wahrscheinlichkeiten und subjektiven Erwartungen verweist. Auch wenn Bourdieu eher auf die den AkteurInnen eher unbekannten objektiven (wissenschaftlich-statistischen) Bedingungen eingeht, bemerkt er generell den Zusammenhang zwischen dem Wunschverhalten und strukturellen Möglichkeiten, weshalb Personen gerne aus der Not eine Tugend machen und Unvermeidliches (hier keine Einbürgerung) wollen (vgl. Bourdieu 1993: 97-121). Beispielsweise zitiert Latcheva et al. (2006a: 171) eine 60-jährige Türkin: „Ich habe keine Staatsbürgerschaft. Alle meine Kinder haben das, aber ich nicht. Ich wollte nicht. Ich habe auch den Antrag gestellt, aber dann hat mir die Frau gesagt, ich soll einige Dokumente einreichen. Dann habe ich alles auf Deutsch übersetzen lassen. Dann hat sie 3.500 Schillinge[56] verlangt, und wir sind damals neu angekommen, und aus dem Grund, weil ich kein Geld hatte, bin ich nicht mehr zurückgegangen." Die Befragte behauptet zuerst, dass sie die Staatsbürgerschaft nicht will, gibt danach jedoch an, dass die Einbürgerung an den Kosten der Einbürgerung gescheitert ist.

56 3.500 ATS entsprechen etwa 254 Euro.

Exkurs 1: Einbürgerung und Identität: Ergebnisse einer Langzeitbefragung von Jugendlichen aus Duisburg

Die Frage, inwiefern Einbürgerung und Identität zusammenhängen, ist sehr schwierig zu beantworten. Dies ist nicht zuletzt der Fall, weil Identität ein schwierig zu definierender und fließender Begriff ist. Im Zusammenhang mit Integration von Eingewanderten und ihren Nachkommen wird das Konzept der ethnischen Identität viel diskutiert. Beispielsweise ist für Hartmut Esser (2001 sowie Kapitel 5.1) ethnische bzw. nationale Identität von zentraler Bedeutung für seine Integrationstheorie. Ein wichtiger Kritikpunkt an Analysen zum Thema ethnischer oder nationaler Identität ist, dass Identität zumeist als essentialistisches und starres Konzept verwendet wird und nicht darauf Rücksicht genommen wird, dass Identitäten einem ständigen Wandel unterworfen sind. Außerdem müssen Identitäten theoretisch differenziert werden. Kollektive Identitäten können beispielsweise in zwei zusammenhängende, sich ergänzende Konzepte aufgeteilt werden: Positionierung und Selbst-Lokalisierung (Sackmann 2003). Positionierung bedeutet in diesem Zusammenhang die strukturellen Rahmenbedingungen und gesellschaftliche Praxis, die Personengruppen innerhalb der Gesellschaft *positionieren.* Die Positionierung durch soziale Strukturmerkmale, wie Geschlecht, berufliche Stellung, Einkommen und eben auch Staatsbürgerschaft, definiert die Identitäten von Personengruppen quasi „von außen". Hingegen meint Selbst-Lokalisierung die subjektiv individuelle Ebene von Identifikation; also wo in der Gesellschaft *lokalisieren* sich Personen selbst. Die Selbst-Lokalisierung wird durch verschiedene Formen von Selbst-Konzeptionalisierungen, Orientierungen, Zugehörigkeitsgefühlen und Wahrnehmungen von symbolischen Grenzen beeinflusst. Positionierung und Selbst-Lokalisierung sind ferner stark miteinander verbunden und beeinflussen sich gegenseitig. Positionierung oder Konstruktion von sozialen Gruppen kann von AkteurInnen durch Selbst-Lokalisierung und einer Entstehung von kollektiven Identitäten übernommen werden (Sackmann, 2003: 1-2). Beispielsweise kann sich eine in Deutschland geborene deutsche Staatsbürgerin, deren Eltern aus der Türkei eingewandert sind, als ethnische Türkin bezeichnen oder aber nicht, gleich wie die offizielle Definition von Migrationshintergrund lautet. Ein wichtiger Unterschied besteht hierbei aber zwischen bestimmten Bereichen und Ebenen von Identität, da es Zugehörigkeiten gibt, die umstrittener sind und welche, die es weniger sind (Riegel und Geisen, 2007: 8). Das bedeutet, die oben genannte Deutsche kann nicht unumstritten einfach nur Deutsche sein, auch wenn sie sich so lokalisiert, da sie im öffentlichen Diskurs einer möglichen ‚nichtzugehörigen' oder gar ‚problematischen' Gruppe als angehörig diskutiert wird, nämlich der ‚zweiten Generation' von türkischen Eingewanderten.

Grundsätzlich kann ein positiver Zusammenhang zwischen dem Erhalt der Staatsbürgerschaft und der Identifikation als StaatsbürgerIn angenommen werden, wie Studien wie beispielsweise von Ersanilli und Koopmans (2010) auch nachweisen. Neben diesem Zusammenhang ist jedoch zu bedenken, dass viele andere Faktoren auf eine nationale kollektive Identität Einfluss haben. Hilde Weiss (2007: 198) zeigt am Beispiel von Jugendlichen, deren Eltern nach Österreich eingewandert sind, dass die Stärke der österreichischen Identität besonders durch die Bleibeabsicht, die Verwendung der deutschen Sprache und geringe Kenntnisse der Sprache des Herkunftslandes positiv beeinflusst wird. Hingegen wirken sich ein ausschließlich eigenethnischer Freundeskreis, schlechte Deutschkenntnisse der Mutter und die Bildung des Vaters negativ auf die österreichische Identität aus.

Eine Analyse von Paneldaten kann den Einfluss von Staatsbürgerschaft genauer nachweisen und offenlegen, wie sich Identitäten über die Zeit entwickeln. Paneldaten sind jedoch nur sehr selten verfügbar; nicht zuletzt weil Panelbefragungen sehr teuer und aufwendig sind. Ein Paneldatensatz, der eine Analyse in Hinblick auf Einbürgerung und Identität zulässt, ist die Langzeitbefragung von Jugendlichen zum Thema Jugendkriminalität aus der deutschen Stadt Duisburg. Auf Basis der Daten der ersten vier Erhebungswellen der Panelbefragung, die im Rahmen des DFG-Projekts „Jugendkriminalität in der modernen Stadt" in Duisburg zwischen 2002 und 2005 durchgeführt wurde, kann die Entwicklung der subjektiven Identifikation als Deutscher von deutschen Staatsangehörigen, Eingebürgerten und ausländischen Staatsangehörigen verfolgt werden.[57] Die Panelerhebung begann 2002 mit einer Befragung von SchülerInnen der 7. Klassen in der Stadt Duisburg. Die Daten der vorliegenden Analyse beinhalten 1.769 Befragte, welche in allen vier Wellen teilgenommen hatten. Mit dem allgemeinen Ziel, Jugendkriminalität zu untersuchen, beinhalten die Fragebögen verschiedenste Fragen über Kriminalität, jedoch auch über Wertvorstellungen, Gruppenzugehörigkeit, Freizeit- und Konsumverhalten. Die Jugendlichen wurden befragt, inwiefern sie sich einer gewissen Gruppierung oder Region zugehörig fühlen. Der genaue Wortlaut der Frage war: *Unabhängig davon welcher Nationalität man angehört, kann man sich als Deutscher, Ausländer oder als keines von bei-*

57 Die Panelerhebung begann mit einer Vollerhebung aller SchülerInnen der 7. Klassen in Duisburg. Ein Jahr darauf wurden alle SchülerInnen der 8. Klassen befragt und im dritten Jahr nur jene der 9. Klassen, die auch an der ersten und zweiten Panelerhebung teilnahmen. In der vierten Welle im Jahr 2005 wurden die 10. Klassen an den 40 Schulen befragt, die als 9. Klassen im vorhergehenden Jahr 2004 teilgenommen haben und jene Klassen einer Schule die bislang nur 2002 teilgenommen hatten. Die Befragungen in den konsekutiven Wellen wurden teilweise schriftlich durchgeführt und können gute Rücklaufquoten von über 90 Prozent verzeichnen (Kunadt, 2006: 1). Die Befragung wurde 2005 nicht beendet. Siehe http://www.uni-bielefeld.de/soz/krimstadt/, Zugriff Juli 2010.

den fühlen. Wie ist das bei dir? Ich fühle mich als Deutscher.[58] Die Befragten konnten zwischen (1) trifft gar nicht zu, (2) trifft eher nicht zu, (3) teils/teils, (4) trifft eher zu, und (5) trifft völlig zu auswählen.

Abbildung 6.1 stellt die Antworten der Befragten in den ersten vier Wellen dar und unterscheidet zwischen jenen Befragten, die zwischen der ersten und zweiten Welle eingebürgert wurden[59], jenen, die in allen vier Wellen als ausländische Staatsangehörige aufscheinen und jenen, die in allen vier Wellen Deutsche waren. Unter jedem Balken findet sich der Mittelwert.

Abbildung 6.1: Identifikation als Deutsche von Jugendlichen in Duisburg von 2002 bis 2005

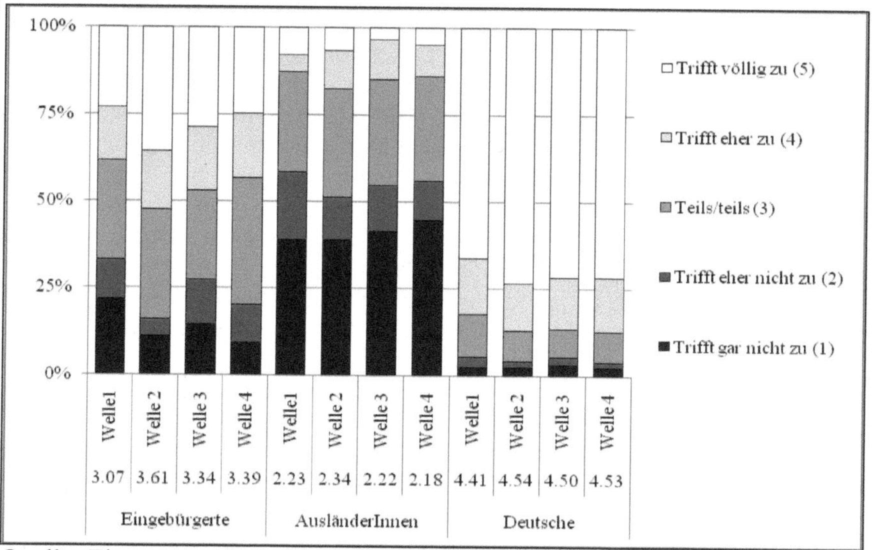

Quelle: Eigene Berechnung mit den Daten der Verlaufsstudie Kriminalität in der modernen Stadt (CRIMOC), N ~ 1,480

Bei den Jugendlichen, die zwischen der ersten und zweiten Welle die Staatsbürgerschaft gewechselt haben, nimmt die Zustimmung zur Aussage *Ich fühle mich*

58 Zusätzlich wurde die Frage für folgende Identitäten gestellt: Ich fühle mich als Angehöriger meines Herkunftslandes, sowohl als Deutscher als auch als Angehöriger meines Herkunftslandes, weder als Deutscher noch als Angehöriger meines Herkunftslandes, als Muslim, als Duisburger, als Europäer, als Christ, als Angehöriger meines Stadtteils, als Ausländer.

59 Gemessen wurde die Einbürgerung daran, wenn Befragte in der ersten Welle irgendeine andere als die deutsche Staatsbürgerschaft angaben, und in der zweiten Welle jedoch die deutsche Staatsangehörigkeit hatten.

als Deutscher deutlich zu. Der Anteil dieser etwa 130 Befragten, die *trifft eher zu* oder *trifft völlig zu* antworteten, steigt von 38 auf über 50 Prozent an. Im Gegenzug fällt der Anteil der Befragten, die sich eher oder gar nicht als Deutsche fühlen von 33 auf 16 Prozent ab. Ein T-Test, der die Unterschiede der beiden Mittelwerte der ersten beiden Wellen überprüft, ergibt einen signifikanten Unterschied mit einer Irrtumswahrscheinlichkeit kleiner als 0,01. In den zwei darauffolgenden Jahren sinkt die Identifikation als Deutscher im Mittelwert jedoch wieder ab, so dass sich die Mittelwerte der dritten und vierten Welle nicht mehr signifikant von dem der ersten Welle unterscheiden. Im Vergleich dazu nimmt der Mittelwert der Jugendlichen mit ausländischer Staatsbürgerschaft von der ersten bis zur zweiten Welle zwar ebenfalls zu, jedoch ist dieser Anstieg nicht signifikant und danach gleichen sich die Mittelwerte wieder an die Anfangswerte an. Die Mittelwerte der durchwegs deutschen Befragten nehmen von 4,4 im ersten Jahr auf 4,54 im zweiten Jahr ebenfalls leicht zu und bleiben auf etwa 4,5. Dieser Anstieg ist hoch signifikant ($p < 0{,}001$). Die Mittelwerte der ausländischen Befragten ändern sich nicht signifikant über alle vier Jahre.

Dieses Ergebnis ist ein Hinweis darauf, dass sich eine Einbürgerung unmittelbar auf die deutsche Identität positiv auswirken kann. Der Anstieg im Jahr nach der Einbürgerung geht jedoch im dritten und vierten Jahr wieder leicht zurück und unterscheidet sich im vierten Jahr nur mehr leicht signifikant ($p < 0{,}01$) vom ersten Jahr. Es ist jedoch auch zu bedenken, dass sich die Identifikation von den Jugendlichen, die in allen vier Befragungswellen die deutsche Staatsbürgerschaft besitzen, vom ersten auf das zweite Jahr ebenfalls erhöht; ein Anstieg der nicht durch eine Einbürgerung erklärt werden kann, sondern durch andere altersspezifische oder ereignisbedingte Faktoren erklärt werden muss. Die Eingebürgerten der Befragung fühlen sich auch schon vor der Einbürgerung eher als Deutsche, als dies unter den Befragten, die über die Dauer der vier Jahre nicht deutsche StaatsbürgerInnen sind, der Fall ist. Dies verweist auf eine erhöhte Identität von schon vor der Einbürgerung. Diese kurze Darstellung soll darauf hinweisen, dass sich Identitäten mit der Zeit ändern und durch unterschiedlichste Faktoren beeinflusst werden. Eine höhere Identifikation von Eingebürgerten muss somit immer im Zusammenhang mit anderen Faktoren sowie im Zeitverlauf diskutiert werden.

6.2 Einbürgerungsmotive in Österreich: Ergebnisse einer Befragung

Um die Bedeutung und Zusammenhänge der unterschiedlichen Einbürgerungsmotive genauer untersuchen zu können, habe ich eine schriftliche Befragung mit eingebürgerten und einbürgerungswilligen Personen in Wien und Niederösterreich durchgeführt. Die Befragung soll die quantitative Bedeutung der verschiedenen Einbürgerungsmotive beleuchten und Strukturen, die hinter diesen Motiven stehen, sowie deren Zusammenhänge aufdecken, um die Wichtigkeit und den Stellenwert der österreichischen Staatsbürgerschaft für (ehemalige) AusländerInnen darzustellen. Im ersten Teil des Abschnitts 6.2 wird die Erhebungsmethode beschrieben. Darauf wird im Abschnitt 6.2.2 die Stichprobe nach demographischen Merkmalen dargestellt. Im Abschnitt 6.2.3 wird die Analyse in Hinblick auf die Bedeutung der unterschiedlichen Einbürgerungsmotive präsentiert.

6.2.1 Erhebungsmethode

Die Befragung beruht auf einer schriftlichen Fragebogenerhebung mit eingebürgerten und einbürgerungswilligen Personen. Der Fragebogen (siehe Anhang B) wurde hauptsächlich am Einbürgerungsamt in Wien (Magistratsabteilung 35) und in St. Pölten (Amt der Niederösterreichischen Landesregierung) verteilt. Am Wiener Einbürgerungsamt wurden Personen befragt, die entweder gerade einen Einbürgerungsantrag einbrachten, sich Mitten im Einbürgerungsprozess befanden oder ihren Einbürgerungsbescheid abholten.[60] In St. Pölten wurden alle Personen befragt, die sich zur Einbürgerungsfeier am Amt der NÖ Landesregierung einfanden.[61] Zusätzlich zu dieser repräsentativen Befragung habe ich mittels Schneeballsystem Fragebögen an Eingebürgerte verteilt, die wiederum die Fragebögen an andere Eingebürgerte weitergaben. Diese zusätzliche Stichprobe wurde gewählt, um auch Personen zu erreichen, die schon länger eingebürgert sind und um die Stichprobengröße zu erhöhen. Der Zeitraum der Befragung war Anfang Juni bis Anfang Oktober 2010. Am Wiener Einbürgerungsamt wurden 122 Fragebögen ausgefüllt und in St. Pölten füllten 18 der in diesem Zeitraum eingebürgerten Personen den Fragebogen aus. Über das Schneeballsystem wur-

60 Ich habe neben dem eher aussichtslosen Auflegen von Fragebögen mit einer Einwurfbox einmal in der Woche persönlich Fragebögen verteilt. Dabei konnte ich eine sehr gute Rücklaufquote von etwa 80 bis 90 Prozent erzielen. Verweigert wurde die Befragung eher selten. Die Verweigerungen können teilweise auf schlechte Deutschkenntnisse zurückgeführt werden. Bereits eingebürgerte Begleitpersonen wurden auch befragt.

61 Da die Einbürgerungen in Niederösterreich nicht wie in Wien zentralisiert durchgeführt werden, sondern über die jeweiligen Bezirkshauptmannschaften, konnten nur Einbürgerungen von St. PöltnerInnen erfasst werden.

den zusätzlich 10 Fragebogen in Wien und 10 Fragebogen in Niederösterreich ausgefüllt.

Die Form der schriftlichen Befragung wurde gewählt, da diese neben den vergleichsweise geringen Kosten auch besser für persönliche Fragen geeignet ist, da durch das Fernbleiben eines/r Interviewers/in ehrlichere Antworten erwartet werden.

6.2.2 Beschreibung der Stichprobe

Von den 160 Befragten waren 69 bereits eingebürgert und 91 stellten erst einen Antrag auf Einbürgerung bzw. befanden sich im Einbürgerungsprozess. Bei den Befragten, die noch nicht eingebürgert waren, muss bedacht werden, dass die Anträge auch abgelehnt werden können. Von den 69 bereits Eingebürgerten wurden 36 Personen vor 2010 eingebürgert und davon 13 Personen schon vor dem Jahr 2000.

Die Befragten sind zwischen 15 und 72 Jahren alt. Das durchschnittliche Alter liegt bei 34. Mit einem Männeranteil von 46 Prozent sind Frauen im Vergleich zur Gesamtbevölkerung überrepräsentiert. Mit fast 40 Prozent ist der Anteil der HochschulabsolventInnen unter den Eingebürgerten besonders hoch.[62] Für die Befragten die sich 2010 einbürgern ließen bzw. lassen wollen, liegt dieser Anteil sogar bei über 45 Prozent. Fast die Hälfte der HochschulabsolventInnen hat ihren Abschluss in Österreich gemacht. Insgesamt haben 54,4 Prozent aller Befragten angegeben, zumindest eine ihrer Ausbildungen in Österreich abgeschlossen zu haben und können somit als BildungsinländerInnen bezeichnet werden. Der Anteil der Angestellten liegt – wie auch in den Daten des Mikrozensus – bei fast 46 Prozent; ein Anteil der über dem der ausländischen Bevölkerung aber unter jenem der geborenen ÖsterreicherInnen liegt (vgl. Kapitel 7, Tabelle 7.2).

Die meisten Befragten wurden in der Türkei geboren, mit 18,7 Prozent. Das zweitwichtigste Geburtsland ist Österreich mit einem Anteil von 14,6 Prozent der Befragten. Weitere wichtige Geburtsländer sind Serbien (11,9 %) sowie Bosnien und Herzegowina (9,9 %). Die restlichen Geburtsländer sind stark unterschiedlich, wobei in der Stichprobe insgesamt 41 unterschiedliche Geburtsländer berichtet werden. 15,2 Prozent aller Befragten wurden in einem asiatischen Land geboren, zu einem überwiegenden Teil in einem Land des Nahen

62 Laut dem Mikrozensus haben fast 25 Prozent der österreichischen Gesamtbevölkerung 2008 eine AHS oder BHS Matura oder eine höhere Ausbildung.

und Mittleren Ostens. Weitere zehn Prozent wurden in einem Land der EU-12[63] geboren und nur zwei Prozent in einem anderen EU-15 Land.

Mit 57,2 Prozent der gültigen Antworten ist die absolute Mehrheit der Befragten verheiratet. 28,3 Prozent sind ledig und fast 8 Prozent leben in einer Partnerschaft. Die restlichen 6,6 Prozent sind geschieden oder verwitwet.

Tabelle 6.3: Deskriptive Statistiken der befragten Eingebürgerten bzw. Einbürgerungsantragstellerlnnen

		Gesamtstichprobe (N=160)	2010 eingebürgert/ Antrag gestellt (N=124)
Durchschnittliches Alter		34 Jahre	34 Jahre
Männeranteil		46,2%	47,9%
Anteil HochschulabsolventInnen		39,5%	45,3%
Anteil Angestellte		45,8%	47,9%
Geburtsland	Österreich	14,6%	13,9%
	Türkei	18,5%	11,3%
	Eh. Jugoslawien	27,8%	26,1%
	EU 15	2,0%	2,6%
	EU 12	9,9%	12,2%
	Restl. Europa	7,3%	9,6%
	Asien	15,2%	18,3%
	Afrika	0,7%	0,9%
	Andere	4,0%	5,2%
Ø Aufenthaltsdauer		15,4 Jahre	14,1 Jahre
Ø Einwanderungsalter		20,2 Jahre	20,8 Jahre
Ø Einbürgerungsalter		32 Jahre	33,6 Jahre
Ø Dauer zwischen Einwanderung und Einbürgerung		13,5 Jahre	14,1 Jahre

Die durchschnittliche Aufenthaltsdauer der Befragten liegt bei 15,4 Jahren, wobei die durchschnittliche Dauer zwischen Einwanderung und Einbürgerung bei 13,5 Jahren liegt. Bei den 2010 Eingebürgerten bzw. Einbürgerungswilligen liegt dieser Zeitraum bei 14,1 Jahren.[64] Das durchschnittliche Einwanderungsalter liegt bei 20,2 Jahren und die Befragten waren bei ihrer Einbürgerung durchschnittlich 32 Jahre alt. Das durchschnittliche Einbürgerungsalter der in Österreich geborenen Befragten liegt bei 24 Jahren.

---

63 Beitrittsländer von 2004 und 2007.

64 Dass sich die durchschnittliche Dauer zwischen Einwanderung und Einbürgerung bei den Einbürgerungen der kürzeren Vergangenheit verlängert hat, wird sich auch in Kapitel 7 mit den Daten des österreichischen Mikrozensus zeigen.

Die Frage nach den Einwanderungsgründen erlaubte Mehrfachnennungen, da es prinzipiell mehrere unterschiedliche Gründe für eine Einwanderung geben kann, unabhängig von der rechtlichen Basis der Einwanderung. Von den 136 Befragten, die einen Einbürgerungsgrund angaben, ist über die Hälfte wegen der Familie nach Österreich eingewandert. Mit etwas über einem Viertel der gültigen Antworten ist die Bildung der zweitwichtigste Einwanderungsgrund. Fast zwanzig Prozent sind aus ihrem Herkunftsland geflüchtet und etwa 15 Prozent geben an, wegen einer Arbeit nach Österreich gekommen zu sein. Für 13 Befragte bzw. zehn Prozent der gültigen Antworten war auch ein anderer als einer der vorher genannten Gründe für die Wanderung nach Österreich ausschlaggebend.[65]

6.2.3 Ergebnisse der Befragung

Im Folgenden werden die Ergebnisse der Befragung dargestellt und analysiert. Zu Beginn wird beschrieben, ob die Befragten schon vor ihrer Einbürgerung einen Wunsch nach der österreichischen Staatsbürgerschaft hegten und wenn ja, welche Gründe es gab, die eine frühere Einbürgerung verhinderten. Zusätzlich konnten die RespondentInnen angeben, welche Gründe gegen einen Staatsbürgerschafterwerb sprechen. Danach werden die Ansichten über und Erfahrungen mit einem „Einbürgerungstest" bzw. Nachweis der Deutschkenntnisse beschrieben. Schließlich werden die Einbürgerungsmotive nach ihrer Wichtigkeit dargestellt und ihre Relationen zu einander analysiert.

Einbürgerungsvorhaben und Einbürgerungsmöglichkeiten. Wie oben beschrieben, haben sich die befragten Eingewanderten durchschnittlich nach 13,5 Jahren Aufenthalt in Österreich einbürgern lassen. Interessant ist jedoch, dass mit über 60 Prozent ein Großteil der Befragten schon früher gerne die österreichische Staatsbürgerschaft erwerben wollte, jedoch die nötigen Voraussetzungen nicht erfüllen konnte. Dabei spielt die nötige Aufenthaltsdauer die wichtigste Rolle. Über die Hälfte der Personen, die sich schon gerne früher einbürgern lassen wollten, konnte dies nicht, weil sie nicht lange genug in Österreich lebte bzw. niedergelassen war. Ebenfalls von Bedeutung für die Verhinderung einer Einbürgerung ist das nötige Einkommen. 21,3 Prozent oder 20 Personen gaben an, wegen ihres zu niedrigen Einkommens sich nicht schon früher einbürgern lassen konnten. 11,7 Prozent konnten sich die Gebühren für die Einbürgerung nicht leisten. Fehlende Voraussetzungen in Hinblick auf Sprachkenntnisse und

65 Hierzu gaben vier Befragte an, wegen Heirat oder der Beziehung nach Österreich gewandert zu sein, eine Person gab an, wegen des höheren Lebensstandards nach Österreich gekommen zu sein und eine Person, migrierte nach Österreich, um Deutsch zu lernen.

Straffreiheit spielen keine so wichtige Rolle und wurden nur von drei bzw. zwei Personen angegeben. 26,6 Prozent gaben jedoch an, dass andere Voraussetzungen als die bisher genannten nicht erfüllt waren. Dazu gehören unter anderem, Probleme mit der Aufenthaltsdauer durch z.B. einer Unterbrechung des Aufenthalts oder fehlende Niederlassung, Einwände bzw. Verbote der Eltern, Probleme bei der Erbringung der nötigen Dokumente und Schwierigkeiten beim Austritt aus der bisherigen Staatsangehörigkeit.

Neben diesen Begründungen, die eine Einbürgerung unmöglich machen bzw. verhindern, konnten die Befragten auch allgemeine Gründe gegen eine Einbürgerung angeben (trotz der Tatsache, dass sich die Personen schon einbürgern lassen haben bzw. sich gerade einbürgern lassen wollen). Die Frage nach möglichen Gründen, die gegen eine Einbürgerung sprechen, wurde offen gestellt und wurde nur von 19 Personen beantwortet. Der wichtigste Grund gegen eine Einbürgerung ist die nötige Aufgabe der bisherigen Staatsangehörigkeit. Darüber hinaus wurden die anfallenden Kosten, der bürokratische Aufwand, Probleme mit dem Aufenthalt und Verzicht auf Rechte im Herkunftsland sowie der Wehrdienst als Gründe gegen eine Einbürgerung genannt.

Geschichtsprüfung und Deutschkenntnisse. In der Befragung wurden die Ansichten bzw. Erfahrungen der Befragten zum Thema ‚Einbürgerungstests' erhoben. Die Befragten konnten angeben, wie schwierig oder leicht die ‚Geschichtsprüfung'[66] war, ob diese sinnvoll sei und wie die Deutschkenntnisse nachgewiesen werden konnten. Etwas weniger als ein Drittel der Befragten musste keine Geschichtsprüfung machen und 16,3 Prozent beantwortete diese Frage nicht. Von den restlichen Befragten gaben fast 57,5 Prozent an, dass die Geschichtsprüfung sehr leicht war und weitere 23 Prozent sind der Meinung, dass die Prüfung als eher leicht zu bezeichnen ist. 12,6 Prozent fanden die Prüfung eher schwer und 6,9 Prozent oder sechs Befragte beurteilten die Prüfung als sehr schwer. 133 Befragte beurteilten die Geschichtsprüfung nach ihrer Sinnhaftigkeit. Mit 35,3 Prozent sehen etwas mehr als ein Drittel diese Prüfung als sinnlos an. Mit 36,8 Prozent sind etwas mehr Befragte der Ansicht, dass diese Prüfung eher sinnvoll ist und 27,8 Prozent sehen diese Prüfung als sehr sinnvoll an. Interessant ist hierbei, dass der Anteil der Personen, die die Prüfung als sinnlos ansehen, bei den Personen, die die Prüfung nicht machen mussten, wesentlich höher ist (über 50 Prozent) als bei den Personen, die die Prüfung abgelegt haben (etwa 28 Prozent). Bezüglich der Deutschkenntnisse gaben nur 16,3 Prozent der Befragten oder 26 Personen an, einen eigenen Deutschtest für die Einbürgerung gemacht zu haben. 13,8 Prozent erfüllten die Integrationsvereinbarung und für 35 Prozent genügte die Vorlage von Schulzeugnissen. Die restlichen Befragten

66 Prüfung über die demokratische Ordnung und Geschichte Österreichs.

mussten ihre Deutschkenntnisse nicht nachweisen oder verweigerten die Antwort auf die Frage.

Probleme als AusländerIn in Österreich. Bevor ich zur Analyse der direkt abgefragten Einbürgerungsmotive komme, soll noch die Problemwahrnehmung der Befragten in Hinblick auf den AusländerInnenstatus in Österreich beschrieben werden. Die Befragten wurden danach gefragt, ob sie in Österreich mit bestimmten Problemen zu kämpfen hatten, weil sie nicht die österreichische Staatsbürgerschaft hatten. Abbildung 6.2 präsentiert die Antworten auf die Frage, ob die Befragten als ausländische Staatsangehörige in Österreich große, kleine oder keine Probleme mit dem Zugang zum Arbeitsmarkt, mit dem Zugang zum Wohnungsmarkt, mit AusländerInnenfeindlichkeit/ Diskriminierung und beim Reisen hatten. Außerdem konnten „andere Probleme" angegeben werden.

Abbildung 6.2: Probleme als AusländerIn in Österreich

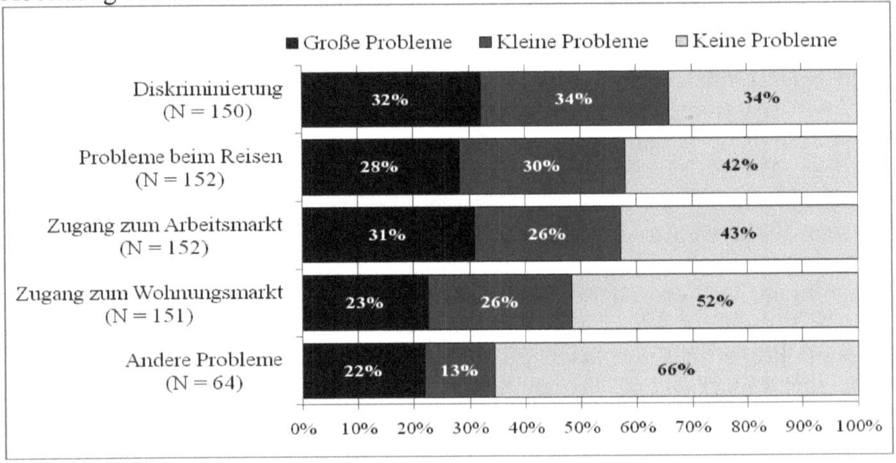

Dem Ergebnis nach ist Fremdenfeindlichkeit und Diskriminierung der Bereich in dem die Befragten am häufigsten mit großen und kleinen Problemen zu kämpfen hatten bzw. haben. Je etwa ein Drittel berichtet von großen und kleinen Problemen in diesem Bereich. Danach folgen Probleme beim Reisen und beim Zugang zum Arbeitsmarkt, wo mit 42 bzw. 43 Prozent nur etwas weniger als die Hälfte von keinen Probleme berichten. 23 Prozent berichten von großen und 26 Prozent von kleinen Problemen beim Zugang zum Wohnungsmarkt. Ein Drittel der 64 Personen, die die Kategorie „andere Probleme" ankreuzten, gab an große oder kleine Probleme als AusländerIn in einem anderen als den angegebenen Bereichen (gehabt) zu haben. Andere Probleme konnten in einem Freitextfeld angegeben werden, was elf Personen auch taten. Eine Person schreibt hier, dass sie die Ausbildung bei der Polizei nicht bekommen hat und zwei weitere Personen bekräftigen Probleme bei Reisen. Zwei Personen haben Probleme beim Zugang zu bestimmten Förderungen, zwei Personen haben Probleme mit den Studiengebühren und je eine Person hat Probleme mit den Verlängerungen des Aufenthalts, mit Krediten und generell dem Zeit und Geldaufwand. Schließlich berichtet eine Person von einem teilweisen Unwohlfühlen in der österreichischen Gesellschaft.

Einbürgerungsmotive. Der Hauptteil des Fragebogens erhob die Bedeutung verschiedener Einbürgerungsmotive. Die Einbürgerungsmotive wurden auf Basis der in der existierenden Forschung gefundenen Beweggründe für Einbürgerung zusammengestellt (siehe oben). Die Befragten konnten für jeden möglichen Einbürgerungsgrund angeben, ob dieser für die Entscheidung, die österreichische Staatsbürgerschaft anzunehmen bzw. zu beantragen, (1) gar nicht wichtig, (2) eher nicht wichtig, (3) eher wichtig oder (4) sehr wichtig war. Das Ergebnis ist in Abbildung 6.3 dargestellt; geordnet nach der Größe des durchschnittlichen Wertes auf der Skala von eins bis vier, welcher sich auf der linken Seite der Abbildung findet.

Der wichtigste Grund für die Einbürgerungsentscheidung ist demnach, die Entscheidung in Österreich zu bleiben. Über die Hälfte der Befragten gaben an, dass die Entscheidung in Österreich zu bleiben, sehr wichtig für die Einbürgerungsentscheidung war. Weitere 27 Prozent sehen diesen Grund als eher wichtig an und nur 18 Prozent als eher nicht oder gar nicht wichtig. Die zweitgrößte Zustimmung findet der Einbürgerungsgrund in Bezug auf die generelle Erlangung rechtlicher Vorteile durch die Einbürgerung. Genau die Hälfte sieht die generelle Erlangung rechtlicher Vorteile als sehr wichtig für die Entscheidung, sich einbürgern zu lassen. Ein weiteres Viertel sieht diesen Grund als eher wichtig an. Mit einem Durchschnittswert von 3,03 und 70 Prozent Zustimmung als eher oder sehr wichtigen Grund steht die Begründung, dass Personen mit einem österreichischen Pass weniger Probleme beim Reisen haben, an dritter Stelle. Knapp dahinter mit einem Mittelwert von 3,01 kommt die Aussage, dass sich die Befragten einbürgern lassen woll(t)en, weil sie als volles Mitglied Österreichs anerkannt werden wollen.

Mit Durchschnittswerten von 2,7 bis 2,9 und 62 bis 68 Prozent Zustimmung werden die folgenden Einbürgerungsgründe in absteigendender Reihenfolge als wichtig angesehen: Weil ich mit meinen Mitmenschen gleich behandelt werden will, weil der bürokratische Aufwand als AusländerIn in Österreich zeitaufwendig ist, weil meine Kinder ÖsterreicherInnen werden sollen, weil ich als ÖsterreicherIn einfacher eine Arbeit bekomme, weil ich an politischen Wahlen teilnehmen möchte und, weil ich mich als ÖsterreicherIn fühle.

Das generelle Zugehörigkeitsgefühl konnten die Befragten in einer eigenen Frage angeben. Die Befragten wurden gebeten anzugeben, ob sie sich stärker mit Österreich oder mit ihrem Herkunftsland verbunden fühlen. Mit 42 Prozent der gültigen Antworten gab der Großteil der Befragten hierbei an, sich mit beiden Ländern gleich stark verbunden zu fühlen. 46,5 Prozent der Befragten fühlen sich stärker oder eher stärker mit Österreich verbunden und 11,5 Prozent (eher) mit ihrem Herkunftsland. Somit geht die Tendenz deutlich in Richtung Österreich. Bei diesem Ergebnis muss jedoch bedacht werden, dass sich die Verbundenheit und Identifikation mit Österreich mit der Zeit ändern kann und durch verschiedenste Faktoren beeinflusst wird. Die Tatsache, dass sich der Großteil der Befragten gerade im Einbürgerungsprozess befindet bzw. erst kürzlich eingebürgert wurde, kann zu einer vorübergehend erhöhten Zugehörigkeit führen (vgl. Exkurs 1). Bei den Befragten, die schon vor 2010 eingebürgert wurden, ist der Anteil jener Personen, die sich (eher) stärker mit Österreich verbunden fühlen, mit 40 Prozent auch niedriger als bei den restlichen Befragten. Dieser Unterschied ist jedoch statistisch nicht signifikant und kann auch auf Zufall beruhen.

Nach der Verbundenheit mit Österreich als Einbürgerungsmotiv findet sich auf dem elften Platz im Ranking die Zustimmung zu einem anderen Grund als den angegebenen. Diese Kategorie wurde jedoch nur von 35 Personen angekreuzt, was darauf hindeutet, dass die anderen Kategorien sehr umfassend die Motive für eine Einbürgerung abdecken. Der Fragebogen erlaubte es, andere Gründe anzugeben, was 15 Befragte auch taten. Die zusätzlich angegebenen Einbürgerungsgründe betreffen

- einen langen Aufenthalt in Österreich („bin hier geboren/ aufgewachsen", „lebe seit 40 Jahren hier"),
- die Lebenszufriedenheit in Österreich (z. B. „fühle mich hier wohl", „weil ich Österreich mag", „Sicherheit für das Leben")
- ökonomische Gründe („Voraussetzung für den Beruf", „Studiengebühren")
- die Reisemöglichkeit ins Herkunftsland,
- eine wahrgenommene religiöse Diskriminierung im Herkunftsland, sowie
- generelle Begründungen („bin Österreicher ohne Pass", „bezahle hier auch Steuern und Versicherungen").

Abbildung 6.3: Wichtigkeit der unterschiedlichen Einbürgerungsmotive für die Einbürgerungsentscheidung

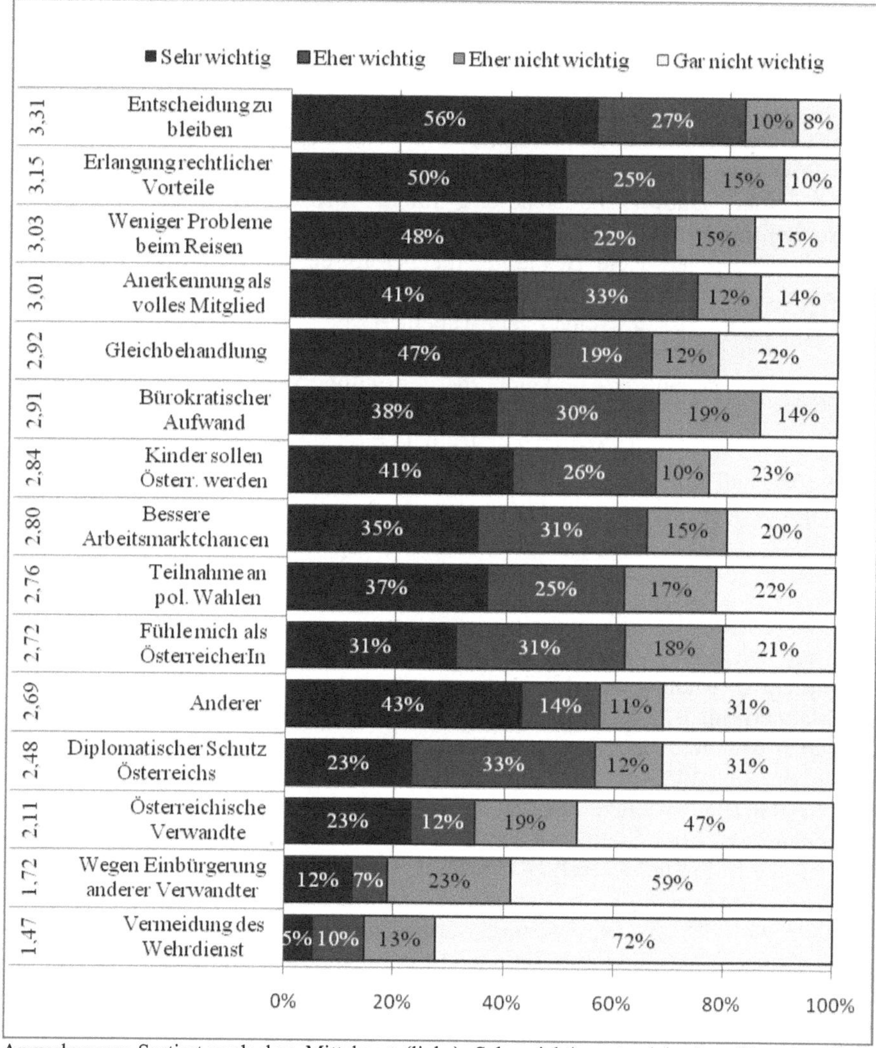

Anmerkungen: Sortiert nach dem Mittelwert (links). Sehr wichtig entspricht dem Wert 4 und gar nicht wichtig dem Wert 1. N = 156

Danach folgt die Bedeutung des diplomatischen Schutzes Österreichs, welchen über 50 Prozent der Befragten als eher oder sehr wichtig für die Einbürgerungsentscheidung ansehen. Einbürgerungen Verwandter sowie die Tatsache, dass Familienmitglieder ÖsterreicherInnen sind, ist von vergleichsweise niedriger Bedeutung für die Einbürgerungsentscheidung mit Mittelwerten von 2,11 und 1,72. Dennoch ist die Bedeutung der Verwandtschaft und Bekanntschaft für Einbürgerungen von großer Bedeutung, auch wenn sich dies nicht so stark in den subjektiven Einbürgerungsmotiven ausdrückt. Die Eingebürgerten und Einbürgerungswilligen wurden auch befragt, ob sie viele, wenige oder keine Verwandte oder Bekannte haben, die schon eingebürgert sind oder sich noch einbürgern lassen wollen. Dabei zeigt sich, dass mit 44 Prozent ein großer Anteil der RespondentInnen mehr als fünf Verwandte hat, die bereits eingebürgert wurden. Fast ein Drittel hat viele Bekannte, die bereits eingebürgert wurden. Ebenso berichtet etwa ein Fünftel von über fünf Verwandten und Bekannten, die sich einbürgern noch lassen wollen (siehe Tabelle 6.4).

Tabelle 6.4: Eingebürgerte und einbürgerungswillige Verwandte und Bekannte

	Bereits eingebürgerte …		Einbürgerungswillige …	
	Verwandte	Bekannte	Verwandte	Bekannte
Viele (mehr als fünf)	44,0%	32,1%	20,1%	18,9%
Weniger als fünf	14,5%	15,1%	15,1%	22,0%
Keine	41,5%	52,8%	64,8%	59,1%

N = 159

Nicht überraschend findet sich an letzter Stelle der Einbürgerungsmotive, der Wunsch den nötigen Wehrdienst im Herkunftsland zu vermeiden, da dieser hauptsächlich Männer betrifft. Dennoch bleibt der Durchschnittswert auch nur bei Männern niedrig, mit 1,62. Generell gibt es keine sehr großen Unterschiede zwischen Männern und Frauen in Bezug auf das Antwortverhalten. Wenn die ersten vier Einbürgerungsgründe betrachtet werden, dann bleibt bei Männern das gleiche Ranking bestehen, bei Frauen finden sich jedoch die Bedeutung der Anerkennung an dritter Stelle und die Reiseerleichterungen an vierter Stelle. Werden nur die Befragten betrachtet, die 2010 eingebürgert wurden bzw. dies anstreben, so haben ebenfalls die Bleibeentscheidung und die Erlangung rechtlicher Vorteile die höchsten Durchschnittswerte. Danach folgen jedoch die Anerkennung als volles Mitglied und die Gleichbehandlung mit Mitmenschen. Die Reiseerleichterung findet sich bei den erst jüngst Eingebürgerten auf dem fünften Platz.

Latente Dimensionen der Einbürgerungsmotive. Neben der Wichtigkeit der unterschiedlichen Einbürgerungsgründe sind die Zusammenhänge der verschiedenen Gründe von Bedeutung. Dafür werden die Antworten mittels einer Hauptachsenanalyse auf latente Faktoren reduziert. Das Ergebnis der Hauptachsenanalyse bringt zwei Faktoren, die zusammen 29,5 Prozent der Varianz in den Daten erklären, wobei 16,7 Prozent auf den ersten Faktor entfallen. Die Faktorenladungen sind die Korrelationen zwischen den jeweiligen Variablen und dem jeweiligen Faktor und zeigen an, wie stark ein Einbürgerungsgrund mit einem Faktor korreliert (Tabelle 6.5).

Tabelle 6.5: Faktorenladungen der Einbürgerungsmotive (Hauptachsenanalyse)

Einbürgerungsgrund		Emotionale Gründe Faktor 1	Pragmatische Gründe Faktor 2
1	Anerkennung als volles Mitglied	0,688	0,232
2	Entscheidung zu bleiben	0,627	0,035
3	Gleichbehandlung	0,570	0,289
4	Kinder sollen Österr. werden	0,563	0,233
5	Fühle mich als ÖsterreicherIn	0,498	-0,076
6	Diplomat. Schutz Österreichs	0,410	0,279
7	Österreichische Verwandte	0,378	0,142
8	Teilnahme an politischen Wahlen	0,301	0,229
9	Weniger Probleme beim Reisen	0,029	0,594
10	Erlangung rechtlicher Vorteile	0,037	0,540
11	Bürokratischer Aufwand	0,204	0,527
12	Bessere Arbeitsmarktchancen	0,304	0,454
13	Wegen Einbürgerung Verwandter	0,226	0,402
14	Vermeidung des Wehrdienstes	0,081	0,389

Anmerkungen: Rotation: Oblimin, KMO = 0,771, N~152

Die unterschiedlichen Einbürgerungsmotive lassen sich aufgrund ihrer Korrelation zu den beiden Faktoren als (eher) zugehörig zuordnen[67]. Demnach lassen sich sieben Einbürgerungsmotive zum ersten Faktor zuordnen. Dazu gehört die Einbürgerungsbegründungen, wegen dem Wunsch nach der Anerkennung als volles Mitglied der Gesellschaft, der Entscheidung zu bleiben, dem Wunsch nach Gleichbehandlung, weil die Kinder ÖsterreicherInnen werden sollen, weil sich die Personen als ÖsterreicherInnen fühlen, wegen des diplomatischen Schutzes Österreichs und wegen österreichischen Verwandten. Diese Einbürgerungsgrün-

67 Üblicherweise werden Ladungen unter 0,5 als zu schwach angesehen. Diese Darstellung soll jedoch nur als explorative Analyse dazu beitragen, die Motive statistisch als ‚eher' zugehörig zu definieren.

de lassen sich als emotionale Einbürgerungsmotive interpretieren, die sich durch Gerechtigkeitsdenken, der Bleibeentscheidung, familiäre Zusammenhänge, nationaler Identifikation und Sicherheitsbedürfnis zusammensetzen.

Der zweite Faktor ist durch pragmatische/ instrumentelle Einbürgerungsmotive geprägt und besteht aus dem Wunsch nach weniger Problemen beim Reisen, nach der Erlangung generell rechtlicher Vorteile, nach einer Reduktion des bürokratischen Aufwands, nach besseren Arbeitsmarktchancen, der Tatsache, dass sich auch andere Verwandte haben einbürgern lassen und der Vermeidung des Wehrdienstes im Herkunftsland. Die besseren Arbeitsmarktchancen laden jedoch auch mit 0,304 auf den ersten Faktor. Die pragmatische Dimension der Einbürgerungsentscheidung besteht somit aus den Bedürfnissen nach einer Vereinfachung des täglichen Lebens und neuen Möglichkeiten, die die Änderung der Staatsangehörigkeit mit sich bringen kann. Die Einbürgerung Verwandter passt hier insofern hinein, dass die Personen die Gelegenheit nutzen, wenn sich andere Verwandte einbürgern lassen und es ihnen gleich tun. Die Bedeutung der Einbürgerung aufgrund der Erlangung des Wahlrechts, lässt sich nicht eindeutig einem der beiden Faktoren zuordnen. Die Faktorenladungen mit den beiden Faktoren sind vergleichsweise niedrig, wobei die Korrelation mit dem ersten Faktor (emotionale Dimension) etwas höher ist.

Um die Zusammenhänge der und Einflüsse auf diese beiden Dimensionen untersuchen zu können, bilde ich aus den Variablen zwei Indizes. Der erste Index der emotionalen Einbürgerungsmotive setzt sich aus den Motiven eins bis sieben der Tabelle 6.5 zusammen. Der zweite Index der pragmatischen Einbürgerungsmotive besteht aus den Motiven neun bis 14 der Tabelle 6.5. Die Reliabilitätstests für beide Indizes bestätigen, dass sich die Motive sehr gut für einen additiven Index eignen.[68] Die Variablen werden für die Indizes addiert und durch ihre Anzahl dividiert um die beiden Indizes auch vergleichen zu können.

Die beiden Indizes stehen in einem statistischen Zusammenhang ($R = 0,422$). Das bedeutet, dass je höher der Wert des einen Index desto höher ist auch der Wert des anderen Index. Tabelle 6.6 zeigt die durchschnittlichen Indexwerte für die Gesamtstichprobe und ausgewählte Untergruppen. Für die gesamte Stichprobe ist der durchschnittliche Indexwert für die emotionalen Einbürgerungsmotive mit 2,76 signifikant höher als für die pragmatischen Einbürgerungsgründe mit 2,51. Dass die emotionalen Motive durchschnittlich höhere Werte erzielen, zeigt sich auch bei fast allen Untergruppen. Diese Indexwerte für die emotionalen Einbürgerungsmotive sind jedoch nur für Frauen, für 2010 Eingebürgerte, für in der EU oder in Österreich Geborene, für höher Gebildete sowie für Angestell-

68 Für den ersten Index ergibt sich ein Cronbach's Alpha von 7,41 und für den zweiten Index ein Alpha von 6,75. Bei beiden Indizes würde sich dieser Wert verschlechtern, wenn auf eine der Variablen verzichtet werden würde.

te und Selbstständige bei einer Irrtumswahrscheinlichkeit von 95 Prozent signifikant höher. Bei den anderen Gruppen sind die Werte nicht signifikant unterschiedlich. Interessant ist schließlich, wenn nach den Erfahrungen mit Diskriminierung und Fremdenfeindlichkeit unterschieden wird. Befragte die entweder von keinen oder kleinen Problemen mit Fremdenfeindlichkeit berichten, weisen einen signifikant höheren Durchschnittswert beim Index für emotionale Einbürgerungsmotive aus. Dies ist bei den Befragten mit großen Diskriminierungsproblemen nicht der Fall.

Tabelle 6.6: Indexwerte für die emotionalen und pragmatischen Einbürgerungsmotive

	Indexwert für emotionale Einbürgerungs-motive	Indexwert für pragmatische Einbürgerungs-motive
Gesamt (N 152)*	2,76 (0,71)	2,51 (0,64)
2010 eingebürgert/ Antrag gestellt (N 118)*	2,80 (0,70)	2,47 (0,67)
Vor 2010 eingebürgert (N 34)	2,59 (0,73)	2,64 (0,55)
Männer (N 69)	2,66 (0,67)	2,52 (0,60)
Frauen (N 79)*	2,84 (0,72)	2,48 (0,67)
Geburtsland		
Türkei (N 27)	2,60 (0,68)	2,70 (0,58)
Eh. Jugoslawien (N 41)	2,75 (0,72)	2,49 (0,71)
Andere Drittstaaten (N 36)	2,91 (0,75)	2,69 (0,53)
EU (N 17)*	2,67 (0,75)	2,04 (0,59)
Österreich (N 22)*	2,68 (0,64)	2,33 (0,55)
Bildung		
geringer als AHS Abschluss (N 55)	2,75 (0,82)	2,65 (0,73)
AHS Abschluss oder höher (N 91)*	2,74 (0,65)	2,42 (0,59)
Erwerbstätigkeit		
ArbeiterIn (N 32)	2,67 (0,73)	2,56 (0,68)
Angestellt (N 68)*	2,76 (0,76)	2,48 (0,63)
Selbstständig (N 12)*	2,83 (0,82)	2,33 (0,74)
Keine Diskriminierungsprobleme (N 50)*	2,63 (0,61)	2,28 (0,66)
Kleine Diskriminierungsprobleme (N 48)*	2,94 (0,65)	2,71 (0,51)
Große Diskriminierungsprobleme (N 46)	2,74 (0,80)	2,59 (0,61)

Anmerkungen: In Klammer findet sich die Standardabweichung, Minimum 1, Maximum 4, *=signifikanter Unterschied zwischen den beiden Mittelwerten von $p < 0{,}05$ (T-Test)

6.3 Zusammenfassung

Nach Betrachtung der Einbürgerungsmotive bestätigt sich der komplexe Wirkungsbereich von Staatsbürgerschaft. Eine Vielfalt von Motiven und Beweggründen sind für die Entscheidung sich einbürgern zu lassen von Bedeutung. Der Wunsch, sich einbürgern zu lassen, muss jedoch auch im Kontext der Möglichkeiten zur Einbürgerung gesehen werden, da eine Einbürgerung an unterschiedlichste Bedingungen gebunden ist. In der Befragung ergibt sich, dass die Mehrheit der Eingebürgerten bzw. Einbürgerungswilligen sich gerne schon früher einbürgern lassen wollte, dies aber nicht möglich war. Eine frühere Einbürgerung wird hauptsächlich durch die geforderte Aufenthaltsdauer nicht ermöglicht. Aber auch die Kosten der Einbürgerung und das benötigte Einkommen verhinderten eine frühere Einbürgerung von so manchen Befragten. Laut den Angaben der Befragten, haben diese als ausländische Staatsangehörige in Österreich stark mit Diskriminierung zu kämpfen. Ferner berichten etwa die Hälfte der Befragten von kleinen oder großen Problemen beim Reisen, beim Zugang zum Arbeitsmarkt sowie zum Wohnungsmarkt.

Der wichtigste Grund für die Entscheidung, sich einbürgern zu lassen, ist die Entscheidung in Österreich zu bleiben. Dieses Ergebnis lässt sich einerseits dadurch erklären, dass Personen auch zu diesem Land gehören wollen, in dem sie sich niederlassen und andererseits dadurch, dass keine rechtlichen Ansprüche im Herkunftsland mehr geltend gemacht werden wollen (also die Rückgabe der bisherigen Staatsbürgerschaft möglich wird). Ferner sind die allgemeine Erlangung rechtlicher Vorteile und die Erleichterungen beim Reisen, die mit der Erlangung der österreichischen Staatsbürgerschaft einhergehen können, von großer Wichtigkeit. Gemeinsam mit dem Wunsch, mit Mitmenschen rechtlich gleich behandelt zu werden und als volles Mitglied der Gesellschaft anerkannt zu werden, bilden diese fünf Bereiche die wichtigsten Motive für eine Einbürgerung.

Generell neigen die Eingebürgerten dazu, sich eher mit Österreich als mit ihrem Herkunftsland verbunden zu fühlen. Eine nationale Identifizierung als ÖsterreicherIn als Einbürgerungsmotiv ist jedoch nur an zehnter Stelle aller Einbürgerungsmotive zu finden. Die nationale Identität kann sich jedoch über die Zeit ändern und ist von unterschiedlichsten Faktoren beeinflusst.

Die unterschiedlichen Einbürgerungsmotive stehen in einem Zusammenhang und lassen sich in zwei Kategorien einteilen. Erstens, emotionale Einbürgerungsmotive, welche durch die Bleibeentscheidung, Gerechtigkeitsdenken, Identität und Familie geprägt sind. Zweitens, pragmatische Einbürgerungsmotive, welche auf die Erlangung von rechtlichen Vorteilen und einer damit einhergehenden Verbesserung der Lebenssituation zurückzuführen sind. Diese beiden

Dimensionen stehen in einem Zusammenhang, wobei die emotionalen Gründe meist überwiegen. Die Bedeutung der emotionalen Gründe ist jedoch nur bei den 2010 Eingebürgerten bzw. Einbürgerungswilligen signifikant größer. Bei den Personen, die schon seit längerem Eingebürgert sind, zeigt sich kein signifikanter Unterschied in der Stärke der beiden Dimensionen. Die Bedeutung der politischen Partizipationsmöglichkeit aufgrund die Erlangung des Wahlrechts durch eine Einbürgerung kann keiner dieser beiden Dimensionen eindeutig zugeordnet werden.

7 Sozio-ökonomische Implikationen von Einbürgerung

Einige Studien in Österreich weisen einen signifikanten Unterschied zwischen Eingebürgerten und Nicht-Eingebürgerten in Bezug auf sozio-ökonomische Charakteristika nach. Beispielsweise zeigt Irene Kogan (2003) auf Basis der Mikrozensusdaten von 1996, dass nicht-eingebürgerte ImmigrantInnen mit höherer Wahrscheinlichkeit einem Beruf mit geringerem Status (nicht im tertiären Sektor) nachgehen. In einer schriftlichen Befragung von 108 langansässigen ImmigrantInnen in Niederösterreich und Wien, die ich im Zuge meiner Diplomarbeit durchgeführt habe, kam ich zum Ergebnis, dass Eingebürgerte ein wesentlich höheres Einkommen haben als Nicht-Eingebürgerte; ein Unterschied der auch bei Kontrolle von Bildung und Geschlecht bestehen bleibt (Reichel 2006).[69] Basierend auf den Daten des 2001er Bevölkerungszensus zeigen sich höhere Bildungslevels und ein durchschnittlich höherer Berufsstatus von in Österreich geborenen ÖsterreicherInnen mit Migrationshintergrund im Vergleich zu AusländerInnen, die in Österreich geboren wurden (Herzog-Punzenberger 2007). Aus denselben Daten ergibt sich auch, dass Eingebürgerte eine nicht ganz so hohe Arbeitslosenrate wie AusländerInnen haben. Große Unterschiede gibt es in der Selbstständigenquote. Diese ist von Eingebürgerten mit 10 Prozent etwa so hoch wie von den in Österreich geborenen ÖsterreicherInnen (10,7%) und liegt weit über der von AusländerInnen, gleich ob diese in Österreich oder im Ausland geboren wurden (Biffl 2007).[70] August Gächter (2007) vergleicht das Einkommen und den Lebensstandard zwischen Personen, die eine EWR Staatsbürgerschaft (EU 15 oder EFTA) durch Einbürgerung erworben haben, Personen, die eine EWR Staatsbürgerschaft seit ihrer Geburt haben und Eingewanderten, die keine EWR Staatsbürgerschaft haben und somit Drittstaatsangehörige sind. Auf Basis von Daten der EU-SILC Befragung, zeigt sich, dass der berechnete Median der Jahresäquivalenzeinkommen[71] von Eingebürgerten zwar deutlich unter dem

69 Auf den Zusammenhang zwischen rechtlichen Status und Einkommen hat schon Hofinger 1998 hingewiesen, in dem er zeigt, dass bei Wienern mit ausländischer Staatsangehörigkeit das durchschnittliche Einkommen höher ist, je besser der rechtliche Status bzw. die arbeitsrechtliche Integration ist. Für Frauen konnte dieser Zusammenhang jedoch nicht nachgewiesen werden.

70 Hier ist aber nicht eindeutig klar wie eine Einbürgerung berechnet wurde. Höchstwahrscheinlich wurden nur im Ausland geborene ÖsterreicherInnen mit einbezogen, was im Inland geborene AusländerInnen, welche sich einbürgern ließen, ausschließt.

71 Nettohaushaltseinkommen dividiert durch die Zahl der Konsumäquivalente eines Haushalts.

der seit Geburt EWR Staatsangehörigen liegt, jedoch auch signifikant über dem der Drittstaatsangehörigen liegt. Unterschiedliche Bildungsniveaus können diesen Unterschied jedoch nicht erklären. Wird das Einkommen nach Bildung kontrolliert, dann zeigt sich, dass Drittstaatsangehörige gemäß ihrer Ausbildung ein um 30 Prozent höheres Einkommen haben müssten und Eingebürgerte ein um 20 Prozent höheres Einkommen. Desweiteren zeigen die Daten, dass Eingebürgerte weniger stark an Deprivation[72] leiden als Drittstaatsangehörige; jedoch wesentlich stärker als EWR-BürgerInnen. Nur in Hinblick auf manifeste Armut, welche sich aus der Kombination von Deprivation und Einkommensarmut ergibt, haben Eingebürgerte und Drittstaatsangehörige gleich hohe Anteile von 18 Prozent, verglichen mit nur 4 Prozent von den seit Geburt EWR-BürgerInnen.

Die bessere ökonomische Situation von Eingebürgerten wird auch in Studien für andere Länder nachgewiesen.[73] Daraus ergibt sich die Frage, welche Rolle der Erhalt bzw. Besitz der Staatsbürgerschaft in Hinblick auf die sozioökonomische Situation der Befragten spielt. Diese Fragestellung kann in Zusammenhang mit der politisch-normativen Diskussion über die Rolle der Staatsbürgerschaft im Integrationsprozess gesehen werden (Kapitel 5). Bezüglich der sozio-ökonomischen Situation wird die Frage jedoch nicht normativ gestellt, sondern praktisch. Auf der einen Seite stellt sich die Frage, inwiefern sozioökonomisch besser gestellte Personen eher eingebürgert werden; also zu welchem Ausmaß, erhöht eine sozio-ökonomische Integration die Wahrscheinlichkeit, dass Personen eingebürgert werden bzw. sich einbürgern lassen. Auf der anderen Seite stellt sich die Frage danach, inwiefern eine Einbürgerung die sozio-ökonomische Integration fördert, bzw. welche Folgen der Erwerb der Staatsbürgerschaft hat. Theoretisch ist nun anzunehmen, dass prinzipiell beides zutrifft. Einerseits werden bestimmte Integrationsansprüche für eine Einbürgerung verlangt (siehe Kapitel 3). Andererseits – wie im Kapitel 5 schon theoretisch diskutiert – können Personen durch eine Einbürgerung zusätzliche Rechte erhalten, die Aufenthaltssicherheit, einen verbesserten Zugang zum Arbeitsmarkt oder/ und Wohnungsmarkt mit sich bringen. Ebenso können Personen durch Einbürgerung sozialen Diskriminierungen gegen AusländerInnen entkommen (oder zumindest erwarten, dass sie diesen entkommen können, siehe Kapitel 6). Deshalb muss auch angenommen werden, dass eine Einbürgerung positive Ef-

72 Definiert als mangelnde Teilhabe in bestimmten Bereichen des Lebens: zentrale Bereiche der Lebensführung, Gesundheit, Ausstattung von dauerhaften Konsumgütern, Wohnen und Wohnumfeld. Nur im Bereich Gesundheit zeigen Eingebürgerte und Drittstaatsangehörige bessere Werte, was durch die jüngere Altersstruktur erklärt wird.

73 Vgl. zum Beispiel Rallu 2004 und 2006 und Bevelander und DeVoretz 2008, sowie Literaturüberblick weiter unten.

fekte auf die sozio-ökonomische Situation hat, was auch als Erklärung der oben angeführten Unterschiede gilt.

Dieses Kapitel geht diesen Fragen nach den ökonomischen Implikationen von Einbürgerung nach und berechnet Modelle auf Basis von Daten des Spezialmoduls des österreichischen Mikrozensus 2008. Im ersten Abschnitt dieses Kapitels (7.1) werden die Daten vorgestellt und beschrieben. Im Abschnitt 7.2 wird die sozio-ökonomische Struktur der österreichischen Bevölkerung für drei unterschiedliche Gruppen beschrieben: Personen, die seit Geburt österreichische Staatsangehörige sind, Personen, die in Österreich eingebürgert wurden und in Österreich ansässige AusländerInnen. Als sozio-ökonomische Struktur werden die höchste abgeschlossene Ausbildung, die Erwerbsbeteiligung und der berufliche Status der drei Gruppen berücksichtigt. Als nächster Schritt werden im Abschnitt 7.3 die Determinanten von Einbürgerung herausgearbeitet, indem die Einflussfaktoren auf die Wahrscheinlichkeit eingebürgert zu werden bzw. zu sein, analysiert werden. Im Abschnitt 7.4 wird Einbürgerung als erklärende Variable behandelt. Es wird der Frage nachgegangen inwieweit ein Einfluss von Einbürgerung auf die aktuelle Arbeitsmarktsituation der Betroffenen zu erkennen ist. Abschließend werden die Ergebnisse diskutiert (Abschnitt 7.5). Zusätzlich wird ein kurzer Exkurs über die allgemeine Datenproblematik, die mit der hier gestellten Forschungsfrage einhergeht, eingeschoben.

7.1 Beschreibung der Datengrundlage – der Mikrozensus 2008

In diesem Kapitel verwende ich die Daten des Mikrozensus Moduls „Arbeitsmarktsituation von Migrantinnen und Migranten in Österreich", welches im 2. Quartal 2008 durchgeführt wurde. Der österreichische Mikrozensus besteht zum überwiegenden Teil aus der EU-Arbeitskräfteerhebung (LFS)[74] und enthält zusätzlich Fragen zur Wohnsituation der Befragten. Der Mikrozensus ist eine Haushaltsbefragung und wird seit 2004 über das ganze Jahr laufend mit einer bei der Stichprobenziehung festgelegten Referenzwoche durchgeführt. Die Stichprobe des Mikrozensus ist das Zentrale Melderegister (ZMR), ist nach Bundesländern geschichtet und beinhaltet in etwa 22.500 Haushalte pro Quartal. Haushalte verbleiben für fünf Befragungen (etwa alle drei Monate) in der Stichprobe, wobei nur die erste Befragung persönlich durchgeführt wird und die darauffolgenden per Telefon. Die Fragen des Moduls 2008 wurden an das Grundprogramm angeschlossen und alle Personen wurden ersucht, daran teilzunehmen. Die Grundgesamtheit des Datensatzes ist somit die gesamte österreichische Wohnbe-

74 Labour Force Survey. Für eine Beschreibung und weitere Dokumente inklusive rechtlicher Grundlagen, siehe http://circa.europa.eu/irc/dsis/employment/info/data/eu_lfs/ (Mai 2010).

völkerung, obgleich sich die Fragen speziell an MigrantInnen und Nicht-ÖsterreicherInnen am Arbeitsmarkt richteten. Neben den im Grundprogramm bereits erhobenen Informationen über sozio-demographische Charakteristika, Geburtsland, Staatsbürgerschaft, Erwerbstätigkeit, Arbeitssuche und frühere Erwerbstätigkeiten von Nicht-Erwerbstätigen, Bildungsabschluss und Familiensituation, sammelte das Modul 2008 Informationen über das Entsprechen von Qualifikation und Beschäftigung, eine Einschätzung, ob bessere Deutschkenntnisse die Arbeitsmarktchance erhöhen würden[75] und über Unterstützung bei der Arbeitssuche. Zusätzlich wurden alle im Ausland geborenen Personen nach ihrer Aufenthaltsdauer, nach dem Grund für die Einreise nach Österreich, Beratung für die Arbeitsmarktintegration, Teilnahme an Deutschkursen und Anerkennung von im Ausland erworbener Ausbildung befragt. Ausländische Staatsangehörige wurden nach ihrem Aufenthaltsstatus (befristet oder unbefristet) und Zugang zum Arbeitsmarkt befragt. Schließlich wurde nach dem Erwerb der österreichischen Staatsbürgerschaft gefragt. Im Falle, dass die österreichische Staatsbürgerschaft erst nach der Geburt erworben wurde, wurde auch der Zeitpunkt der Einbürgerung erfragt (Statistik Austria 2009b: 2-3).

Im Gegensatz zum Grundprogramm wurden im Modul 2008 nur Selbstauskünfte zugelassen, was zu einer niedrigeren Ausschöpfungsquote jedoch zu einer höheren Qualität der Antworten führte. Die Ausschöpfung des Moduls 2008 lag bei 69,4 Prozent, was 33.800 Interviews entspricht. Im Vergleich dazu wurden die Fragen des Grundprogramms von über 48.000 Personen beantwortet. Dieser Unterschied erklärt sich neben dem Nicht-Zulassen von Fremdauskünften dadurch, dass die Beantwortung des Moduls im Gegensatz zum Grundprogramm freiwillig war. Um eine Beantwortung aller Fragen zu simulieren, wurden fehlende Werte von Variablen imputiert. Laut Statistik Austria sind Imputation nur dann von guter Qualität, wenn die Antwortausfälle 10 Prozent nicht überschreiten. Für die Berechnungen dieser Arbeit wurden auch nur imputierte Variablen mit geringeren Ausfällen verwendet. Ferner hat Statistik Austria die Ergebnisse auf die Bevölkerung nach Bundesländern, Altersgruppen und Geschlecht, sowie nach Bundesländern und Staatsbürgerschaftsgruppen hochgerechnet (auf Basis des Bevölkerungsregisters). Das Modul 2008 wurde außerdem auf die Bevölkerung nach Bundesländern und Geburtsland sowie nach Bundesländern und Erwerbsstatus hochgerechnet (Statistik Austria 2009b: 3-4).

In diesem sowie im nächsten Abschnitt wurden die Daten mit Gewichtung (Quartalsgewicht) verwendet, da die Schätzungen auf die gesamte Bevölkerung von Bedeutung sind. In den Abschnitten 7.3 und 7.4 werde ich nur mit den Samplezahlen rechnen, da sich die Modelle nur auf Zusammenhänge beziehen

75 Meiner Meinung nach ist dies eine Suggestivfrage, die die Befragten wohl nicht beantworten können, sondern höchstens ArbeitgeberInnen.

und nicht auf Hochrechnungen der Gesamtbevölkerung. Somit sollen eventuelle Verzerrungen durch die Hochrechnung ausgeschlossen werden. Im technischen Bericht von Statistik Austria wird auch die Ausschöpfung nach bestimmten Merkmalen dargestellt. Dabei zeigen sich große Unterschiede in der Ausschöpfung nach Geburtsland. Hierbei sticht vor allem die niedrige Ausschöpfung von in der Türkei Geborenen mit 50,1 Prozent im Vergleich zur gesamten Ausschöpfung von 69,4 Prozent heraus (vgl. Statistik Austria 2009b: 5). Inwiefern diese stark niedrigere Ausschöpfung auch nur auf das Geburtsland zurückzuführen ist, ist nicht eindeutig klar, da sich diese Gruppe nach bestimmten Strukturmerkmalen wie Alter, Bildung, Erwerbsstatus und Geschlecht von der Grundgesamtheit unterscheidet. Eine Erklärung könnte sein, dass Eingewanderte generell in der Mittelschicht unterrepräsentiert sind, jedoch die Ausschöpfung bei Befragungen gerade in der Mittelschicht besonders hoch ist (vgl. Diekmann 2001: 361-362).

Wie im Kapitel 4.1 schon erwähnt, wird auf Basis des Mikrozensus Moduls 2008 eine Zahl von etwa 530.000 Eingebürgerten in Österreich geschätzt. Dieser halben Million Eingebürgerten stehen fast 6,9 Millionen ÖsterreicherInnen, die dies seit ihrer Geburt sind, sowie fast 840.000 AusländerInnen gegenüber.[76] Somit liegt der Anteil der Personen, die die österreichische Staatsangehörigkeit erst nach ihrer Geburt erworben haben bei 6,4 Prozent. Das durchschnittliche Alter der Eingebürgerten liegt bei 43 Jahren, somit sind Eingebürgerte im Schnitt zwei Jahre älter als geborene ÖsterreicherInnen und durchschnittlich zehn Jahre älter als in Österreich lebende AusländerInnen. Für arbeitsmarktrelevante Statistiken von Bedeutung ist, dass der Anteil der 15- bis 64-jährigen bei Eingebürgerten mit 71,3 Prozent deutlich über dem der von Geburt an ÖsterreicherInnen liegt. Von dieser Gruppe sind 66,3 Prozent im erwerbsfähigen Alter. Nur bei ausländischen EinwohnerInnen ist der Anteil noch höher mit 79,1 Prozent. Mit 44,8 Prozent liegt der Männeranteil bei den Eingebürgerten deutlich unter jenem der geborenen ÖsterreicherInnen (ca. 49%) und dem der AusländerInnen (51%). Interessant ist auch der Familienstand der Eingebürgerten in Österreich. Mit 28,5 Prozent ist ein wesentlich kleinerer Anteil der Eingebürgerten ledig, verglichen mit 44 Prozent geborener ÖsterreicherInnen und AusländerInnen. Über die Hälfte der Eingebürgerten (53%) ist verheiratet, was

76 Ich werde im Folgenden die drei zu unterscheidenden Gruppen als Eingebürgerte, geborene ÖsterreicherInnen und AusländerInnen benennen. Es muss jedoch darauf hingewiesen werden, dass diese Bezeichnungen nicht 100-prozentig zutreffen, weil sich unter den Eingebürgerten auch Personen befinden, die die österreichische Staatsangehörigkeit durch Erklärung erhielten, was rein definitorisch keine Einbürgerung ist. Geborene ÖsterreicherInnen beinhaltet Personen, die seit ihrer Geburt die österreichische Staatsbürgerschaft besitzen, auch wenn diese nicht in Österreich geboren wurden. Personen die als AusländerInnen in Österreich geboren wurden und mittlerweile die österreichische Staatsbürgerschaft besitzen, zählen nicht zu dieser Gruppe, sondern zu den Eingebürgerten. AusländerInnen sind alle Personen, die nicht die österreichische Staatsbürgerschaft besitzen.

jedoch nur bei 47 Prozent der AusländerInnen der Fall ist und gar nur auf 40,6 Prozent der geborenen ÖsterreicherInnen zutrifft. Dieser Unterschied wird jedoch nicht durch Altersunterschiede erklärt. Werden nur die 20- bis 39-Jährigen betrachtet, so sind nur 30 Prozent der geborenen ÖsterreicherInnen verheiratet. Bei den AusländerInnen sind schon etwa 51 Prozent verheiratet und bei den Eingebürgerten sogar über 61 Prozent. Auch in der Gruppe der 40- bis 59-Jährigen ist der Anteil der Verheirateten unter Eingebürgerten wesentlich höher als bei den anderen beiden Gruppen.

Da in Österreich das Prinzip des Ius Sanguinis vorherrscht, gibt es auch einen beachtlichen Anteil von in Österreich geborenen AusländerInnen von 16,5 Prozent aller AusländerInnen. Unter den Eingebürgerten handelt es sich auch nicht nur um Eingewanderte, da mit 23,3 Prozent fast ein Viertel in Österreich geboren wurde. Nicht zu vergessen ist auch, dass durch das Abstammungsprinzip Personen, die im Ausland geboren werden auch die österreichische Staatsbürgerschaft bei Geburt erhalten können. 1,1 Prozent (geschätzte 74.000 Personen) aller Personen, die seit Geburt ÖsterreicherInnen sind und 2008 in Österreich leben, sind im Ausland geboren.

Der durchschnittliche Aufenthalt der Personen, die im Ausland geboren wurden unterscheidet sich stark innerhalb der drei Gruppen. Die im Ausland geborenen ÖsterreicherInnen sind durchschnittlich seit etwa 41 Jahren in Österreich. Die Gruppe der Eingewanderten, die sich in Österreich einbürgern lassen haben, sind seit durchschnittlich 30 Jahren in Österreich. Die durchschnittliche Aufenthaltsdauer von in Österreich lebenden AusländerInnen wird mit der Mikrozensuserhebung auf 10 Jahre geschätzt.

Die Variablen Dauer seit Einbürgerung, Dauer zwischen Einwanderung und Einbürgerung und Einbürgerungsalter wurden aus den Variablen Alter, Einbürgerungsjahr und Einwanderungsjahr berechnet. Die Eingebürgerten in der Stichprobe des Mikrozensus haben im Schnitt vor 20 Jahren die österreichische Staatsbürgerschaft erworben, wobei sich die Angaben zwischen 0 und 84 Jahren bewegen. Die durchschnittliche Zeit zwischen Einwanderung und Einbürgerung liegt bei 8,4 Jahren. Hier gaben 66 RespondentInnen an, zwar nach ihrer Geburt aber vor ihrer Einwanderung die österreichische Staatsbürgerschaft erworben zu haben. Dies ist in bestimmten Fällen schon möglich, kann jedoch auch auf falsche Angaben bzw. Erinnerungslücken sowie Eingabefehler zurückgeführt werden. Dies bestätigt sich wenn das Einbürgerungsalter berechnet wird, wo bei neun Personen ein Einbürgerungsalter von -1 errechnet wird. Das höchste Einbürgerungsalter ist 77 und das durchschnittliche Einbürgerungsalter liegt bei 23 Jahren.

Wie oben schon erwähnt wurden 23,3 Prozent aller Eingebürgerten in Österreich geboren und sind somit keine ImmigrantInnen. Mit 13,6 Prozent aller

Eingebürgerten ist das wichtigste Geburtsland nach Österreich die Türkei, gefolgt von Bosnien und Herzegowina mit acht Prozent aller Eingebürgerten, Serbien mit 6,9%, Deutschland (6,1%), die Tschechische Republik (4,6%) und Rumänien (4,5%). Weitere wichtige Geburtsländer mit Anteilen von ein bis vier Prozent sind in absteigender Reihenfolge: Polen, Kroatien, Kosovo[77], Ungarn, Slowenien, Philippinen, Ägypten und die ehemalige Jugoslawische Republik Mazedonien. Von allen in Österreich lebenden AusländerInnen sind die meisten auch in Österreich geboren, mit einem Anteil von 16,5 Prozent. Von den AusländerInnen, die im Ausland geboren wurden, stammen die meisten aus Deutschland mit 13,1 Prozent aller AusländerInnen, gefolgt von Bosnien und Herzegowina (12%), Türkei (10,3%) und Serbien (9,4%). Weitere wichtige Herkunftsländer von in Österreich lebenden AusländerInnen sind Polen, die Russische Föderation, Kroatien, Rumänien und Ungarn (mit Anteilen von zwei bis 4,8 Prozent).

Zusammengefasst zeigt der Mikrozensus folgendes Bild: Für 2008 werden über eine halbe Million in Österreich lebende Eingebürgerte geschätzt, welche etwas mehr als 6 Prozent der Gesamtbevölkerung ausmachen. Diese Personengruppe ist etwas älter als der gesamtösterreichische Durchschnitt und weist einen geringeren Männeranteil aus. Über drei Viertel der Eingebürgerten wurden nicht in Österreich geboren und halten sich seit durchschnittlich 30 Jahren in Österreich auf. Im Schnitt ließen sich die Eingewanderten nach acht Jahren Aufenthalt einbürgern, wurden mit 23 Jahren eingebürgert und sind seit etwa 20 Jahren ÖsterreicherInnen. Im nächsten Abschnitt wird die sozio-ökonomische Struktur der österreichischen Bevölkerung nach dem Staatsbürgerschaftshintergrund dargestellt.

77 Unter der Resolution 1244 des UN-Sicherheitsrats (UNSCR 1244)

Tabelle 7.1: Demographische Grunddaten nach Staatsbürgerschaftshintergrund

	Eingebürgerte	Geborene ÖsterreicherInnen	AusländerInnen	Gesamt
Hochgerechnete Zahl	530.529	6.872.452	837.981	8.240.962
Samplezahl	1.815	29.618	2.353	33.786
Anteil	6,4%	83.4%	10.2%	100,0%
Durchschn. Alter*	43 (21,6)	41 (22,7)	33 (17,8)	40 (22,3)
Männeranteil	44,8%	48,9%	51,0%	48,8%
In Österreich geboren	23,3%	98,9%	16,5%	85,7%
Durchschn. Aufenthalt der Eingewander-	29,8 (18,6)	40,9 (23,7)	12,1 (10,3)	20 (17,7)
Durchschn. Dauer seit Einbürgerung*	20,4 (19,9)			
Durchschn. Dauer bis Einbürgerung*	8,4 (8,1)			
Durchschn. Einbürgerungsalter*	22,8 (13,4)			

* Standardabweichung in Klammer

Quelle: Statistik Austria, Mikrozensus 2008 2. Quartal, eigene Berechnungen mit Quartalsgewicht

7.2 Die sozio-ökonomische Struktur der österreichischen Bevölkerung – geborene ÖsterreicherInnen, Eingebürgerte und AusländerInnen

In diesem Abschnitt wird die sozio-ökonomische Struktur der österreichischen Bevölkerung mit besonderem Augenmerk auf den Staatsbürgerschaftshintergrund dargestellt. Als sozio-ökonomische Charakteristika werden Bildung sowie beschäftigungsbezogene Merkmale beachtet. Tabelle 7.2 zeigt den Bildungs- und Erwerbsstatus sowie die Erwerbstätigkeit der drei unterschiedenen Gruppen. Aus Übersichtszwecken wurden verschiedene Bildungsabschlüsse in die drei Kategorien Niedrig, Mittel und Hoch eingeteilt.[78] Nach dieser Kategorisierung sind über die Hälfte aller geborenen ÖsterreicherInnen mittel gebildet und jeweils etwas weniger als ein Viertel niedrig- bzw. hoch gebildet. Bei den ausländischen Ein-

78 Niedrige Bildung beinhaltet alle Personen mit höchstens einem Grundschulabschluss. Die mittlere Kategorie beinhaltet Personen mit einem Lehrabschluss und Personen, die eine Berufsbildende Mittlere Schule besucht und abgeschlossen haben. Als hoch gebildet definiere ich Personen mit AHS oder BHS Abschluss sowie alle noch höher Gebildeten.

wohnerInnen Österreichs sind diese drei Kategorien fast gleich verteilt mit jeweils einem Drittel. Bei den eingebürgerten ÖsterreicherInnen findet sich der höchste Anteil von niedrig gebildeten Personen mit fast 35 Prozent. Der Anteil der Mittelgebildeten liegt über dem der AusländerInnen aber noch deutlich unter dem der geborenen ÖsterreicherInnen. Mit 27 Prozent liegt der Anteil der höher Gebildeten zwischen den beiden anderen Gruppen. Dieses Ergebnis spiegelt den generellen Trend in Europa wider, dass Eingewanderte bei den niedrigen Bildungsschichten sowie bei den hohen Bildungsschichten überproportional vertreten sind und somit in der in Österreich bzw. Europa so starken Mittelschicht unterrepräsentiert sind (vgl. zum Bildungsstand der Eingewanderten in Europa: Münz et al. 2007: 32). Unter den AusländerInnen aus Drittstaaten dominieren die Niedriggebildeten und umgekehrt ist der Großteil der AusländerInnen aus anderen EWR Staaten großteils hochgebildet.

Eingebürgerte ÖsterreicherInnen weisen den niedrigsten Anteil an Erwerbstätigen im Vergleich zu geborenen ÖsterreicherInnen und AusländerInnen aus. Die Erwerbstätigenquote bzw. Arbeitslosenquote, welche nur für die 15- bis 64-jährigen berechnet wurde, veranschaulicht die vergleichsweise geringe Erwerbstätigkeit von Eingebürgerten (65,3 Prozent). Die Erwerbstätigenquote von AusländerInnen liegt mit 68,8 Prozent ebenfalls unter der der geborenen ÖsterreicherInnen jedoch über der der Eingebürgerten. Eingebürgerte weisen auch eine deutlich höhere Arbeitslosenquote als geborene ÖsterreicherInnen aus. AusländerInnen liegen mit 6,7 Prozent dazwischen. Ferner bestehen starke Unterschiede in der Art der ausgeübten Erwerbstätigkeit der untersuchten Personengruppen. Nur etwas mehr als ein Viertel der geborenen ÖsterreicherInnen sind als ArbeiterInnen beschäftigt und 60 Prozent befinden sich in einem Angestelltenverhältnis. Bei Eingebürgerten sind jeweils etwa 45 Prozent als ArbeiterIn bzw. AngestellteR tätig. Bei AusländerInnen dominieren die ArbeiterInnen mit über 50 Prozent und ca. 39 Prozent Angestellten.

Zusammenfassend kann demzufolge festgehalten werden, dass Eingebürgerte im Vergleich zum österreichischen Schnitt schwächer in der Bildungsmittelschicht vertreten sind, jedoch einen höheren Anteil an Mittelgebildeten haben als die ausländische Bevölkerung. Die Erwerbstätigkeit von Eingebürgerten liegt unter jener der AusländerInnen und noch weiter unter jener der geborenen ÖsterreicherInnen. Auf die Einflussfaktoren und Bedeutung von Erwerbstätigkeit im Zusammenhang mit Einbürgerung wird in den kommenden zwei Abschnitten noch genauer eingegangen. In Hinblick auf die Art der Erwerbstätigkeit betreffend der Unterscheidung zwischen ArbeiterInnen und Angestellten liegen die Eingebürgerten zwischen den AusländerInnen und den geborenen ÖsterreicherInnen.

Tabelle 7.2: Bildungs- und Erwerbsstatus sowie Erwerbstätigkeit nach Staatsbürgerschaftshintergrund

Prozent von Gesamt	Eingebürgerte	Geborene ÖsterreicherInnen	AusländerInnen	Gesamt
Bildung				
Erwerbsstatus	34,8%	24,2%	33,8%	25,9%
Mittel	37,8%	52,1%	33,5%	49,3%
Hoch	27,4%	23,7%	32,7%	24,8%
Gesamt	100,0%	100,0%	100,0%	100,0%
Erwerbsstatus				
Angestellt	45,7%	60,2%	38,8%	56,9%
ArbeiterIn	45,1%	26,2%	51,6%	30,2%
Selbstständig	9,2%	13,6%	9,7%	12,9%
Gesamt	100,0%	100,0%	100,0%	100,0%
Erwerbstätigenquote*	65,3%	73,3%	68,8%	72,2%
Arbeitslosenquote**	8,97%	2,88%	6,68%	3,72%

* Anteil von Erwerbstätigen an der Gesamtbevölkerung im Alter von 15 bis 64.

** Anteil der Arbeitslosen an der Erwerbsbevölkerung im Alter von 15 bis 64.

Quelle: Mikrozensus Arbeitskräfteerhebung, 2. Quartal 2008, eigene Berechnungen mit Quartalsgewicht

Der höhere Anteil von Angestellten und geringere Anteil von ArbeiterInnen bei Eingebürgerten im Vergleich mit AusländerInnen legt die Annahme nahe, dass Eingebürgerte in Bezug auf die ausgeführte Tätigkeit den anderen ÖsterreicherInnen ähnlicher sind als AusländerInnen. Um die Verteilung der drei untersuchten Gruppen nach detaillierterer Tätigkeit darzustellen ist die Anwendung einer Korrespondenzanalyse eine geeignete Methode. Dafür wurde eine Tabelle erstellt, welche die drei Gruppen, Eingebürgerte, geborene ÖsterreicherInnen und AusländerInnen, nach ihrer Erwerbstätigkeit darstellt. Die Staatsbürgerschaftsgruppen wurden nach den drei Bildungskategorien Niedrig, Mittel und Hoch unterschieden um eine Verzerrung nach Bildungshintergrund auszuschließen und die genauere Platzierung der drei Gruppen am Arbeitsmarkt zu untersuchen. Wie das in der Soziologie so bekannte Beispiel der Verwendung von Korrespondenzanalysen von Pierre Bourdieu über verschiedene Varianten des Geschmacks (Bourdieu 1982: 414, 536) ist diese Methode besonders gut geeignet, den sozialen Raum darzustellen. Die beiden Tätigkeitskategorien Lehre und Landwirtschaft wurden auf Grund ihrer stark ungleichen und teilweise sehr geringen Besetzung ausgeschlossen. Zusätzlich wurden die Kategorien ‚Inaktiv' und ‚Arbeitslos' nach Staatsbürgerschaftsstatus nur als zusätzliche Kategorien einbezogen, jedoch nicht in die Gesamtvarianz der Korrespondenzanalyse. Ebenso wurden die Merkmale Geschlecht und Geburtsland nach jeweiliger Tätigkeit nur als zusätzliche Kategorien in die Analyse einbezogen und nicht in die Analyse des Zusammenhangs zwischen Tätigkeit und Staatsbürgerschaftshintergrund nach Bildung. Die Tabelle findet sich im Anhang C.

Die Korrespondenzanalyse berechnet die Eigenwerte verschiedener Dimensionen, die der Tabelle zugrunde liegen. Danach besteht die Tabelle hauptsächlich aus zwei Dimensionen, welche gemeinsam 96,5 Prozent der Varianz der Tabelle erklären (ohne Sonderkategorien). Die aufschlussreiche graphische Darstellung der Analyse wird in Abbildung 7.1 dargestellt.

Die erste Dimension erklärt 65 Prozent der Gesamtvarianz der Tabelle A1. Die stärksten Beiträge werden durch die Zeilenverteilungen der Kategorien „höhere nicht manuelle Tätigkeit", „Hilfstätigkeit" sowie „angelernte Tätigkeiten" beeinflusst. Diese horizontal dargestellte Dimension bildet somit die Unterscheidung zwischen Hilfs- und angelernten Tätigkeiten im Vergleich zu höheren nicht manuellen Tätigkeiten ab. Die Varianz dieser Dimension wird außerdem überdurchschnittlich von höher gebildeten, geborenen ÖsterreicherInnen geprägt. Ferner sind in dieser Dimension die Verteilungen der niedrig gebildeten, geborenen ÖsterreicherInnen und niedrig gebildeten AusländerInnen von Bedeutung. Die zweite Dimension erklärt 31,5 Prozent der Varianz der Tabelle und wird vorwiegend durch die Tätigkeiten „höher manuell" sowie „Hilfstätigkeiten" beeinflusst. Die mittelgebildeten ÖsterreicherInnen (seit Geburt) gefolgt von den niedrig gebildeten AusländerInnen sind von größter Bedeutung für diese Dimension. Die erste Dimension betrifft somit nicht manuelle Tätigkeiten und die zweite manuelle Tätigkeiten.

Werden nun die beiden Dimensionen analysiert, ist zuallererst zu erkennen, dass die Bildung den wichtigsten Einfluss auf die Art der ausgeübten Tätigkeit hat und nicht der Staatsbürgerschafthintergrund, da sich die drei Bildungsgruppen der drei Staatsbürgerschaftskategorien jeweils sehr nahe sind und sich immer im gleichen Viertel befinden. Die niedrig gebildeten Gruppen befinden sich im rechten oberen Viertel des Diagramms und sind somit in Hinblick auf beide Dimensionen, ob manuelle oder nicht manuelle Tätigkeiten, wesentlich stärker als HilfsarbeiterInnen beschäftigt als Personen mit höherer Bildung. Die mittel gebildeten Gruppen befinden sich im rechten unteren Viertel und sind somit in Hinblick auf nicht manuelle Tätigkeiten ebenfalls eher auf angelernte und Hilfstätigkeiten angewiesen. Bezüglich manueller Tätigkeiten befinden die mittelgebildeten näher bei den höheren manuellen Tätigkeiten als bei den Hilfstätigkeiten. Links oben finden sich schließlich die höher gebildeten Gruppen, welche sich ganz in der Nähe der höheren nicht manuellen Tätigkeiten finden, wobei sich der Punkt der höher gebildeten, geborenen ÖsterreicherInnen fast mit den höher nicht manuellen Tätigkeiten deckt. Die höher gebildeten Gruppen befinden sich interessanterweise auf der zweiten (horizontalen) Achse eher bei den Hilfstätigkeiten als bei den höheren manuellen Tätigkeiten. Dies lässt sich dadurch erklären, dass in allen drei Staatsbürgerschaftsgruppen in der Gruppe der höher Gebildeten die geringste Anzahl in höheren manuellen Tätigkeiten zu finden sind. Eine höhere Bildung schließt somit eine Karriere in manuellen Tätigkeiten eher aus.

Abbildung 7.1: Symmetrisches Diagramm einer Korrespondenzanalyse von ausgeübten Tätigkeiten und Staatsbürgerschaftshintergrund kontrolliert nach Bildung

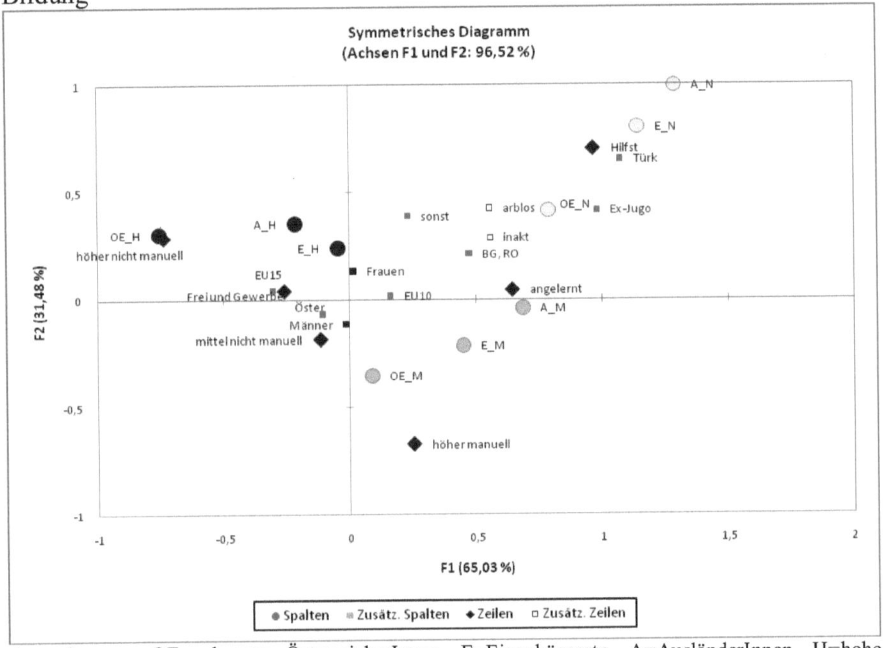

Anmerkungen: OE=geborene ÖsterreicherInnen, E=Eingebürgerte, A=AusländerInnen, H=hohe Bildung, M=mittlere Bildung, N=niedrige Bildung. Zusätzliche Kategorien Geschlecht, Geburtsland und arbeitslose sowie inaktive Personen (Quadrate) wurden als Zusatzkategorien einbezogen.

Quelle: Eigene Berechnungen auf Basis der Tabelle A1 im Anhang, mit Gewichtung

Wird das Diagramm nun nach der Position der Eingebürgerten im Vergleich zu den anderen beiden Gruppen analysiert, zeigt sich ein deutliches Bild: Bei den niedrig Gebildeten sowie bei den mittel Gebildeten finden sich die Eingebürgerten auf beiden Achsen zwischen den geborenen ÖsterreicherInnen und den ausländischen Staatsangehörigen. Bei den höher Gebildeten ist dies nicht der Fall. In der ersten Dimension, der nicht manuellen Tätigkeiten, entfernen sich die Eingebürgerten mehr von den anderen ÖsterreicherInnen als die ausländischen StaatsbürgerInnen und sind folglich eher auf Hilfstätigkeiten und angelernte Tätigkeiten angewiesen als höher gebildete, ausländische StaatsbürgerInnen. Diese Entdeckung könnte dadurch erklärt werden, dass beruflich erfolgreiche, ausländische StaatsbürgerInnen sich auch weniger oft einbürgern lassen, weil die Staatsbürgerschaft nicht als Notwendigkeit gesehen wird. Außerdem sind die höher gebildeten ausländischen StaatsbürgerInnen zum Großteil aus anderen EU Mitgliedsstaaten, welche sich generell seltener einbürgern lassen.

Werden die Geburtsländer der eingewanderten Personen betrachtet, dann ist deutlich zu erkennen, dass Personen, die in der Türkei, im ehemaligen Jugoslawien, in den neuen EU10 Ländern, Bulgarien oder Rumänien geboren wurden, eher angelernte oder Hilfstätigkeiten ausführen. Es sind hierbei aber hauptsächlich die Eingewanderten aus den Anwerbeländern der so genannten ‚Gastarbeitsmigration' der 1960er- und 1970er-Jahre, welche sich am rechten oberen Rand befinden. Personen, die in einem anderen EU15 Land geboren wurden, sind sogar eher in höher nicht manuellen Tätigkeiten beschäftigt als in Österreich geborene Personen. Auf der ersten Achse der nicht manuellen Tätigkeiten finden sich kaum Unterschiede zwischen Frauen und Männern, jedoch sind Frauen nicht so oft in höheren manuellen Tätigkeiten beschäftigt als Männer. Die zusätzlichen Zeilen der inaktiven und arbeitslosen Personen nach Staatsbürgerschaftshintergrund finden sich zwischen den niedrig und mittel gebildeten Gruppen, jedoch näher bei den niedrig Gebildeten.

Zusammenfassend kann folglich festgehalten werden, dass eingebürgerte ÖsterreicherInnen im Vergleich zur ausländischen Bevölkerung stärker in der mittel gebildeten Schicht vertreten sind; definiert als Personen mit Lehrabschluss oder Abschluss einer berufsbildenden mittleren Schule. Im Gegenzug sind Eingebürgerte aber weniger stark in der höher gebildeten Schicht vertreten; definiert als Abschluss einer allgemeinen oder berufsbildenden höheren Schule oder einer noch höheren Ausbildung. Eingebürgerte sind weniger erwerbstätig als AusländerInnen und die geborenen ÖsterreicherInnen. Verglichen mit der ausländischen Bevölkerung weisen Eingebürgerte einen höheren Anteil an Angestellten, einen niedrigeren Anteil an ArbeiterInnen und einen etwa gleich hohen Anteil an selbstständig Tätigen aus. Werden die drei Staatsbürgerschaftsgruppen nach ihren ausgeführten Tätigkeiten unterschieden, dann zeigt sich, dass niedrig und mittel gebildete Eingebürgerte besser integriert sind als ausländische Staatsangehörige, sofern Integration als ein Annähern an die Gesamtbevölkerung definiert wird. Bei den höher gebildeten Personen trifft dies jedoch nicht zu.

Nach diesem allgemeinen Überblick über die Struktur der österreichischen Bevölkerung in Hinblick auf die drei Gruppen, geborene ÖsterreicherInnen, Eingebürgerte und ausländische StaatsbürgerInnen, werden im nächsten Abschnitt jene Faktoren untersucht, die die Wahrscheinlichkeit, eingebürgert zu sein, erhöhen.

7.3 Determinanten einer Einbürgerung

7.3.1 Stand der Forschung

Bisher gibt es nur eine Handvoll Studien, die Erklärungsfaktoren von Einbürgerung empirisch untersuchen und somit Einbürgerung als abhängige/ zu erklärende Variable behandeln. Die Datenbasis der Studien unterscheidet sich sehr stark, weshalb auch unterschiedliche Einflussfaktoren untersucht wurden. Im Folgenden werden einige dieser Studien dargestellt.

Für Deutschland untersuchen Claudia Diehl und Michael Blohm (2003) Einflussfaktoren, die die Wahrscheinlichkeit einer Einbürgerung von ArbeitsmigrantInnen der ersten und ‚zweiten' Generation erhöhen. Die Analyse mit den Daten des deutschen Sozio-ökonomischen Panels von 1998 brachte unterschiedliche Ergebnisse für Gruppen von EinwanderInnen und ihren Nachkommen aus dem ehemaligen Jugoslawien und der Türkei. Für beide Gruppen erhöht sich die Wahrscheinlichkeit sich einbürgern zu lassen, wenn sie planen in Deutschland zu bleiben und politisches Interesse zeigen. Der Besitz eines Eigenheimes erhöht die Einbürgerungswahrscheinlichkeit nur bei der Gruppe der ehemaligen JugoslawInnen. Zusätzlich erhöht sich die Wahrscheinlichkeit einer Einbürgerung bei türkischen ArbeitsmigrantInnen und ihren Nachkommen, wenn diese angeben, zuhause meist oder teilweise Deutsch zu sprechen und Deutsche als Freunde zu haben. Diese Einflüsse sind für die Gruppe der ehemaligen JugoslawInnen nicht signifikant. Die Autorin und der Autor der Studie erklären diese Ergebnisse damit, dass sich ehemalige TürkInnen dann einbürgern lassen, wenn die individuelle Assimilation schon sehr weit fortgeschritten ist. Eine Einbürgerung wird somit eher als Statusanpassung von gut integrierten Personen interpretiert.

Die gleiche Forschungsfrage in Bezug auf die gleichen ethnischen Gruppen wird von Amelie Constant et al. (2007) mit den Daten derselben Befragung (SOEP) aus dem Jahr 2005 behandelt. In ihrem Modell werden die Einflüsse von Integration und Ethnizität auf die Wahrscheinlichkeit, einen Wunsch nach Einbürgerung zu haben, sowie bereits eingebürgert worden zu sein, untersucht. Die Ergebnisse zeigen, dass Frauen generell eher einen Wunsch nach Einbürgerung äußern und eher eingebürgert worden sind als Männer und, dass eine höhere Bildung den Einbürgerungswunsch und die Einbürgerungswahrscheinlichkeit erhöht. Wie in der Studie von Diehl und Blohm (oben) zeigt sich, dass enge Freundschaften zu Deutschen die Einbürgerungswahrscheinlichkeit erhöhen. Ferner erhöht sich die Wahrscheinlichkeit, sich einbürgern lassen zu wollen bzw. bereits eingebürgert zu sein, je jünger das Einreisealter von ImmigrantInnen ist. Nur ein kleiner Einfluss ist erkennbar, wenn die Ausbildung in Deutschland gemacht wurde. Zur Überraschung der AutorInnen verringern sich der Wunsch nach Einbürgerung und die tatsächliche Einbürgerungswahrscheinlichkeit mit der Aufenthaltsdauer. Schließlich ergibt sich, dass Personen, die im ehemaligen Jugoslawien geboren wurden, eher einen Wunsch nach Einbürgerung hegen, jedoch weniger wahrscheinlich eingebürgert werden im Vergleich zu Personen die in der Türkei geboren wurden. Ebenfalls haben MuslimInnen eher den Wunsch DeutscheR zu werden, jedoch gibt es unter MuslimInnen weniger Eingebürgerte als unter Nicht-MuslimInnen.

Weitere Modelle, die den Einfluss auf die Einbürgerungswahrscheinlichkeit untersuchen, wurden in einem Sammelband von Pieter Bevelander und Don DeVoretz 2008 herausgegeben. In diesem Buch werden Einbürgerungswahrscheinlichkeiten für die Niederlande, Kanada, Norwegen und die USA untersucht. Pieter Bevelander und Justus Veenmann (2008) errechnen die Einbürgerungswahrscheinlichkeit auf Basis von Umfragedaten aus den Jahren 2002 und 2003 für wichtige Einwanderungsgruppen aus sieben verschiedenen Ländern für die Niederlande. In der Analyse zeigt sich kein Einfluss von Geschlecht oder Aufenthaltsdauer auf die Einbürgerungswahrscheinlichkeit, jedoch haben beide Variablen in der Gruppe der Flüchtlinge einen positiven Einfluss. Für alle Gruppen hat eine höhere Bildung einen deutlich signifikanten Einfluss auf die Einbürgerungswahrscheinlichkeit, wobei die Tatsache, dass die Ausbildung in den Niederlanden abgeschlossen wurde, die Einbürgerungswahrscheinlichkeit ebenfalls erhöht. Generell haben Flüchtlinge eine höhere Wahrscheinlichkeit eingebürgert zu werden. Interessant ist in diesem Modell auch, dass eine Teilnahme in „Integrationsprogrammen“, welche nur für Flüchtlinge angeboten werden, keinen Einfluss auf die Einbürgerungswahrscheinlichkeit hat.

Mit Daten aus drei Bevölkerungszensuswellen (1991, 1996 und 2001) analysieren Don DeVoretz und Sergiy Pivnenko (2008) die Einflussfaktoren auf die Einbürgerungswahrscheinlichkeit in Kanada. Das berechnete Modell zeigt höhere Einbürgerungswahrscheinlichkeiten für Männer, Personen mit höherem beruflichen Status, EigenheimbesitzerInnen und Eingewanderten aus Nicht-OECD Ländern. Aus letzterem Einfluss wird geschlossen, dass sich Eingewanderte aus weniger entwickelten Ländern generell eher einbürgern lassen als Personen aus höher entwickelten Ländern. Zusätzlich erhöhen die Aufenthaltsdauer, Bevölkerungsdichte und die Höhe des Einkommens die Einbürgerungswahrscheinlichkeit. Bildung in Schuljahren hat einen leicht negativen Effekt.

Mit Registerdaten aus den Jahren 1992 bis 2000 untersucht Jon Hayfron (2008) die Einbürgerungswahrscheinlichkeiten von ImmigrantInnen in Norwegen. Signifikant positive Einflüsse ergeben steigende Aufenthaltsdauer und Einkommen. Ferner haben Männer, verheiratete Personen, Personen die außerhalb von Oslo leben sowie Personen die im öffentlichen Sektor arbeiten eine höhere Wahrscheinlichkeit, eingebürgert zu werden. Einen negativen Einfluss hat das Pro Kopf Bruttoinlandsprodukt, was aber auch ein Indikator dafür sein kann, dass die Eingewanderten aus diesen Ländern Flüchtlinge sind, welche sich eher einbürgern lassen.

Schließlich möchte ich noch auf die Studie von Ather Akbari (2008) verweisen, welche mit Daten aus dem US Zensus von 2000 die Einbürgerungswahrscheinlichkeit von Eingewanderten in den USA im Alter von 25 bis 65, die zum Zeitpunkt des Zensus lange genug in den USA gelebt hatten, um für eine Einbürgerung in Frage zu kommen, berechnet. Es wurden zwei Modelle berechnet, eines für Eingewanderte aus ‚entwickelten Ländern' und eines für Eingewanderte aus ‚Entwicklungsländern'. Einwanderinnen aus entwickelten Ländern haben eine niedrigere Wahrscheinlichkeit eingebürgert zu werden, hingegen haben Einwanderinnen aus Entwicklungsländern eine höhere Wahrscheinlichkeit im Vergleich zu Einwanderern. Wenn der oder die Eingewanderte einen Universitätsabschluss hat, eine berufliche Ausbildung hat, ein hohes Einkommen erzielt und ein Eigenheim besitzt, dann erhöht sich die Einbürgerungswahrscheinlichkeit für beide Gruppen. Für den Autor unerwarteter Weise verringert die Tatsache Kinder unter 15 zu haben, die Einbürgerungswahrscheinlichkeit.

Die Studien zu vergleichen ist prinzipiell ein schwieriges Unterfangen, da die Studien erstens auf unterschiedlichen Datengrundlagen beruhen und somit unterschiedliche Einwanderungsgruppen und unterschiedliche Variablen mit einbeziehen. Zweitens ist die Situation der Einwanderungs- und Einbürgerungsgesetzgebung sehr unterschiedlich in den diskutierten Ländern. Trotzdem sind bestimmte Gemeinsamkeiten und Unterschiede in den Länderstudien auszumachen. Eine steigende Aufenthaltsdauer hat in den USA, Norwegen und in Kanada einen positiven Einfluss auf die Einbürgerungswahrscheinlichkeit. Das Geschlecht der untersuchten Gruppen bringt unterschiedliche Ergebnisse. In fast allen Studien zeigt sich eine höhere Einbürgerungstendenz von Flüchtlingen bzw. Eingewanderten aus weniger entwickelten Ländern. Jedenfalls scheint die Hypothese fast immer zu halten, dass ein höherer sozio-ökonomischer Status die Einbürgerungswahrscheinlichkeit erhöht. Dazu zählen eine höhere Bildung, ein höherer beruflicher Status und ein höheres Einkommen. Sofern die Information einbezogen wurde, ergibt der Besitz eines Eigenheims auch eine höhere Einbürgerungswahrscheinlichkeit. Dies ist nicht weiter verwunderlich, wenn ein Eigenheim als Investition gesehen werden kann bzw. auch mit dem in Deutschland nachgewiesenen Zusammenhang mit der Entscheidung, nicht mehr ins Herkunftsland zurückgehen zu wollen.

7.3.2 Einflussfaktoren auf Einbürgerungen in Österreich

In diesem Abschnitt werden Einflussfaktoren auf die Einbürgerungswahrscheinlichkeit in Österreich untersucht. Zuerst wird mittels einer logistischen Regression ein statistischer Zusammenhang zwischen bestimmten Erklärungsfaktoren und der Tatsache, Eingebürgert zu sein, gesucht und analysiert. [79] Das Modell lässt sich folgenderweise darstellen: $Log(P_c/1\text{-}P_c) = b_0 + b_iX_i$; wobei P_c für die Einbürgerungswahrscheinlichkeit steht, X_i für die unabhängigen Variablen, b_i für die zugehörigen Quotienten und b_0 für die Konstante, wenn alle unabhängigen Variablen den Wert 0 annehmen.

Als Erklärungsfaktoren werden demographische (Familienstand), sozioökonomische (Erwerbsstatus, Bildung, Wohnungsausstattung) und migrationsbezogene Variablen (Einwanderungsalter, Aufenthaltsstatus, Geburtsland und Migrationsgrund) mit einbezogen. Die deskriptive Statistik der unabhängigen Variablen findet sich in Tabelle 7.3 sowie in Tabelle 7.1 und 7.2, oben. Demgemäß sind Eingebürgerte bei ihrer Einwanderung im Durchschnitt jünger und halten sich im Schnitt schon wesentlich länger in Österreich auf. Von den Eingewanderten sind die Länder des ehemaligen Jugoslawien bei beiden Gruppen das wichtigste Herkunftsland. Beim angegebenen Grund für die Einwanderung ergeben sich deutliche Unterschiede. Der größte Teil der Eingebürgerten ist schon als Kind nach Österreich eingereist und kann somit zum Familiennachzug gezählt werden, welcher knapp nach dem Einwanderungsgrund „Arbeit", als drittwichtigster aufscheint. Der Großteil der eingewanderten AusländerInnen ist wegen einer Arbeit nach Österreich gezogen. Dazu gehören berufliche Versetzungen, das Antreten einer bereits gefundenen Stelle sowie die Einwanderung und anschließende Arbeitssuche. 90,7 Prozent der Eingebürgerten leben in einer Wohnung, die der Ausstattungskategorie A[80] zuzurechnen ist. Bei den ausländischen Befragten ist dies jedoch nur bei 85,9 Prozent der Fall.

79 Das Modell berechnet, inwiefern bestimmte Faktoren die „Logits" der dichotomen Variablen „Eingebürgert vs. Nicht-Eingebürgert" erhöhen (mittels Maximum Likelihood Estimation – MLE). Logits sind definiert als der Logarithmus der Einbürgerungswahrscheinlichkeit dividiert durch die Gegenwahrscheinlichkeit. Diese Transformation der abhängigen Variablen ist notwendig um eine dichotome Variable zu ‚linearisieren' (vgl. hierzu Pampel (2000)).

80 Dazu zählen Wohnungen, die in brauchbarem Zustand sind, mindestens 30m2 groß sind, zumindest aus Zimmer, Küche, Vorraum, WC und Badegelegenheit bestehen und über eine gemeinsame Wärmeversorgung sowie Warmwasseraufbereitung verfügen (vgl. §15aMRG, BGBl. Nr. 520/1981 zuletzt geändert durch BGBl. II Nr. 295/2008).

Tabelle 7.3: Deskriptive Statistik: Einwanderungsalter, Aufenthaltsdauer, Geburtsland und Migrationsgrund von Eingebürgerten und AusländerInnen

	Eingebürgerte (N 1.815)	**AusländerInnen (N 2.353)**
Einwanderungsalter*	18 (11)	25 (13)
Aufenthaltsdauer*	31 (18,7)	13 (10,7)
Geburtsland		
Österreich	26,4%	18,1%
EU15	12,5%	21,9%
EU12	17,5%	10,7%
Eh. Jugos.	21,9%	29,1%
Türkei	12,1%	10,0%
Sonstige	9,6%	10,3%
Migrationsgrund		
Arbeit	11,8%	22,5%
Bildung	2,6%	5,1%
Flucht	6,3%	6,5%
Familienzusammenführung	11,6%	16,9%
Heirat	7,2%	10,3%
Als Kind eingereist	22,6%	8,5%
Sonstiger	2,5%	5,9%
Wohnungsausstattung Kat. A	90,7%	85,9%

* Standardabweichung in Klammern

Quelle: Eigene Berechnungen mit dem Mikrozensus 2008, 2. Quartal (Statistik Austria), ohne Gewicht

Gemäß den theoretischen Überlegungen wird angenommen, dass ein höherer sozio-ökonomischer Status die Wahrscheinlichkeit, eingebürgert zu sein, erhöht. Bevor das Modell 1 in Tabelle 7.4 gerechnet wurde, wurden noch verschiedene weitere theoretisch mögliche Einflussfaktoren untersucht, welche jedoch keinen signifikanten Einfluss auf die abhängige Variable „Eingebürgert" hatten und das gesamte Modell verschlechterten. Demnach haben folgende Variablen keinen Einfluss auf die Wahrscheinlichkeit, eingebürgert zu sein: Besuch eines Deutschkurses, Geschlecht, Gemeindegröße, Urbanisierungsgrad und Bundesland. Ob die Qualifikation der Befragten in Österreich oder im Ausland abgeschlossen wurde bzw. wenn diese im Ausland abgeschlossen wurde, ob diese in Österreich anerkannt wurde oder nicht hat auch keinen signifikanten Einfluss auf die abhängige Variable unter Kontrolle der anderen unabhängigen Variablen.

Für das Modell 1 (Tabelle 7.4) wurden nur die Personen berücksichtigt, die sich seit mindestens 6 Jahren in Österreich aufhalten, da dies die mindeste

Aufenthaltsdauer für eine Einbürgerung ist.[81] Da eine logistische Regression keine fehlenden Werte zulässt, ergibt sich unter Einbezug aller unabhängigen Variablen eine Samplezahl von 1.572, wovon 687 eingebürgert sind und 885 nicht eingebürgert sind. Ohne Berücksichtigung der unabhängigen Variablen würden auf Basis der höheren Wahrscheinlichkeit 56,3 Prozent der Fälle richtig eingeschätzt werden. Unter Einschluss aller unabhängigen Variablen werden jedoch 71,5 Prozent richtig eingeschätzt, was bedeutet, dass sich das Modell signifikant verbessert (die Trefferquote ist mit 80 Prozent bei der Einschätzung von nicht eingebürgerten Personen besser). Der Pseudo R^2-Wert von Nagelkerke kann Werte zwischen Null und Eins annehmen und besagt, dass die unabhängigen Variablen etwa ein Drittel der Varianz der abhängigen Variable erklären.

Von den demographischen Einflussfaktoren zeigt sich der Familienstand als signifikanter Einflussfaktor und, wie oben erwähnt, ergaben sich keine Zusammenhänge zwischen Geschlecht oder Alter[82] und der Einbürgerungswahrscheinlichkeit. Verheiratet zu sein, erhöht die Wahrscheinlichkeit eingebürgert zu sein. Ferner sind Charakteristika in Bezug auf die Einwanderung von Bedeutung für die Einbürgerungswahrscheinlichkeit. Die Aufenthaltsdauer erhöht die Einbürgerungswahrscheinlichkeit, wobei ein zusätzliches Jahr längere Aufenthaltsdauer, die Odds[83] der Einbürgerung um 15 Prozent erhöht (Exp(B) = 1,15). Die quadrierte Aufenthaltsdauer hat einen sehr geringen aber doch signifikanten negativen Einfluss auf die Einbürgerungswahrscheinlichkeit. Dies lässt eine leicht U-förmige Entwicklung der Einbürgerungswahrscheinlichkeiten bei steigender Aufenthaltsdauer vermuten und lässt sich dadurch erklären, dass Personen, die sich nach sehr langer Aufenthaltsdauer noch nicht einbürgern lassen haben, dies auch eher nicht mehr tun. Eingewanderte aus anderen EU15 Ländern (ohne Österreich) haben im Vergleich zu den anderen Einwanderungsregionen die geringste Einbürgerungswahrscheinlichkeit. Vor allem Eingewanderte aus der Türkei und aus sonstigen Drittstaaten haben im Vergleich zu in der EU15 Geborenen eine wesentlich höhere Einbürgerungswahrscheinlichkeit. Dies ist nicht weiter verwunderlich, da es vor allem Drittstaatsangehörige sind, die durch

81 Nach sechs Jahren können sich EU StaatsbürgerInnen, Konventionsflüchtlinge und bestimmte andere Gruppen einbürgern lassen. Vorzeitige Einbürgerungen von anderen Gruppen (vor den üblichen zehn Jahren aber auch unter sechs Jahre) wurden in den 90er-Jahren in Wien vermehrt durchgeführt.

82 Der Einfluss von Alter muss separat untersucht werden, da dieses sonst eine zu große Korrelation mit der Variable Aufenthaltsdauer hat (Kolinearität). Deshalb konnte Alter nur im zweiten Modell einbezogen werden.

83 Die Odds sind definiert als die Wahrscheinlichkeit dividiert durch die Gegenwahrscheinlichkeit (P/1-P) der abhängigen Variablen und werden durch das exponieren der Logits erhalten.

eine Einbürgerung mehr Rechte erhalten.[84] Personen, die im ehemaligen Jugoslawien geboren wurden, haben gegenüber den in der EU15 geborenen Personen, die am geringsten höhere Einbürgerungswahrscheinlichkeit als die anderen Regionen.

Beim Migrationsgrund wurden ArbeitsmigrantInnen als Referenzgruppe gewählt. Im Vergleich zu ArbeitsmigrantInnen, haben Flüchtlinge eine deutlich höhere Einbürgerungswahrscheinlichkeit. Ebenso zeigen FamiliennachzüglerInnen und als Kinder eingereiste Personen eine höhere Einbürgerungswahrscheinlichkeit als ArbeitsmigrantInnen. Dieses Ergebnis lässt sich durch den erleichterten Zugang zur Staatsbürgerschaft für Flüchtlinge erklären. Außerdem ist dieses Ergebnis ein Hinweis auf den Zusammenhang zwischen der definitiven Entscheidung nicht mehr ins Herkunftsland zurückgehen zu wollen und sich in Österreich einbürgern zu lassen, da angenommen werden kann, dass Familiennachzug und Flüchtlinge im Vergleich zu ArbeitsmigrantInnen eher planen auf Dauer einzuwandern. Die Einbürgerungsneigung von Bildungs- und HeiratsmigrantInnen sowie sonstigen Eingewanderten unterscheidet sich nicht signifikant von der der ArbeitsmigrantInnen.

Schließlich sind die sozio-ökonomischen Charakteristika von Interesse. Im Vergleich zu niedrig gebildeten Personen, mit Grundschulabschluss oder weniger, haben mittel Gebildete nur eine leicht höhere Wahrscheinlichkeit eingebürgert zu sein. Dieser Zusammenhang ist jedoch nicht sehr hoch signifikant. Im Gegensatz dazu haben Personen mit AHS oder BHS Abschluss, sowie Kolleg-, Hochschul- und UniversitätsabsolventInnen eine deutlich höhere Einbürgerungswahrscheinlichkeit als gering gebildete ImmigrantInnen. Zusätzlich zeigen ArbeiterInnen eine geringere Einbürgerungstendenz als Angestellte. Die etwas niedrigere Einbürgerungsneigung von Selbstständigen im Vergleich zu Angestellten ist statistisch nicht signifikant. Befragte, die in einer Wohnung der Ausstattungskategorie A leben, haben eine höhere Einbürgerungswahrscheinlichkeit als Personen, die in einer geringer ausgestatteten Wohnung leben. Somit lässt sich eindeutig schließen, dass ein höherer sozio-ökonomischer Status mit einer höheren Einbürgerungsneigung verbunden ist. Da nach einer bivariaten Statistik mit gewichteten Daten Eingebürgerte eine deutlich höhere Arbeitslosenquote und eine deutlich niedrigere Erwerbstätigenquote aufweisen[85], wurde auch ein weiteres Modell gerechnet, in dem der Erwerbsstatus (erwerbstätig, arbeitslos und inaktiv sowie nur erwerbstätig und arbeitslos) anstelle der Erwerbstätigkeit einbezogen wurde. Der Erwerbsstatus zur Zeit der Befragung hat jedoch bei weitem keinen signifikanten Einfluss auf die Einbürgerungswahrscheinlichkeit.

84 Es ist zu bedenken, dass bis 2004 bzw. 2007 die Eingewanderten aus der heutigen EU12 Drittstaatsangehörige waren.
85 Vgl. Tabelle 7.2, Kapitel 7.2

Diesem Zusammenhang widmet sich der nächste Abschnitt jedoch noch genauer (Kapitel 7.4).

Zunächst wurde ein zweites Modell gerechnet, welches auch die in Österreich geborenen Personen berücksichtigt. Dafür mussten jedoch die erklärenden migrationsbezogenen Variablen ausgeschlossen werden, was das gesamte Modell schwächt (Modell 2). In diesem Modell kann die Variable Alter einbezogen werden (durch Ausschluss der kollinearen Variable Aufenthaltsdauer), welche einen positiven Einfluss hat, was bedeutet, dass je älter Personen sind, desto höher ist die Wahrscheinlichkeit eingebürgert zu sein.[86] Dieses Modell zeigt, dass Eingewanderte aus allen Regionen eine niedrigere Wahrscheinlichkeit haben, eingebürgert zu sein, als in Österreich geborene (ehemalige) AusländerInnen[87]. Die restlichen sozio-ökonomischen Charakteristika zeigen ähnliche Einflüsse wie das erste Modell, außer dass Personen mit Kolleg-, Hochschul- oder Universitätsabschluss keinen signifikanten Unterschied zu niedrig Gebildeten aufweisen und der Einfluss des Abschlusses einer AHS oder BHS nicht so stark ist.

Diese Modelle beruhen auf Querschnittsdaten und lassen die Frage nach dem kausalen Zusammenhang zwischen der Einbürgerungswahrscheinlichkeit und dem sozio-ökonomischen Status offen. Es kann nicht beantwortet werden, inwiefern der Erhalt der österreichischen Staatsbürgerschaft zur einem besseren sozio-ökonomischen Status verhilft und umgekehrt inwiefern die Staatsbürgerschaft Personen mit höherem sozio-ökonomischen Status selektiert. Um die Frage bezüglich der Faktoren, welche eine Einbürgerung begünstigen, genauer zu beleuchten, wird ein Regressionsmodell gerechnet, indem die Einflussfaktoren auf die Dauer zwischen der Einwanderung und dem Erhalt der Staatsbürgerschaft von Eingebürgerten erörtert werden.

86 Die Variable Alter kann auch die Bedeutung der Dauer des Aufenthalts widerspiegeln.

87 Nur für Einwanderinnen und Einwanderer aus der Türkei ergibt sich kein signifikanter Unterschied.

Tabelle 7.4: Einflussfaktoren auf den Staatsbürgerschaftserwerb (logistische Regression)

Unabhängige Variablen	Modell 1		Modell 2	
	B	Exp(B)	B	Exp(B)
Aufenthaltsdauer	0,148***	1,16	-	-
$Aufenthaltsdauer^2$	-0,001***	0,999	-	-
Alter	-	-	0,029***	1,029
Bildung				
Grundschule	0,000***	1	0,000***	1
Lehre/ BMS	0,320**	1,378	0,280**	1,323
Matura	0,845***	2,328	0,505***	1,656
Kolleg/ Uni	0,650***	1,915	0,024	1,025
Geburtsland				
Österreich	-	-	0,000***	1
EU15	0,000***	1	-2,741***	0,065
EU12 (Beitritt 2004/2007)	1,512***	4,535	-1,248***	0,287
Eh. Jugos.	1,079***	2,942	-1,276***	0,279
Türkei	2,184***	8,885	-0,157	0,855
Sonstige	2,144***	8,530	-1,088***	0,337
Migrationsgrund				
Arbeit	0,000***	1	-	-
Bildung	-0,080	0,923	-	-
Flucht	0,823***	2,278	-	-
Familienzusammenführung	0,549***	1,731	-	-
Heirat	0,234	1,264	-	-
Als Kind eingereist	1,042***	2,836	-	-
Sonstiger	0,072	1,074	-	-
Beschäftigung				
Angestellt	0,000***	1	0,000***	1
ArbeiterIn	-0,621***	0,537	-0,820***	0,440
Selbstständig	-0,161	0,851	-0,237	0,789
Verheiratet	0,347**	1,416	0,141	1,152
Wohnungsausstattung A	0,401**	1,493	0,420***	1,522
Konstante	-4,917***	0,007	-0,605**	0,546
Chi-Sq/df	416,28/19		326,52/13	
Nagelkerke	0,312		0,191	
N	1.572		2.143	

* p-Wert < 0,1, ** p-Wert < 0,05, *** p-Wert < 0,01

Quelle: Eigene Berechnungen mit dem Mikrozensus 2008, 2. Quartal (Statistik Austria)

Dauer zwischen Einwanderung und Einbürgerung. Wie in Tabelle 7.1 dargestellt, ist die durchschnittlich berechnete Dauer zwischen der Einwanderung und Einbürgerung 8,4 Jahren, wobei die Daten auch negative Zahlen beinhalten. Diese zumeist falschen Daten dürften auf Erinnerungslücken (vermehrt bei Fremdauskunft), falschen Eingaben und eventuelle Imputationen beim Einwanderungs- sowie Einbürgerungszeitpunkt zurückgeführt werden. Unter bestimmten Umständen ist der Erhalt der österreichischen Staatsbürgerschaft auch im Ausland möglich, weshalb nicht alle Informationen falsch sein müssen. Für die Berechnung der Einflüsse auf die Dauer zwischen Einwanderung und Einbürgerung werden jedoch nur Einbürgerungen ab 4 Jahre eingeschlossen. Dadurch kommt es zu einer durchschnittlichen Dauer zwischen Einwanderung und Einbürgerung von 11,9 Jahren. Es wird die Annahme vertreten, dass sich Personen mit höherem sozio-ökonomischen Status früher einbürgern lassen, weil sie die verlangten Voraussetzungen, vor allem die Einkommensgrenzen und Kosten der Einbürgerung, eher erfüllen bzw. erbringen können.

Das Modell schätzt die durchschnittliche Dauer zwischen der Einwanderung und Einbürgerung auf Basis der oben gefundenen Erklärungsfaktoren für die Einbürgerungswahrscheinlichkeit. Die erklärende Variable Aufenthaltsdauer reflektiert bei allen Eingebürgerten lediglich die Einwanderungsphase. Da die Dauer zwischen Einwanderung und Einbürgerung geschätzt werden soll, wurde die Aufenthaltsdauer durch den Zeitraum der Einbürgerung ersetzt. Der Einbürgerungszeitraum wurde in fünf Phasen nach den unterschiedlichen gesetzlichen Regelungen bzgl. des Erwerbs der österreichischen Staatsbürgerschaft aufgeteilt.

Diese Phasen spiegeln aber auch unterschiedliche Einwanderungsperioden wider. Die erste Phase betrifft Einbürgerungen bis 1964, der Zeitraum bis zur Wiederverlautbarung des Staatsbürgerschaftsgesetzes 1965, wo es zu sehr hohen Zahlen an Einbürgerungen in der unmittelbaren Nachkriegszeit kam. Die zweite Phase, von 1965 bis 1985, bezieht sich auf die Einwanderungsphase der Arbeitsmigration nach Österreich, in welcher die Einbürgerungszahlen vergleichsweise niedrig blieben. Diese Phase endet mit der Wiederverlautbarung des Staatsbürgerschaftsgesetzes 1985. Die Phase von 1986 bis 1998 ist von einem starken Anstieg von Einbürgerungszahlen geprägt und ebenso einer erhöhten Einwanderung vor allem aus den ehemaligen jugoslawischen Ländern. Die Phase von 1999 bis 2005 beginnt mitten im rasanten Anstieg der Einbürgerungszahlen und endet mit wieder sinkenden Zahlen nach einem Höhepunkt im Jahre 2003. Die letzte Phase beinhaltet Einbürgerungen seit 2006. In diesem Jahr wurden die Einbürgerungsvoraussetzungen verschärft und die Einbürgerungszahlen befinden sich seither im Sinken.

Die Unterteilung soll untersuchen, ob die verschärften Regelungen eine Auswirkung auf die Dauer zwischen Einwanderung und Einbürgerung haben.

Eine einfache Unterscheidung der Mittelwerte verweist schon auf eine länger werdende Dauer von der Einwanderung bis zur Einbürgerung. Die durchschnittliche Dauer zwischen Einwanderung und Einbürgerung lag vor 1966 sowie zwischen 1966 und 1985 bei 9,9 Jahren, zwischen 1986 und 1998 bei 12 Jahren, zwischen 1999 und 2005 bei 12,3 Jahren und zwischen 2006 und 2008 bei 15,5 Jahren.

Die Variablen Wohnungsausstattung sowie Familienstand haben keinen signifikanten Einfluss und bringen somit auch keinen Erklärungsgewinn für die Dauer zwischen einer Einwanderung und Einbürgerung. Deshalb wurden beide aus der Analyse ausgeschlossen. Da das Modell von Heteroskedastizität betroffen ist, wurde die abhängige Variable logarithmiert, wodurch dieses Problem stark reduziert wurde.[88] Die Ergebnisse der Regression sind in Tabelle 7.5 dargestellt. Demnach zeigt sich, dass der Einbürgerungszeitraum, Geburtsort, die Bildung der Eingebürgerten sowie der Migrationsgrund einen signifikanten Einfluss auf die Dauer zwischen Einwanderung und Einbürgerung haben. Zusätzlich zeigt sich, dass Einbürgerungswillige in Wien durchschnittlich früher eingebürgert werden. Im Vergleich zu den Einbürgerungen seit 2006 wurden die Eingebürgerten in allen vorhergehenden Phasen schneller eingebürgert. Vor allem in der Phase zwischen 1965 bis 1985 ist die Dauer im Vergleich zur letzten Periode kürzer. Die Unterschiede der Phasen seit 1965 (bis 1985, bis 1998 und bis 2005) weisen kleiner werdende Unterschiede in der Dauer bis zur Einbürgerung im Vergleich zur Phase seit 2006 auf. Somit kann bestätigt werden, dass die Gesetzesänderungen 1986, 1999 und 2006[89] jeweils die Dauer bis sich Personen einbürgern lassen (können), verlängert haben. Im Vergleich zu Befragten mit einem Grundschulabschluss oder einer geringeren Ausbildung weisen Personen mit Lehrabschluss oder Abschluss einer Berufsbildenden Mittleren Schule eine kürzere durchschnittliche Dauer bis zur Einbürgerung auf. Personen mit einem Abschluss einer AHS oder BHS sowie AkademikerInnen können sich im Vergleich zur Referenzgruppe noch früher einbürgern lassen. Des Weiteren haben der Migrationsgrund sowie das Geburtsland einen Einfluss auf die Dauer bis zur Einbürgerung. Dieser Zusammenhang war auch zu erwarten, da die Einbürgerungsbestimmungen auch mit dem rechtlichen Einwanderungsgrund und der vorherigen Staatsbürgerschaft (EU oder Drittstaat) zusammenhängen. Geburtsland ist hierbei ein sehr guter Indikator für die vorherige Staatsbürgerschaft. Im Vergleich zu

88 Heteroskedastizität ist durch einen Zusammenhang zwischen den prognostizierten standardisierten Werten der abhängigen Variablen mit den standardisierten Residuen erkennbar. Speziell bei abgeschnittenen Variablen, wie dies hier der Fall ist, kommt es logischerweise zu systematisch größer werdenden Residuen mit steigender prognostizierter Dauer. Durch Transformation der abhängigen Variablen wird dieses Problem verringert und der R^2 verbessert. Siehe hierzu beispielsweise Fox (1991).

89 Das sind die Jahre wann die Änderungen in Kraft traten.

Personen, die als ArbeitsmigrantInnen nach Österreich gewandert sind, haben sich speziell HeiratsmigrantInnen früher einbürgern lassen können. Ebenso können BildungsmigrantInnen und Flüchtlinge durchschnittlich schnellere Einbürgerungen als ArbeitsmigrantInnen aufweisen. Die leichten Einflüsse von Familiennachzöglingen sowie als Kinder eingereiste Personen weisen nur niedrige Signifikanzniveaus auf. Eingewanderte, die in einem Drittstaat geboren wurden, lassen sich im Schnitt später einbürgern als Personen, die in der Europäischen Union geboren wurden.

Zusätzlich wurden Eingebürgerte, die zur Zeit der Befragung in Wien lebten, mit EinwohnerInnen anderer Bundesländer verglichen. Obwohl sich oben gezeigt hat, dass das Bundesland keinen Einfluss auf die generelle Einbürgerungswahrscheinlichkeit hat, wurden WienerInnen im Vergleich zu EinwohnerInnen der anderen Bundesländer durchschnittlich schneller eingebürgert. Der geringe Einfluss des Erwerbsstatus weist keine statistische Signifikanz auf. Die Konstante bedeutet, dass außerhalb von Wien geborene Angestellte, mit Grundschulabschluss, die in der EU geboren wurden, wegen einer Arbeit eingewandert sind und zwischen 2006 und 2008 eingebürgert wurden, durchschnittlich nach 15,27 Jahren eingebürgert werden (weil die Umkehrung des natürlichen Logarithmus $e^{2,726} = 15,27$).

Zusammenfassend lässt sich festhalten, dass hauptsächlich rechtliche Umstände die Dauer zwischen Einwanderung und Einbürgerung beeinflussen. Dazu gehören die Einbürgerungsphase unter verschiedenen Einbürgerungsregelungen, der Migrationsgrund und das Geburtsland. Zusätzlich werden Personen in Wien schneller eingebürgert. Dies kann durch unterschiedliche Faktoren erklärt werden, wie beispielsweise eine liberalere Einbürgerungspolitik oder aber auch die Tatsache, dass in Wien eine größere Konzentration von Eingewanderten besteht. Dadurch ist die Wahrscheinlichkeit höher, mehr andere Eingebürgerte zu kennen, was die Entscheidung zur Einbürgerung beschleunigen kann. Höhere Bildung beschleunigt die Entscheidung bzw. Möglichkeit zur Einbürgerung, jedoch nicht der Erwerbsstatus (wohl aber die generelle Wahrscheinlichkeit sich überhaupt einbürgern zu lassen).

Tabelle 7.5: Einflüsse auf die Dauer zwischen Einwanderung und Einbürgerung (multiple Regression)

Unabhängige Variablen	**B**	**Beta**
Einbürgerungszeitraum (Referenzkat.: Einbürgerungen seit 2006)		
1999 bis 2005	-0,239***	-0,241
1986 bis 1998	-0,369***	-0,337
1965 bis 1985	-0,494***	-0,268
1924 bis 1964	-0,379**	-0,105
Geburtsland Drittstaat	0,116**	0,098
Bildung (Referenzkat.: Grundschule)		
Lehre/ BMS	-0,094**	-0,093
AHS/ BHS	-0,264***	-0,207
Kolleg/ Uni	-0,250***	-0,174
Migrationsgrund (Referenzkat.: Arbeit)		
Bildung	-0,203**	-0,085
Flucht	-0,149**	-0,102
Familienzusammenführung	-0,101*	-0,082
Heirat	-0,259***	-0,113
Als Kind eingereist	-0,099*	-0,095
Sonstiger	-0,053	-0,019
Erwerbsstatus (Referenzkat.: Angestellt)		
ArbeiterIn	0,045	0,046
Selbstständig	0,050	0,028
Wien	-0,152***	-0,134
Konstante	2,726***	
F	11,699***	
R^2/ Adj.R^2	0,263/0,241	
N	574	

* p-Wert < 0,1, ** p-Wert < 0,05, *** p-Wert < 0,01; Abhängige Variable wurde logarithmiert

Quelle: Eigene Berechnungen mit dem Mikrozensus 2008, 2. Quartal (Statistik Austria)

7.4 Sozio-ökonomische Folgen der Einbürgerung

Dieser Abschnitt behandelt die sozio-ökonomischen Folgen einer Einbürgerung. Es wird der Frage nachgegangen, inwiefern eine Einbürgerung die sozio-ökonomische Situation von Personen beeinflussen kann. Vorab werden Ergebnisse vergleichbarer Studien dargestellt, um danach die Rolle der Einbürgerung in Hinblick auf die Wahrscheinlichkeit einer Erwerbstätigkeit nachzugehen bzw. einen höheren Erwerbsstatus zu haben analysiert. Zusätzlich wird ein Modell berechnet, welches den Einfluss von Einbürgerung auf die Wohnungssituation untersucht.

7.4.1 Stand der Forschung

Welche generellen Folgen Einbürgerung haben kann, wurde schon in den Kapiteln 5 und 6 diskutiert. In Bezug auf quantitative Forschung ist jedenfalls zu konstatieren, dass überraschend wenig über die Folgen von Einbürgerung bekannt ist (Kraler 2006: 63). Erst seit wenigen Jahren beschäftigen sich vor allem ÖkonomInnen mit diesem Thema und untersuchen sozio-ökonomische Implikationen von Einbürgerungen. Die Studien kommen zu unterschiedlichen Ergebnissen in verschiedenen Ländern; was, wie oben schon erwähnt, aus zweierlei Gründen zu erklären ist. Erstens ist die Datengrundlage für die verschiedenen Studien sehr unterschiedlich. Manche Studien berechnen ihre Modelle auf Basis von Bevölkerungszensusdaten, manche auf Basis von Umfragedaten und andere mit Registerdaten. Diese Datenquellen umfassen einerseits verschiedene Populationen und beinhalten andererseits unterschiedliche Informationen. Zweitens, hat eine Einbürgerung auch unterschiedliche Implikation in verschiedenen Ländern, da sich die rechtliche Stellung von AusländerInnen sowie die Einbürgerungsregelungen in verschiedenen Ländern deutlich unterscheiden. Bezüglich sozio-ökonomischer Folgen von Einbürgerung untersuchen die meisten Studien die Auswirkungen von Einbürgerung auf die Wahrscheinlichkeit erwerbstätig zu sein bzw. die Auswirkungen auf die Höhe des Einkommens.

Die erste international vergleichende Studie, die sich diesem Thema widmete und auf einer einheitlichen Datenbasis beruht, ist die Studie LIMITS.[90] Diese erhob die Lebensgeschichten von verschiedenen EinwanderInnengruppen in sechs verschiedenen Städten in fünf europäischen Ländern.[91] Im Endbericht

90 Immigrants and Ethnic Minorities in European Cities: Life-courses and Quality of Life in a World of Limitations, siehe http://limits.zsi.at/project.htm (Mai 2010).

91 Eine weitere Studie die wertvolle Daten für die Analyse von Auswirkungen von Einbürgerung enthält ist die TIES-Studie. Analysen im Hinblick auf die Bedeutung der Einbürgerung wurden bislang jedoch noch nicht veröffentlicht (siehe http://www.tiesproject.eu/, Mai 2010).

der Studie werden auf Basis der erhobenen Längsschnittdaten die Einflussfaktoren auf die Wahrscheinlichkeit, beschäftigt zu sein, in den sechs Städten Amsterdam, Bielefeld, Lissabon, Rotterdam, Stockholm und Wien untersucht. Die Berechnungen ergeben, dass die Wahrscheinlichkeit, beschäftigt zu sein, nach einer Einbürgerung signifikant höher ist als wenn ein/e Eingewanderte/r (noch) nicht eingebürgert worden ist. Ebenso sind Bildung, Berufserfahrung und Geschlecht (Männer) positive Einflussfaktoren (Latcheva et al. 2006b: 69-78). Zusätzlich untersucht die Studie die Einflussfaktoren auf die Wahrscheinlichkeit von beruflicher Aufwärtsmobilität von ImmigrantInnen in den sechs Städten. Nach Kontrolle von Bildung und Geschlecht ergibt sich hier jedoch nur ein sehr kleiner, nicht signifikanter Effekt von Einbürgerung (Latcheva et al. 2006b: 64-68).

Andere Studien, die die Auswirkungen von Einbürgerung auf die Wahrscheinlichkeit einer Erwerbstätigkeit nachzugehen untersuchen, wurden für verschiedenste meist europäische Länder erstellt. Darunter sind die Niederlande (Bevelander und Veenman 2008), Schweden (Bevelander und Pendakur 2009; Scott 2008), die Schweiz (Fibbi et al. 2007), Frankreich (Fougere und Safi 2008) und Deutschland (Seibert, 2008).

Für die Niederlande untersuchten Pieter Bevelander und Justus Veenman (2008) die Beschäftigungswahrscheinlichkeit mit Umfragedaten der Jahre 2002 und 2003 von Eingewanderten aus den vier wichtigsten Herkunftsländern und Flüchtlingen aus den fünf wichtigsten Herkunftsländern. Unter Kontrolle weiterer Einflussfaktoren, wie Bildung, Alter, Geschlecht, Migrationsgrund und Geburtsland, zeigt sich ein signifikant positiver Einfluss von Einbürgerung auf die Beschäftigungswahrscheinlichkeit.

Für Schweden wurden bislang zwei Studien durchgeführt, welche den Einfluss von Einbürgerung auf die Beschäftigungswahrscheinlichkeit untersuchen. Kirk Scott (2008) kann in seiner Analyse von Registerdaten keinen bedeutsamen Effekt von Einbürgerung auf die Erwerbstätigkeit entdecken. Für manche Einbürgerungsgruppen ist der Effekt sogar leicht negativ. Pieter Bevelander und Ravi Pendakur (2009) finden hingegen auf Basis einer anderen Registerdatenquelle einen positiven Einfluss von Staatsbürgerschaftserhalt auf die Beschäftigungswahrscheinlichkeit bestimmter Einwanderungsgruppen. Demnach profitieren vor allem Eingewanderte, die nicht aus der EU oder Nord-Amerika stammen, sowie Flüchtlinge von einer Einbürgerung in Hinblick auf Erwerbstätigkeit.

Mit den Daten des Schweizer Bevölkerungszensus von 2000 analysieren Rosita Fibbi et al. (2007) Unterschiede in der Schulkarriere und dem Arbeitsmarkterfolg von 20- bis 24-jährigen EinwohnerInnen der Schweiz. Generell zeigt sich, dass inter-ethnische Unterschiede nach Kontrolle von sozialer Herkunft und Aufenthaltsdauer Großteils verschwinden. In Hinblick auf Schulbildung sind eingebürgerte Jugendliche am erfolgreichsten innerhalb aller Personen mit Migrationsgeschichte. In der Schweiz geborene Eingebürgerte haben sogar bessere Ergebnisse bzgl. Schulbildung als geborene SchweizerInnen. Die durchschnittlich bessere Schulbildung der eingebürgerten Jugendlichen wirkt sich jedoch nicht auf die Arbeitsmarktsituation aus, da Eingebürgerte aller Herkunftsgruppen eher arbeitslos sind als geborene SchweizerInnen. Ausländische Staatsangehörige sind noch stärker von Arbeitslosigkeit betroffen und neuere Einwanderungsgruppen sind stärker von Arbeitslosigkeit betroffen als länger Ansässige. Diese Ergebnisse werden als starker Indikator für existierende Diskriminierung auf dem Arbeitsmarkt interpretiert.

Denis Fougère und Mirna Safi (2008) analysieren den Zusammenhang zwischen Einbürgerung und Beschäftigungswahrscheinlichkeiten in Frankreich. Die Datengrundlage bieten Langzeitdaten aus Stichproben der Bevölkerungsbefragungen von 1968 bis 1999, beginnend mit nicht-eingebürgerten Eingewanderten. Unter Einbezug der Einbürgerungswahrscheinlichkeiten und ihre Einflüsse, sowie der Kontrolle von Variablen wie Alter, Bildung, Einwanderungszeitraum, Familienstand und vorheriger Beschäftigung zeigt sich ein deutlich positiver Effekt von Einbürgerung auf die Wahrscheinlichkeit beschäftigt zu sein. Der positive Effekt von Einbürgerung ist besonders hoch für Gruppen, die generell eine eher niedrigere Erwerbswahrscheinlichkeit haben.

Auch für Deutschland werden von Holger Seibert (2008) erhöhte Arbeitsmarktchancen für Eingebürgerte nach Kontrolle von Bildung und Geschlecht berichtet. Mit Daten des deutschen Mikrozensus von 2005 ergeben sich für Deutsche türkischer Herkunft im Alter von 26 bis 35 zwar geringere Beschäftigungschancen als für Deutsche ohne Migrationshintergrund im gleichen Alter, jedoch ist für türkische Staatsangehörige eine noch stärkere Benachteiligung auszumachen. Das gleiche Ergebnis mit noch stärkeren Unterschieden nach Staatsbürgerschaft ergibt sich für die Wahrscheinlichkeit, qualifiziert tätig zu sein, im Vergleich dazu einer einfachen Tätigkeit nachzugehen.

Im International Migration Outlook 2010 der OECD (OECD 2010) wurde ein ganzes Kapitel der Frage nach dem Einfluss von Staatsbürgerschaftserwerb auf die Situation am Arbeitsmarkt gewidmet. Mit den Daten der europäischen Arbeitskräfteerhebung verschiedener Jahre (2005 bis 2008) wurden die Einbürgerungspraxis sowie die Unterschiede zwischen Eingebürgerten und Nicht-Eingebürgerten in Hinblick auf Erwerbstätigkeit in 13 OECD Ländern – darunter Österreich – untersucht. [92] Generell schließt die Untersuchung mit dem

92 Neben Österreich wurden auch die Länder Luxemburg, Schweiz, Deutschland, Spanien, USA, Frankreich, Belgien, Dänemark, Vereinigtes Königreich, Norwegen, die Niederlande und Schweden – je nach Verfügbarkeit der Daten – in die Analysen mit einbezogen. Die Studie definiert Eingebürgerte als alle Personen, die im Ausland geboren wurden, aber die Staatsbürgerschaft des Aufenthalts-

Ergebnis, dass für alle Eingewanderten, die sich seit mindestens zehn Jahren im jeweiligen Land aufhalten, die Erwerbssituation von Eingebürgerten besser ist als jene von Nicht-Eingebürgerten. Dies betrifft eine höhere Erwerbsbeteiligung und die Wahrscheinlichkeit als höher qualifizierte Arbeitskraft tätig zu sein. Die höhere Erwerbsbeteiligung von Eingebürgerten trifft jedoch nicht auf Einwanderer in Österreich zu, schon aber auf Einwanderinnen in Österreich. Eingewanderte Männer sind in dieser Studie die einzige Gruppe, die eine signifikant niedrigere Erwerbsbeteiligung für Eingebürgerte aufweist. Ferner zeigen die Berechnungen, dass Eingebürgerte im Vergleich zur ausländischen Bevölkerung eine deutlich höhere Wahrscheinlichkeit haben, im öffentlichen Sektor beschäftigt zu sein; ein Ergebnis, dass auch auf Österreich zutrifft, jedoch nicht auf Schweden (OECD 2010: 157-186).

Zusätzlich beschäftigten sich einige Studien mit dem Zusammenhang zwischen Einbürgerung und Einkommen. Die Forschungsfrage, ob eine Einbürgerung das durchschnittliche Einkommen erhöht, wird in den meisten Ländern mit Ja beantwortet. Von besonderem Interesse ist die oben erwähnte Studie von John Hayfron (2008) für Norwegen. In dieser Studie bezieht der Autor die Einbürgerungswahrscheinlichkeit in die Berechnung der Erhöhung der Einkommen mit ein. Demnach erhöht sich das durchschnittliche Einkommen nach einer Einbürgerung stärker als davor. Der zusätzliche Einkommensgewinn für Eingebürgerte ist für Flüchtlingsgruppen stärker erkennbar. Zwei Studien für die Nordamerikanischen Länder USA und Kanada zeigen ebenfalls erhöhte Einkommen für verschiedenste Herkunftsgruppen von Eingebürgerten im Vergleich zu den gleichen Herkunftsgruppen ohne Staatsbürgerschaft des jeweiligen Landes. Das Einkommensplus für Einbürgerte ist für Eingewanderte aus ‚Entwicklungsländern' höher als für Eingewanderte aus ‚entwickelten Ländern'. Zusätzlich errechnen beide Studien, dass diese Einkommensgewinne auch makroökonomisch von Bedeutung sind und sich positiv auf die abzugebenden Steuern und Sozialversicherungsbeiträge auswirken (für Kanada vgl. DeVoretz und Pivnenko (2008) und für die USA vgl. Akbari (2008)). Max Friedrich Steinhardt kann auch für Deutschland einen signifikanten Einkommensanstieg von Eingebürgerten nachweisen. Mit der Datengrundlage von Sozialversicherungsdaten zwischen 1975 und 2001 weist der Autor speziell für ehemalige Drittstaatsangehörige einen Einkommenszugewinn für Eingebürgerte nach (Steinhardt 2008). Ein höheres Einkommen von Eingebürgerten in den Niederlanden kann nach der Analyse von Bevelander und Veenman (2008) nur bedingt (kaum statistisch signifikant) für wenige Gruppen auf die Einbürgerung zurückgeführt werden.

landes haben. Somit werden jedoch im Ausland geborene StaatsbürgerInnen mit eingeschlossen und im Inland geborene Nicht-StaatsbürgerInnen ausgeschlossen.

7.4.2 Einfluss von Einbürgerung auf die Beschäftigungs- und Wohnungssituation

Dieser Abschnitt beschäftigt sich mit dem Einfluss von Einbürgerung auf die Beschäftigungs- und Wohnungssituation in Österreich. Zunächst soll die Erwerbsbeteiligungen von Eingebürgerten mit AusländerInnen verglichen werden. Danach werden Unterschiede in der beruflichen Stellung nach dem Staatsbürgerschaftsstatus untersucht. Abschließend wird der Einfluss einer Einbürgerung auf die Wohnungssituation untersucht.

Erwerbsbeteiligung. Abbildung 7.2 zeigt den Erwerbsstatus von Eingebürgerten und Nicht-Eingebürgerten im Alter von 15 bis 64 für verschiedene Geburtsländer. Im Gegensatz zu den Ergebnissen der oben beschriebenen Studien anderer Länder sind Eingebürgerte im Vergleich zu AusländerInnen nicht weniger von Arbeitslosigkeit betroffen. Bei den in Österreich Geborenen sowie bei den in der EU15 und EU12 Geborenen sind die Erwerbstätigkeitsquoten niedriger als bei der ausländischen Vergleichsgruppe. Diese Unterschiede sind jedoch hauptsächlich auf den Anteil der Nicht-Erwerbspersonen zurückzuführen und nicht auf unterschiedlicher Anteile Arbeitsloser. Nur bei den Eingewanderten aus der EU12 sowie aus sonstigen Drittstaaten (alle außer Türkei und ehemalige Jugoslawische Länder) sind die Anteile der Arbeitslosen bei AusländerInnen höher als bei den Eingebürgerten. Bei den anderen Geburtsländern sind kaum Unterschiede zwischen den beiden Gruppen ersichtlich.

Wenn eine logistische Regression auf die Wahrscheinlichkeit, von Arbeitslosigkeit betroffen zu sein, gerechnet wird und nach Geschlecht, Bildung, Geburtsland und Alter kontrolliert wird, ergibt sich kein signifikanter Unterschied zwischen AusländerInnen und Eingebürgerten. Die Wahrscheinlichkeit ist für Eingebürgerte sogar etwas höher, jedoch ist dieser Unterschied in den ungewichteten Daten nicht signifikant. Werden auch als ÖsterreicherInnen Geborene mit einbezogen, zeigt sich, dass AusländerInnen sowie Eingebürgerte eine signifikant höhere Wahrscheinlichkeit haben, von Arbeitslosigkeit betroffen zu sein.

Abbildung 7.2: Erwerbsbeteiligung von Eingebürgerten und AusländerInnen nach Geburtsland

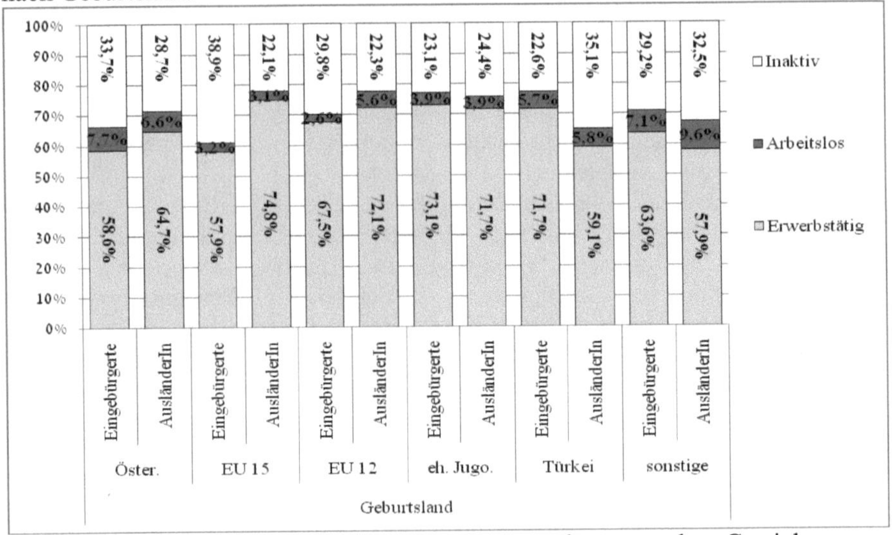

Quelle: Mikrozensus 2008, 2. Quartal, eigene Berechnungen ohne Gewichtung

Berufliche Stellung. Tabelle 7.6 zeigt die Ergebnisse von zwei Modellen, die die Einflussfaktoren auf die Wahrscheinlichkeit der 15- bis 64-jährigen Bevölkerung, als AngestellteR und nicht als ArbeiterIn tätig zu sein, untersucht. Das erste Modell bezieht geborene ÖsterreicherInnen, Eingebürgerte und AusländerInnen mit ein. Im Vergleich zu Eingebürgerten sind AusländerInnen mit geringerer Wahrscheinlichkeit als Angestellte tätig. Werden die anderen Einflussfaktoren konstant gehalten, so verringern sich die Odds[93] der abhängigen Variable um die Hälfte. Zwischen Eingebürgerten und geborenen ÖsterreicherInnen zeigt sich kein signifikanter Unterschied. Gegenüber in Österreich geborenen Personen, haben Eingewanderte, die in einem anderen EU15 Land geboren wurden, eine höhere Wahrscheinlichkeit als AngestellteR und nicht als ArbeiterIn, tätig zu sein. Eingewanderte aus allen anderen Geburtsländern weisen eine niedrigere Wahrscheinlichkeit auf als in Österreich geborene Personen. Zusätzlich erhöht die Bildung die Wahrscheinlichkeit, angestellt zu sein, und die Tatsache, in Wien zu leben. Männer sind eher als Arbeiter tätig als Frauen.

93 Definiert als die Wahrscheinlichkeit, angestellt zu sein, dividiert durch die Gegenwahrscheinlichkeit.

Modell 2 bezieht sich nur auf Eingewanderte, die sich seit mindestens 6 Jahren in Österreich aufhalten. Dabei ergibt sich zusätzlich zu den Einflüssen von Modell 1, dass sich die Tatsache, dass die höchste Ausbildung in Österreich abgeschlossen wurde, positiv auf die abhängige Variable auswirkt. Die unterschiedlichen Migrationsgründe weisen keine Unterschiede zur Referenzkategorie „ArbeitsmigrantInnen" auf. Einzig die Tatsache, für Bildung eingereist zu sein, weist einen leicht signifikant positiven Einfluss auf.

Tabelle 7.6: Einflüsse auf die Wahrscheinlichkeit, als AngestellteR tätig zu sein, im Vergleich dazu, als ArbeiterIn tätig zu sein (logistische Regression)

	Modell 1		Modell 2	
Unabhängige Variablen	**B**	**exp(B)**	**B**	**exp(B)**
Staatsbürgerschaftshintergrund				
Eingebürgert	0,00***	1	0,49***	1,638
AusländerIn	-0,68***	0,509	0,00	1
ÖsterreicherIn seit Geburt	-0,01	0,993	-	-
Geburtsland				
Österreich	0,00***	1	-	-
EU15[94]	0,62***	1,856	0,00***	1
EU12[95]	-1,15***	0,315	-1,4***	0,247
Eh. Jugos.	-1,75***	0,174	-2,25***	0,106
Türkei	-1,74***	0,175	-2,71***	0,067
Sonstige	-0,85***	0,428	-1,24***	0,290
Bildung				
Grundschule	0,00***	1	0,00***	1
Lehre/ BMS	1,11***	3,029	0,71***	2,033
AHS/ BHS	2,98***	19,701	1,33***	3,765
Kolleg/ Uni	4,31***	74,167	2,71***	15,005
Migrationsgrund				
Arbeit			0,00*	1
Bildung	-	-	0,93**	2,533
Flucht	-	-	-0,04	0,964
Familienzusammenführung	-	-	0,07	1,067
Heirat	-	-	0,37	1,443
Als Kind eingereist	-	-	-,31	0,732
Sonstiger	-	-	0,61*	1,846
Männlich (vs. weiblich)	-0,94***	0,389	-0,92***	0,399

94 Ohne Österreich
95 EU – Beitrittsländer, 2004 und 2007.

Unabhängige Variablen	Modell 1		Modell 2	
	B	exp(B)	B	exp(B)
Ausbildung in Österreich abgeschlossen	-	-	1,58***	4,839
Wien	0,77***	2,169	0,67***	1,947
Konstante	0,04	1,043	0,13	1,119
Chi-Square/ df	4124,19/12***		623,5/17***	
Pseudo-R^2 (Nagelkerke)	0,341		0,475	
N	14.698		1.434	

* p-Wert < 0,1, ** p-Wert < 0,05, *** p-Wert < 0,01; n.s. bedeutet, dass die Aufnahme der Variable in die Gleichung das Modell nicht signifikant verbessert hat.

Quelle: Eigene Berechnungen mit dem Mikrozensus 2008, 2. Quartal (Statistik Austria)

Eingebürgerte sind somit eher als Angestellte tätig als Nicht-Eingebürgerte. Das Ergebnis ist auch ein Hinweis darauf, dass Eingebürgerte mit höherer Wahrscheinlichkeit ein höheres Einkommen haben als AusländerInnen, da Angestellte durchschnittlich ein höheres Einkommen haben als ArbeiterInnen.[96]

Bezugnehmend auf die Korrespondenzanalyse in Kapitel 7.2 wurde noch ein Modell gerechnet, welches die Wahrscheinlichkeiten berechnet, einer höheren Tätigkeit nachzugehen. Da die Korrespondenzanalyse die Tätigkeiten in die unterschiedlichen Dimensionen manuelle und nicht-manuelle Tätigkeiten unterscheidet, wurde ein Modell gerechnet in dem nur manuelle Tätigkeiten beachtet werden und eines für nicht manuelle Tätigkeiten. Die Ergebnisse dieser Modelle mit den nicht gewichteten Daten waren in Bezug auf die Einbürgerungsvariable nicht signifikant. Dieses Ergebnis wird jedoch in erster Linie mit den zu kleinen Samplezahlen erklärt, welche sich nach Unterteilung der Gruppen für das Modell ergaben.[97] Somit stößt selbst die größte Stichprobenbefragung in Österreich bei so konkreten Forschungsfragen an ihre Grenzen bzgl. der Samplegröße. Auf die Diskussion zum Thema Verfügbarkeit von Daten für die Analyse

96 2008 betrug das beitragspflichtige Medianeinkommen von angestellten Männern und Frauen 2.867 EUR bzw. 1.673 EUR. Der Median des Einkommens von Arbeitern und Arbeiterinnen betrug hingegen 1.928 EUR bzw. 1.179 EUR. Für ausländische StaatsbürgerInnen kam das Medianeinkommen für Angestellte auf 2.490 bzw. 1.599 EUR und für ArbeiterInnen auf 1.703 bzw. 1.185 EUR. Die Einkommen beziehen sich auf das für die Sozialversicherungen beitragspflichtige Bruttoeinkommen ohne Berücksichtigung der Arbeitsstunden (Kammer für Arbeiter und Angestellte für Wien 2009: 4,25).

97 Modell 1 vergleicht höhere manuelle Tätigkeiten gegenüber manuellen Hilfs- und angelernten Tätigkeiten und Modell 2 nicht manuelle Hilfstätigkeiten gegenüber mittleren und höheren Tätigkeiten. Im Modell 1 ergeben sich nach Unterscheidung nach Bildung, Geschlecht und Einbürgerungsstatus für die höheren manuellen Tätigkeiten Samplezahlen von durchschnittlich 12. Modell 2 zeigt ebenfalls durchschnittlich 12 Personen pro Zelle nach Unterscheidung nach den vier Variablen.

von Implikationen einer Einbürgerung wird im Exkurs 2 (unten) genauer eingegangen. Die Ergebnisse der Modelle finden sich im Anhang D.

Wohnsituation. Zum Abschluss wird noch der Einfluss einer Einbürgerung auf die Wohnungssituation von ausländischen und ehemaligen ausländischen Staatsangehörigen untersucht. Dieser Untersuchung geht die Annahme voraus, dass sich eine Einbürgerung positiv auf die Wohnungssituation auswirkt. Diese positive Auswirkung wird erstens schon dadurch angedeutet, dass sich ein Zusammenhang zwischen der Wohnungssituation und der Wahrscheinlichkeit, eingebürgert zu sein, ergab (Kapitel 7.3.2). Zweitens deuten die Ergebnisse der befragten Einbürgerungswilligen (vgl. Kapitel 6), auch darauf hin, dass die Problematik des beschränkten Zugangs zu Wohnungen für AusländerInnen ein Problem darstellt. Wie in Kapitel 5.2.2 angesprochen, ist der Bereich Wohnen ein besonders wichtiger Bereich für ImmigrantInnen. Einerseits gab es rechtliche Unterschiede für den Wohnungszugang zwischen österreichischen StaatsbürgerInnen und ausländischen Staatsangehörigen und andererseits gibt es dokumentierte Fälle von Diskriminierung im Bereich der privaten Wohnungsvergabe bezüglich der Staatsbürgerschaft (vgl. ZARA 2010).

Tabelle 7.7: Rechtsverhältnis der Wohnung von Eingebürgerten und nicht Eingebürgerten nach mindestens sechs Jahren Aufenthalt

Rechtsverhältnis	**AusländerInnen**	**Eingebürgerte**
Hauseigentum	18,5%	25,7%
Verwandt oder verschwägert mit HauseigentümerIn	1,2%	3,6%
Wohnungseigentum	8,5%	12,8%
Hauptmiete/ Genossenschaft	65,3%	53,8%
Untermiete	2,7%	1,0%
Sonstiges (Entgelt)	1,1%	0,8%
Sonstiges (ohne Entgelt)	2,7%	2,1%
Gesamt	100%	100%
Art der Hauptmiete	**AusländerInnen**	**Eingebürgerte**
Hauptmietwohnung	65,2%	38,4%
Genossenschaftswohnung	23,9%	38,2%
Gemeindewohnung	10,9%	23,4%
Gesamt	100%	100%

Quelle: Eigene Berechnungen mit dem Mikrozensus 2008, 2. Quartal (Statistik Austria), ohne Gewicht

Eine erste Darstellung der Wohnungssituation nach Staatsbürgerschaftsstatus weist schon auf deutliche Unterschiede hin. Werden Eingewanderte mit mindestens sechs Jahren Aufenthalt beachtet, dann leben etwas über 90 Prozent der

Eingebürgerten in einer Wohnung der Ausstattungskategorie A, jedoch nur etwa 85 Prozent der ausländischen Bevölkerung. Deutliche Unterschiede zeigen sich auch nach dem Rechtsverhältnis der Wohnung. Ein jeweils höherer Anteil der Eingebürgerten ist HauseigentümerIn, verwandt oder verschwägert mit dem/der HauseigentümerIn oder besitzt eine Wohnung. Im Gegenzug ist der Anteil der Personen, die in einer Mietwohnung wohnen, Untermiete bezahlen oder in sonstigen Unterkünften untergebracht sind, bei den ausländischen Befragten höher. Wird die große Gruppe der HauptmieterInnen genauer beachtet, zeigt sich, dass Eingebürgerte eher in Genossenschaftswohnungen oder Gemeindewohnungen leben (siehe Tabelle 7.7).

Die Rolle der Staatsbürgerschaft in Hinblick auf die Wahrscheinlichkeit in einer Wohnung der Ausstattungskategorie A zu leben wurde in einem logistischen Regressionsmodell genauer untersucht (Tabelle 7.8). Modell 1 bezieht alle drei Gruppen – geborene ÖsterreicherInnen, Eingebürgerte und AusländerInnen – in die Analyse mit ein. Als Referenzgruppe wurden Eingebürgerte bestimmt. Das Ergebnis zeigt, dass ausländische Staatsangehörige eine wesentlich geringere Wahrscheinlichkeit haben, in einer Wohnung der Ausstattungskategorie A zu leben. Zwischen Eingebürgerten und geborenen ÖsterreicherInnen ergibt sich jedoch kein signifikanter Unterschied. Im Vergleich zu den Personen, die in Österreich geboren wurden, weisen nur Eingewanderte aus Ländern des ehemaligen Jugoslawiens eine signifikant geringere Wahrscheinlichkeit auf, in einer Wohnung der Ausstattungskategorie A zu leben. Die Bildung wie auch der Erwerbsstatus haben ebenfalls einen Einfluss auf die Wohnungssituation. Inaktive Personen sowie Arbeitssuchende leben eher in einer Substandardwohnung als Personen, die einer bezahlten Beschäftigung nachgehen. In diesem Modell macht es keinen Unterschied, ob die Personen in Wien leben oder nicht. Das zweite Modell wurde nur für Eingewanderte, die seit mindestens sechs Jahren in Österreich leben, gerechnet. Auch in diesem Modell bleibt eine signifikant höhere Wahrscheinlichkeit für Eingebürgerte bestehen. Die Aufenthaltsdauer hat keinen Einfluss auf die Wohnungssituation. Waren im ersten Modell das Geschlecht und der Erwerbsstatus noch von Bedeutung, zeigt sich im Modell der Zugewanderten kein signifikanter Zusammenhang nach diesen Merkmalen. Ebenfalls im Gegensatz zum ersten Modell besteht jedoch eine signifikant niedrigere Wahrscheinlichkeit in einer Ausstattungskategorie A Wohnung zu leben, wenn die Eingewanderten in Wien leben. Das Modell wurde auch nach dem Einfluss des Migrationsgrundes untersucht, wobei es jedoch zu keinen statistischen Einflüssen kam, weshalb diese Variable aus der Analyse ausgeschlossen wurde.

In Hinblick auf die Wohnungssituation macht es somit einen deutlichen Unterschied, ob eine Person eingebürgert wurde oder nicht. Als Gründe für die bessere Wohnungssituation von Eingebürgerten können einerseits der generell höhere Lebensstandard von Eingebürgerten angesehen werden, sowie die Verbindung der Einbürgerungsentscheidung mit der Entscheidung im Land zu bleiben (vgl. Kapitel 6; Reichel 2006: 92). Durch diese Entscheidung und dem damit einhergehenden Verwerfen des Rückkehrwunsches werden Eingewanderte mehr in ihre Wohnsituation investieren, was Personen, die noch einen Rückkehrwunsch hegen, nicht im gleichen Ausmaß tun werden. Die Daten können zwar den genauen Einfluss, der durch die Einbürgerung entsteht, nicht nachweisen, da es sich nur um Querschnittsdaten handelt, jedoch kann durch verschiedene Überlegungen angenommen werden, dass die Einbürgerung selbst zur besseren Wohnungssituation verhilft. Fast drei Viertel der Eingebürgerten (73,7%) haben ihre Wohnung erst nach ihrer Einbürgerung bezogen. Dies beweist zwar nicht, dass die Personen vor der Einbürgerung in einer schlechteren Wohnung gelebt haben, schließt dies jedoch nicht aus. Die bessere Wohnungssituation von Eingebürgerten muss jedenfalls auch durch den Wegfall von etwaiger Diskriminierung erklärt werden, da ausländische StaatsbürgerInnen einen schlechteren Zugang zu Wohnungen haben. Einerseits passiert(e) dies durch den rechtlichen Ausschluss von bestimmten Gruppen ausländischer Staatsangehöriger aus bestimmten Wohnungsmärkten, wie dem der Gemeindewohnungen, sowie der mögliche Ausschluss aus bestimmten sozialen Förderungen. Andererseits, kommt es auch zur Diskriminierung seitens privater VermieterInnen, was schon durch Wohnungsannoncen, die explizit AusländerInnen ausschließen, angedeutet wird (vgl. hierzu beispielsweise ZARA 2010).

Tabelle 7.8: Einflüsse auf die Wahrscheinlichkeit in einer Ausstattung A Wohnung zu leben (logistische Regression)

Unabhängige Variablen	Modell 1		Modell 2	
	B	exp(B)	B	exp(B)
Staatsbürgerschaftshintergrund				
Eingebürgert	0,000***	1	0,646***	1,908
AusländerIn	-0,557***	0,573	0,000***	1
ÖsterreicherIn seit Geburt	-0,034	0,966	-	-
Aufenthaltsdauer	-	-	n.s.	n.s.
Geburtsland				
Österreich	0,000***	1	-	-
EU15[98]	0,121	1,129	0,000***	1
EU12[99]	-0,073	0,930	-0,436*	0,647
Eh. Jugos.	-0,507***	0,602	-0,855***	0,425
Türkei	0,225	1,252	-0,175	0,839
Sonstige	0,025	1,026	-0,412	0,662
Bildung				
Grundschule	0,000***	1	0,000***	1
Lehre/ BMS	0,482***	1,620	0,467***	1,595
AHS/ BHS	0,954***	2,596	0,767***	2,153
Kolleg/ Uni	0,932***	2,540	1,137***	3,116
Erwerbsstatus				
Erwerbstätig	0,000***	1	0,000***	1
Arbeitslos	-0,443***	0,642	-0,413	0,661
Inaktiv	-0,130**	0,878	-0,248*	0,780
Männlich (vs. weiblich)	-0,136***	0,873	n.s.	n.s.
Alter	-0,010***	0,990	-0,24***	0,976
Ausbildung in Österreich abgeschlossen	-	-	n.s.	n.s.
Wien	0,107	1,113	-0,438***	0,645
Konstante	2,598***	13,434	3,092***	22,014
Chi-Square/ df	528,068/15***		136,691/12***	
Pseudo-R^2 (Nagelkerke)	0,040		0,102	
N	28.750		2.424	

* p-Wert < 0,1, ** p-Wert < 0,05, *** p-Wert < 0,01, n.s. bedeutet, dass die Aufnahme der Variable in die Gleichung das Modell nicht signifikant verbessert hat.

Quelle: Eigene Berechnungen mit dem Mikrozensus 2008, 2. Quartal (Statistik Austria), ohne Gewicht

98 Ohne Österreich

99 EU – Beitrittsländer, 2004 und 2007.

Exkurs 2: Möglichkeiten und Grenzen existierender Datenquellen zur Analyse der Determinanten und Folgen von Einbürgerungen

Dieser kurze Exkurs beschäftigt sich mit der Verfügbarkeit von Daten, die es erlauben, die Frage nach den Determinanten und Folgen einer Einbürgerung genauer zu untersuchen. Da der Erhalt der Staatsbürgerschaft nur für bestimmte Personen, welche die Voraussetzungen für den Erhalt erfüllen und die Bedingungen, die mit diesem verbunden sind, akzeptieren, möglich ist, stellt dieser einen Selektionsmechanismus dar. Die Folgen einer Einbürgerung müssen dann im Zusammenhang mit der selektiven Auswahl der Eingebürgerten analysiert werden. Um die Bedingungen und Folgen einer Statusänderung, wie den Erhalt der Staatsbürgerschaft, genau unterscheiden zu können, müssen Langzeitdaten herangezogen werden. Dafür können einerseits retrospektiv erhobene Daten verwendet werden oder Längsschnittdaten, die über einen längeren Zeitraum erhoben werden.

Prinzipiell kann zwischen Daten aus Befragungen und administrativen Registerdaten unterschieden werden. Befragungen sind entweder gesamte Bevölkerungsbefragungen bzw. Volkszählungen oder Stichprobenerhebungen. Bevölkerungsbefragungen werden nur sehr selten durchgeführt – zumeist alle zehn Jahre – und beinhalten selten Retrospektivfragen bzw. Fragen zum Staatsbürgerschaftserhalt. Stichprobenbefragung mit Fragen nach dem Erhalt der Staatsbürgerschaft bzw. dem Datum des Erhalts der Staatsbürgerschaft sind schon eher erhältlich. Idealerweise werden Langzeitbefragungen herangezogen, um die Determinanten und Folgen eines Staatsbürgerschaftswechsels genau herausfiltern zu können. Langzeitbefragungen über einen längeren Zeitraum werden jedoch nur selten durchgeführt. Zusätzlich leiden Stichprobenbefragungen, die in der Stichprobe nicht speziell Eingewanderte bzw. Eingebürgerte mit einbeziehen, oft an zu kleinen Samplezahlen von Eingewanderten bzw. Eingebürgerten um statistisch signifikante Ergebnisse zu erzielen (vgl. Reichel 2010b). In Österreich ist der in dieser Arbeit verwendete Datensatz (Mikrozensus) die größte Stichprobenerhebung, die die gesamte Bevölkerung abdeckt (siehe Beschreibung oben, Kapitel 7.1). Selbst in diesem Datensatz, der über 22.000 Haushalte pro Quartal beinhaltet, kommt es bei genaueren multivariaten Analysen zu insignifikanten Ergebnissen aufgrund der zu kleinen Samplezahl von Eingewanderten bzw. Eingebürgerten. Andere wichtige Befragungen, wie der EU-SILC[100] oder die Gesundheitsbefragung haben noch kleinere Stichproben. Eine Möglichkeit, diesem Problem zu entgegnen, ist auf speziell gesampelte Befragungen auszuweichen. International vergleichende Befragungen mit spezi-

100 European Union Statistics on Income and Living Conditions

ellen Samples von Eingewanderten und/ oder ihren Nachkommen, gleich welcher Staatsbürgerschaft, sind beispielsweise die Befragung TIES[101] oder SCIICS.[102]

Das Problem der zu kleinen Stichproben betrifft nicht Datenquellen, die auf anonymisierte Registerdaten zurückgreifen. Diese Daten werden aus Registern, die für administrative Zwecke entwickelt wurden, gezogen und decken somit die gesamte registrierte Bevölkerung ab. Ein weiterer Vorteil von Registerdaten ist, dass diese zumeist Längsschnittdaten über die Dauer der Registrierung beinhalten. Probleme von Registerdaten betreffen drei Umstände. Erstens kann die nicht registrierte Bevölkerung nicht in die Analyse mit einbezogen werden. Zweitens, beinhalten Register oftmals nur sehr wenig Informationen, da in erster Linie nur Daten gesammelt werden, die für die Administration von z. B. Berechnungen von Pensions- oder Arbeitslosengeldanspruch benötigt werden. Das dritte Problem betrifft die Aktualität der Informationen, die in den jeweiligen Registern enthalten sind. Da bestimmte Informationen – hier die Staatsbürgerschaft – nicht notwendigerweise automatisch aktualisiert werden, können die Informationen in Registern veraltet sein. Für die österreichische Migrationsforschung wichtige administrative Register sind das Register der Sozialversicherungsverhältnisse, die Register des Arbeitsmarktservice oder das Fremdeninformationssystem des Bundesministeriums für Inneres. Zusätzlich werden auf Basis verschiedener administrativer Quellregister neue statistische Register entwickelt. Ziel solcher statistischer Register ist es einerseits, anonyme Analysen von vertraulichen Daten zu ermöglichen und einer breiteren Öffentlichkeit zugänglich zu machen. Andererseits wird durch die Verknüpfung verschiedener Register mehr Information zusammengespielt, womit dem oben erwähnten Problem der geringen Informationsbreite administrativer Datenquellen entgegengetreten werden kann. Besonders im Zuge der Vorbereitungen für die österreichische Bevölkerungszählung 2011, welche ab 2011 nur mehr auf Daten administrativer Quellen beruht, wurden eine Reihe neuer Sekundärregister entwickelt (vgl. Kraler et al. 2009: 6-8).

Die österreichische Arbeitsmarktdatenbank (AMDB) ist ein gutes Beispiel für die Vor- und Nachteile von sekundärer Verwendung von administrativen Registerdaten im Zusammenhang mit der Forschungsfrage nach den Determinanten und Folgen von Einbürgerungen. Die AMDB wird vom österreichischen Arbeitsmarktservice (AMS) und dem Bundesministerium für Arbeit, Soziales und Konsumentenschutz (BMASK) betrieben. Die Datenbank bezieht und verknüpft Daten aus drei Haupquellen: dem Register der Versicherungsverhältnisse des Hauptverbandes der österreichischen Sozialversicherungsträger (HV),

101 Siehe http://www.tiesproject.eu/ (Zugriff im April 2010)
102 http://www.wzb.eu/zkd/mit/projects/projects_sciics.en.htm (Zugriff im April 2010)

den Daten der als arbeitslos gemeldeten Personen des Arbeitsmarktservice (AMS) sowie das vom AMS geführte Register von bewilligungspflichtigen AusländerInnen. Durch die Verknüpfung dieser Datengrundlagen können Erwerbskarrieren von in Österreich tätigen Personen erstellt werden. Um das Register weiter zu entwickeln und sein ganzes Potential auszunutzen, wurden in mehreren ExpertInnentreffen die enthaltenen Daten in Hinblick auf Staatsbürgerschaftswechsel analysiert und die Erfassung dieser automatisch programmiert. Es wurden auf Basis von Plausibilitäts- und Hierarchieregeln die Informationen über die Staatsbürgerschaft in den verschiedenen Registern extrahiert, um somit die stattgefundenen Einbürgerungen zu erfassen (Reichel 2010c: 5-8). Diese werden in den Längsschnittdaten des HV nicht automatisch erfasst, da eine Einbürgerung nicht von Bedeutung für das Sozialversicherungsverhältnis ist. Eine Verschneidung mit Einbürgerungsdaten ist nicht möglich, da bei einer Einbürgerung nicht die Sozialversicherungsnummer erfasst wird.[103]

Das Ergebnis der Berechnungen wurde in einer ‚Staatsbürgerschaftstabelle' gespeichert. Die Ergebnisse wurden schließlich mit den offiziellen Einbürgerungszahlen von Statistik Austria verglichen um die Reliabilität der Erfassung von Einbürgerungen auf Basis der verschiedenen Datenquellen einschätzen zu können (für die gesamte Analyse vgl. Reichel 2010c). Dass der Status der Staatsangehörigkeit in den Registern nicht immer aktuell ist, wird schon dadurch angedeutet, dass mit Stichtag 30. Juni 2008 13,9 Prozent der über 1,8 Mio. gespeicherten Personen mit ausländischer Staatsangehörigkeit die Staatsbürgerschaft „Jugoslawien" haben. Diese Personen haben somit ihre neue Staatsbürgerschaft, sei es die österreichische oder eine andere, nicht mitgeteilt. Ferner zeigen die Einbürgerungszahlen eine deutliche Untererfassung von Einbürgerungen. Im Zeitraum von 1987 bis 2008 berichtet Statistik Austria von 445.555 Einbürgerungen, jedoch erfasst die AMDB im gleichen Zeitraum nur 194.203 Staatsbürgerschaftswechsel von einer ausländischen Staatsangehörigkeit zur österreichischen, was einem Anteil von 43,6 Prozent entspricht. Dieses Verhältnis trügt allerdings zunächst, da die offiziellen Zahlen auch Einbürgerungen von Personen beinhalten, die in den der AMDB zugrundeliegenden Registern nicht erfasst werden können. In erster Linie ergibt sich der Unterschied durch die Nichterfassung von Kindern[104] in der AMDB, da Personen unter 15 Jahren im Zeitraum von 1981 bis 2008 auch fast ein Drittel aller Einbürgerungen ausmachen (siehe Kapitel 4.2). Die Untererfassung von Einbürgerungen schwankt jedoch auch stark über den erfassten Zeitraum. Zwischen 1987 und 1994 wurde weniger als ein Viertel der Staatsbürgerschaftswechsel erfasst und zwischen 1995 und 2004 bewegt sich der Anteil zwischen 25 und 50 Prozent. Danach steigt der Anteil

103 Telefonische Auskunft des HV, Juni 2009.
104 Mitversicherte Kinder werden zwar vom HV registriert, jedoch ohne Staatsangehörigkeit.

stark an, wobei ab 2007 die Einbürgerungen überschätzt werden. 2009 kommen die erfassten Einbürgerungen auf über 200 Prozent der offiziellen Zahlen (Reichel 2010c: 13-14).

Die Über- bzw. Untererfassung der Einbürgerungen variiert auch stark nach vorherigen Staatsbürgerschaften und Alter. Am stärksten Untererfasst werden ehemalige StaatsbürgerInnen aus Serbien und Montenegro[105], Bosnien und Herzegowina sowie aus Rumänien mit Anteilen von unter fünf Prozent der offiziellen Zahlen zwischen 1998 und 2008. Ebenfalls geringe Anteile weisen ehemalige Staatsangehörige aus Mazedonien, Kroatien und China mit Anteilen um 30 Prozent in den zehn Jahren zwischen 1998 und 2008 aus. Die höchsten Anteile haben Eingebürgerte aus der Türkei, Ägypten und Polen mit Anteilen von über 50 Prozent. Interessant ist auch, dass Staatsbürgerschaftswechsel von Deutschen stark übererfasst werden, mit fast 600 Prozent (Reichel 2010c: 14).

Abbildung 7.3: Anteile der in der Arbeitsmarktdatenbank erfassten Einbürgerung im Vergleich zu den offiziellen Einbürgerungszahlen nach vorheriger Staatsbürgerschaft, 1998-2008

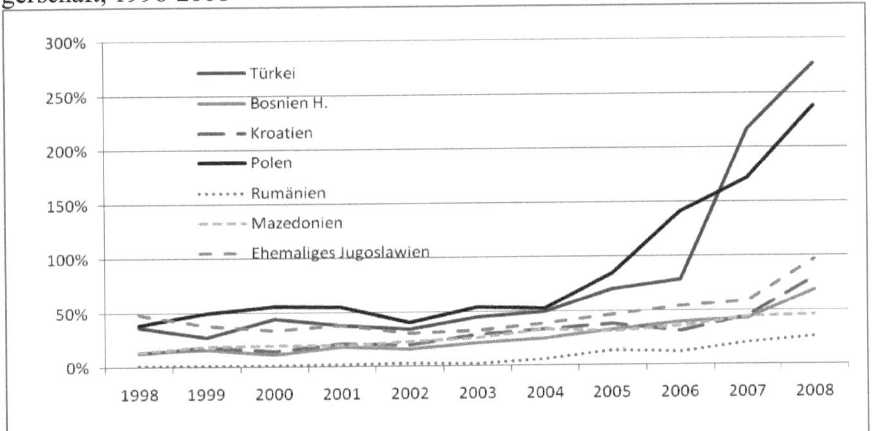

Quelle: Entnommen aus Reichel 2010c: 15

Außer Einbürgerungen von ehemaligen TürkInnen und PolInnen sind die Anteile der verschiedenen Herkunftsgruppen relativ stabil seit 1998 und nehmen erst in den letzten Jahren zu. Die erfassten Einbürgerungen von PolInnen und TürkInnen nahmen jedoch schon ab 2004 bzw. 2006 stark zu und übertreffen bei weitem die offiziellen Einbürgerungszahlen (siehe Abbildung 7.3). Werden die er-

105 Nach Juni 2006 wurden beide Länder zusammengezählt.

fassten Einbürgerungen zwischen 1987 und 2008 nach Alter und Geschlecht betrachtet, so zeigt sich, dass Männer generell besser erfasst werden als Frauen. Die Altersgruppen 15 bis 24 und 45 bis 59 werden besser erfasst als andere Altersgruppen (Reichel 2010c: 15-16).

Erklärungen für die unterschiedliche Erfassung von Einbürgerungen in den Registern der AMDB sind (1) die Nicht-Erfassung von Personen, die keine Erwerbstätigkeit ausführen, und (2) die Nicht-Meldung von Einbürgerungen beim HV. Zusätzlich kommt es auch zu falschen Meldungen, wie die Überschätzung der Einbürgerungen von Deutschen andeutet. Dass Einbürgerungen kaum bei den Sozialversicherungen gemeldet werden, zeigt sich auch dadurch, dass die mit Abstand wichtigste Quelle für die Erfassung von Einbürgerungen in der AMDB die Register des AMS sind. Die Verwendung der Daten in Hinblick auf Staatsbürgerschaft(swechsel) ist somit nur unter Bedacht der Verzerrungen zu empfehlen.

Zusammenfassend muss konstatiert werden, dass es eine Reihe verschiedener Datenquellen gibt, die unterschiedliche Möglichkeiten bieten, die Implikationen eines Staatsbürgerschaftserwerbs zu untersuchen. Neben den Vorteilen verschiedener Datenquellen hat jede Quelle auch ihre Probleme und Grenzen. Statistische Datengewinnung und Verarbeitung ist ein sich schnell entwickelter Bereich und es werden laufend neue Datenquellen entwickelt und erschlossen. Trotz der laufenden Entwicklung und Erschließung neuer Möglichkeiten bestehen deutliche Grenzen für die Möglichkeiten bestimmte Sachverhalte zu erforschen. Nationale statistische Systeme wurden über viele Jahre hinweg entwickelt und sind nur schwierig in ihrem Grundaufbau zu ändern. Diese Probleme und Grenzen werden speziell in der international vergleichenden Forschung sichtbar. Problematische Datengrundlagen sollten jedoch nicht dazu führen, die Daten zu verwerfen, sondern unter Rücksichtnahme auf die bestehenden Probleme und Verzerrungen die Möglichkeiten einer jeden Datenquelle auszuloten, um den Wissensstand bezüglich wichtiger Forschungsfragen zu erweitern.

7.5 Schlussfolgerungen: Einbürgerung und der sozio-ökonomische Status

Dieses Kapitel untersuchte den Zusammenhang zwischen dem Erhalt der österreichischen Staatsbürgerschaft und dem sozio-ökonomischen Status. Vorneweg soll nochmals darauf hingewiesen werden, dass der ökonomische Bereich nur als ein Teilbereich der Bedeutung der Staatsbürgerschaft angesehen werden kann und die Bedeutung der Staatsbürgerschaft ebenso oder sogar viel mehr für andere Bereiche des Lebens von Relevanz ist (vgl. Kapitel 5 und 6).

Eine allgemeine Unterscheidung zwischen Eingebürgerten und Nicht-Eingebürgerten zeigt, dass Eingebürgerte einen deutlich höheren sozio-ökonomischen Status halten. Dies betrifft die Ausbildung und den beruflichen Status. Mit den hochgerechneten Daten den österreichischen Mikrozensus 2008 (2. Quartal) präsentieren sich die niedrig und mittel gebildeten Eingebürgerten in Hinblick auf die ausgeführte Tätigkeit besser integriert als ausländische EinwohnerInnen Österreichs. Für höher Gebildete, zumeist aus der EU15 stammende Eingewanderte, kann diese Beobachtung nicht gemacht werden. Vornehmlich können die Unterschiede darauf zurückgeführt werden, dass höher Gebildete, welche somit auch eine höhere berufliche Stellung haben, eher eingebürgert werden, als niedriger gebildete AusländerInnen. Zu diesem Ergebnis kommen auch sämtliche Studien, die für andere Länder durchgeführt wurden. Die Studien aus anderen Ländern verweisen meist auch auf erhöhte Einbürgerungswahrscheinlichkeiten von Eingewanderten aus Drittstaaten, aus Ländern mit niedrigem BIP pro Kopf sowie für Flüchtlinge. Zusätzlich erhöhen in anderen Ländern die Aufenthaltsdauer und die Tatsache ein Eigenheim zu besitzen die Einbürgerungswahrscheinlichkeit. Neben dem sozio-ökonomischen Status zeigen sich ebenfalls für Flüchtlinge und Drittstaatsangehörige in Österreich erhöhte Einbürgerungswahrscheinlichkeiten. Zusätzlich sind verheiratete Personen sowie Personen, die als Familiennachzug eingereist sind, eher eingebürgert. Wie schnell sich Personen nach ihrer Einwanderung einbürgern lassen, wird primär von der gesetzlichen Lage bestimmt, jedoch auch von der Bildung der betroffenen Personen.

Die Folgen einer Einbürgerung bzw. der allgemeine Zusammenhang zwischen Einbürgerung und dem sozio-ökonomischen Status bringt unterschiedliche Ergebnisse. Es sind keine statistisch signifikanten Unterschiede in der Erwerbsbeteiligung zwischen eingebürgerten und nicht-eingebürgerten Personen nachweisbar. Dieses Ergebnis steht im Gegensatz zum Ergebnis der OECD, die mit der gleichen Datengrundlage, eine erhöhte Erwerbsbeteiligung für Eingebürgerte bei Frauen zeigt und eine geringere für eingebürgerte Männer (vgl. OECD 2010).[106]

Eingebürgerte sind eher als Angestellte tätig, was auch auf ein durchschnittlich höheres Einkommen hinweist. Die Frage danach, ob eine Einbürgerung die beruflich höhere Stellung erklärt, kann mit den Daten des Mikrozensus jedoch nicht genau beantwortet werden, da einerseits die Daten keine Zeitkomponenten enthalten und die kleine Zahl von Eingebürgerten in der Stichprobe teilweise keine signifikanten Ergebnisse bringt. Generell ist die Bedeutung der Bildung hervorzuheben, welche sich in allen Analysen als wichtiger Einflussfaktor auf Einbürgerung, Dauer zwischen Einwanderung und Einbürgerung, sowie auf den sozio-ökonomischen Status auswirkt.

Dass sich die Bildungsunterschiede aber nicht auf die Erwerbsbeteiligung oder auf einen signifikant höheren beruflichen Status auswirken, ist ein Hinweis darauf, dass Eingewanderte in Österreich, sowie ihre Nachkommen, wesentlich stärker aufgrund von ethnischen Merkmalen als aufgrund des Staatsbürgerschaftsstatus diskriminiert werden. Eine weitere Erklärung für die gleiche bzw. eventuell sogar etwas höhere Erwerbsbeteiligung von ausländischen Staatsangehörigen ist, dass ausländische StaatsbürgerInnen wesentlich dringender eine Beschäftigung brauchen als ÖsterreicherInnen, da der Aufenthaltsstatus oftmals an eine Beschäftigung bzw. ein geregeltes Einkommen gebunden ist. Diese Annahme, der größeren Wichtigkeit irgendeiner Beschäftigung nachgehen zu müssen, wird dadurch erhärtet, dass AusländerInnen wesentlich öfter eine Beschäftigung unter ihrer Qualifikation annehmen. Sind etwa 30 Prozent aller AusländerInnen von Überqualifizierung betroffen, so betrifft dies nur mehr ein Viertel der Eingebürgerten. Bei geborenen ÖsterreicherInnen ist dies sogar nur bei einem Zehntel der Fall.

Ein deutliches Resultat ergibt die Analyse in Hinblick auf die Wohnungssituation. Die Tatsache, eingebürgert zu sein, verringert signifikant die Wahrscheinlichkeit in einer Substandardwohnung zu leben.

Selbst wenn die Ergebnisse der Studie lediglich auf Querschnittsdaten beruhen, welche keine genauen kausalen Analysen erlauben, ist die kausale Überlegung über die Auswirkung der Einbürgerung auf die Erwerbstätigkeit schon legitim, da etwa über die Hälfte der Eingebürgerten ihre Ausbildung vor ihrer Einbürgerung abgeschlossen haben, ihre derzeitige Tätigkeit aber nach der Einbürgerung begonnen haben. Ein Viertel hat vor seiner Einbürgerung die höchste Ausbildung abgeschlossen und auch die derzeitige Tätigkeit begonnen und etwa 20 Prozent haben ihre Ausbildung nach der Einbürgerung abgeschlos-

---

106 Ein Grund hierfür kann auch sein, dass bei der OECD Studie nur die Wahrscheinlichkeit, beschäftigt zu sein, im Vergleich dazu nicht erwerbstätig, also inaktiv, zu sein, untersucht wurde, und nicht im Vergleich dazu, arbeitssuchend/ arbeitslos zu sein, wie in dieser Arbeit.

sen, wovon die Hälfte ihre derzeitige Tätigkeit schon vor der Einbürgerung begonnen hatte.

Wie sind diese Ergebnisse nun im Hinblick auf Einbürgerungspolitik zu erklären? Pieter Bevelander und Don DeVoretz (2008) verweisen darauf, dass die möglichen sozio-ökonomischen Folgen von Einbürgerungen im Zusammenhang mit der Einwanderungspolitik gesehen werden müssen. Neben der Liberalität oder Restriktivität der Einbürgerungsbestimmungen, sind die Einwanderungsbestimmungen von Bedeutung, da verschiedene Gruppen von Eingewanderten, je nach sozio-ökonomischen Status, unterschiedlich von Einbürgerung profitieren. Einfach gesagt, sind die Folgen einer Einbürgerung davon abhängig, welche zusätzlichen Rechte durch die Einbürgerung erlangt werden. In welchem Ausmaß eine Einbürgerung ökonomische Vorteile bringt, wird nach Bevelander und DeVoretz (2008: 156) in drei Phasen entschieden. Zuerst bringen je nach Einwanderungspolitik und bestimmter Einwanderungsgruppe die Eingewanderten unterschiedliches Humankapital mit. Je nachdem wie hoch das mitgebrachte Humankapital ist, können die Eingewanderten dieses noch vor ihrer Einbürgerung erweitern und erhöhen. Diese Erhöhung kann auch durch integrationspolitische Maßnahmen forciert werden. Erst unter Einbezug dieses akkumulierten Humankapitals können die Eingebürgerten von der neuen Staatsbürgerschaft profitieren oder eben nicht. Die Ergebnisse der bisherigen Studien ergeben jedoch unterschiedliche Resultate für verschiedene Länder. In den USA und Kanada ist eine deutliche Auswirkung durch Einbürgerung erkennbar. Beide Länder haben klare Richtlinien für die Zuwanderung, jedoch eher liberale Einbürgerungsregelungen.

Andere europäische Länder können ebenfalls einen deutlichen Zusammenhang zwischen Erwerbsbeteiligung und Einbürgerung aufweisen, gleich ob die Einbürgerungsvoraussetzungen eher liberal sind, wie in den Niederlanden (Bevelander und Veenman 2008) oder Schweden (Bevelander und Pendakur 2009), oder vergleichsweise restriktiv, wie in Deutschland (Seibert 2008).[107] Österreich hat nun strengere Einbürgerungsregelungen als die Länder für die Vergleichsstudien bestehen.

In Bezug auf Österreich würde diese Theorie besagen, dass je mehr Humankapital bis zur Einbürgerung erworben werden konnte, desto mehr kann die ökonomische Situation durch eine Einbürgerung verbessert werden. Da der Großteil der österreichischen Eingewanderten jedoch eher niedrig gebildet ist

107 Ein Indikator für die Liberalität der Einbürgerungsbestimmungen ist der Migration Policy Index (MIPEX) bzgl. Zugang zur Staatsbürgerschaft: http://www.integrationindex.eu/integrationindex/2601.html, Zugriff im Juli 2010. Für weitere Indizes, die nachweisen, dass die österreichischen Einbürgerungsregelungen als die restriktivsten in Europa bezeichnet werden können, siehe von Goodman (2010) und Howard (2010).

und durch eine generelle Abwesenheit von integrationspolitischen Maßnahmen speziell in Hinblick auf die ‚Gastarbeitsmigration' auch kaum Humankapital akkumulieren konnte, dürfte kein Effekt von Einbürgerung zu beobachten sein. Nun zeigt sich in Hinblick auf Erwerbsbeteiligung kein Unterschied zwischen Eingebürgerten und AusländerInnen nach sechs Jahren Aufenthalt. Umgekehrt haben Eingebürgerte jedoch einen höheren beruflichen Status.

Die Ergebnisse deuten jedenfalls darauf hin, dass, gemäß der österreichischen Einbürgerungspolitik, nur sehr gut ökonomische integrierte AusländerInnen sich einbürgern können und der Selektionseffekt der Einbürgerung gegenüber den ökonomischen Folgen überwiegt. Die strengen Einbürgerungsregelungen führen jedoch auch dazu, dass sich ökonomisch ‚schwächere' EinwohnerInnen ohne Staatsbürgerschaft, nicht so schnell oder gar nicht einbürgern lassen können und somit nicht in den Genuss möglicher positiver Folgen von Einbürgerung kommen. Die Möglichkeit, Einbürgerung als Integrationsmittel zu verwenden, wird in Österreich nicht genutzt, sondern bleibt eher Personen mit höherem sozio-ökonomischen Status vorenthalten.

8 Schlussfolgerungen

Die Institution der modernen Staatsbürgerschaft ist ein komplexes politisches, rechtliches und soziales Konstrukt mit einer Reihe von unterschiedlichen Bedeutungs- und Analyseebenen. Diese Arbeit legt den Schwerpunkt auf eine soziologische Perspektive, um Staatsbürgerschaft und ihre Bedeutung für Eingewanderte sowie deren Nachkommen zu untersuchen. Die Bedeutung der Staatsbürgerschaft ergibt sich einerseits aus den Rechten und Pflichten, die mit diesem Status verbunden sind, und andererseits aus den Praktiken, Dispositionen und Identitäten, die diesem Status zugeschrieben werden. Ganz allgemein führt eine Einbürgerung zu einer rechtlichen Gleichstellung mit anderen StaatsbürgerInnen und somit zu einer umfassenden rechtlichen Integration oder Assimilation. Diese Gleichstellung unterscheidet sich jedoch je nach Status der ausländischen Staatsangehörigen bzw. je nach bestehendem rechtlichem Status, wobei primär ein Unterschied zwischen den den InländerInnen relativ gleichgestellten EU-BürgerInnen und Drittstaatsangehörigen besteht. Eine rechtliche Gleichstellung – falls noch nicht erreicht – betrifft den Aufenthalt, die Beschäftigung, soziale und politische Rechte. Vor allem die rechtliche Statusverbesserung in den Bereichen Beschäftigung, durch besseren Zugang zum Arbeitsmarkt, und soziale Rechte, durch den Zugang zu finanziellen Förderungen, kann die Integration ökonomisch fördern.

Der Bedeutung des Erhalts der österreichischen Staatsbürgerschaft für die Integration von (ehemaligen) ausländischen Staatsangehörigen ist jedoch nicht einfach zu beantworten und hängt wohl von der Definition des vielschichtigen Begriffs „Integration“ ab. Selbst nach etlichen Versuchen, Integration wissenschaftlich zu definieren, – oder gerade dadurch – bleibt der Terminus unklar. Die vorliegende Arbeit kann den Diskurs um die Begriffsarbeit zu ‚Integration‘ zwar nicht erschöpfend behandeln, schlägt jedoch in Anbetracht der Fragestellung eine einfache Lösung vor. Positive Folgen einer Einbürgerung werden als der Integration förderlich angesehen und negative als nicht. Dabei waren die zentralen Forschungsfragen dieser Arbeit: Warum lassen sich Personen in Österreich einbürgern? Wer lässt sich in Österreich einbürgern und wer nicht? Und welche Auswirkungen hat der Erhalt der österreichischen Staatsbürgerschaft?

Neben den tatsächlichen Folgen einer rechtlichen Angleichung muss das subjektive Erleben der Staatsbürgerschaft mit betrachtet werden. Das bedeutet, es interessiert die Frage, warum sich Personen einbürgern lassen. Die Zuschreibungen und Erwartungen an die Staatsbürgerschaft können durch Einbürgerungsmotive erhoben und beschrieben werden. Diese Motive wurden im Rahmen dieser Arbeit durch eine Befragung von bereits eingebürgerten und einbürgerungswilligen Personen erhoben und statistisch ausgewertet.

Das Ergebnis der Befragung verweist auf das Bestehen von zwei unterschiedlichen Bedeutungsebenen der Staatsbürgerschaft. Einerseits wird eine Einbürgerung gewollt, weil diese zu rechtlichen Vorteilen führt, welche einen ökonomischen Nutzen haben. Es wird erwartet, dass die Einbürgerung die ökonomische Integration fördert. Dazu gehören aber nicht nur augenscheinliche Bereiche wie der Zugang zum Arbeitsmarkt, sondern auch ganz pragmatische Vorteile, wie das Wegfallen von alltäglichen, administrativen Behördenwegen, mit welchen ausländische StaatsbürgerInnen konfrontiert sind. Dabei ist einer der wichtigsten Gründe für eine Einbürgerung, die Erleichterung beim Reisen in andere Länder der Welt. Mit einem österreichischen Pass hat man in diesem Rahmen weniger Probleme bei Grenzübertritten und Grenzkontrollen. Als DrittstaatsangehörigeR ist die Zugänglichkeit zu Visa für bestimmte Länder wesentlich schwieriger als für ÖsterreicherInnen.

Neben diesen pragmatischen Beweggründen für eine Einbürgerung wird das Erlangen der österreichischen Staatsbürgerschaft genauso aus emotionalen Motiven gewünscht. Diese Motive hängen hauptsächlich mit der Bleibeabsicht sowie mit einem Gerechtigkeitsdenken zusammen: Durch die endgültige Entscheidung in Österreich zu bleiben, wollen Personen auch rechtlich zu ihrem Heimatland gehören und mit ihren Mitmenschen gleichbehandelt werden. Diese emotionale Bindung wird stark mit der Familie verbunden sowie auch mit einer Identifizierung mit Österreich. Das bedeutet, dass die Einbürgerung gewünscht wird, weil sich die Personen selbst als ÖsterreicherInnen fühlen und ihre Familienmitglieder auch ÖsterreicherInnen sind bzw. die Kinder österreichische StaatsbürgerInnen werden sollen.

So wichtig das subjektive Erleben für die Bedeutung der Staatsbürgerschaft ist, sind subjektive Erfahrungen jedoch auf bestimmte wahrnehmbare Faktoren begrenzt und so manche Situationen und Ereignisse können irrtümlich der (nicht-)österreichischen Staatsbürgerschaft zugeschrieben werden. Gerade die ökonomische Ebene kann durch objektivere Faktoren erforscht werden und die Frage nach den tatsächlichen Auswirkungen einer Einbürgerung beantworten. Wird die ökonomische Situation von Eingebürgerten und Nicht-Eingebürgerten verglichen, dann muss jedoch unterschieden werden, welche Merkmale bzw. Determinanten eher zu einer Einbürgerung führen und welche Folgen der Staatsbürgerschaftswechsel dann auf Eingebürgerte hat bzw. haben kann. Eine genaue Unterscheidung von Determinanten und Folgen einer Einbürgerung ist aufgrund der hohen Anforderung an die Daten sehr schwierig, da Langzeitanalysen gemacht werden müssen. Die Ergebnisse der vorliegenden Analyse weisen darauf hin, dass sich Personen mit höherem ökonomischen Status – in erster Linie mit höherem Bildungsniveau – eher einbürgern lassen (können). Zusätzlich spielen die rechtlichen Einbürgerungsregelungen eine entscheidende Rolle dabei, wie schnell sich Personen einbürgern lassen können. Eingebürgerte sind darüber hinaus eher als Angestellte tätig, als dass sie als ArbeiterInnen beschäftigt sind. Ein besonders interessantes Ergebnis ist, dass trotz ihrem durchschnittlich höheren sozialen Status, Eingebürgerte nicht von niedrigerer Arbeitslosigkeit betroffen sind als ausländische Staatsangehörige. Dieses Ergebnis deutet darauf hin, dass möglicherweise eine ethnische Diskriminierung bei der Arbeitssuche so stark überwiegt (im Vergleich zur Diskriminierung aufgrund der Staatsbürgerschaft), dass sich die oftmals erwartete höhere Beschäftigungswahrscheinlichkeit durch eine Einbürgerung nicht ergibt. Diese Beobachtung kann zwar auch für die Schweiz gemacht werden (vgl. Fibbi et al. 2008), aber nicht für andere Länder, wo eine Einbürgerung die durchschnittliche Erwerbstätigkeitswahrscheinlichkeit verbessert (z.B. in Schweden oder in den Niederlanden, vgl. Kapitel 7.4.1). Nicht allzu überraschend ist, dass sich eine Einbürgerung hingegen auf eine bessere Wohnungssituation auswirkt, da es in der Vergangenheit rechtliche Diskriminierungen beim Zugang zum öffentlichen Wohnungssektor gab.

Die bessere ökonomische Situation der eingebürgerten Bevölkerung im Vergleich zur ausländischen Bevölkerung kann auch mit dem Zusammenhang von Einbürgerung und Bleibeabsicht erklärt werden. Personen, die sich endgültig für Österreich als Heimatland entscheiden, investieren eher in ihr Leben in Österreich als Personen, die Österreich wieder verlassen wollen. Das betrifft beispielsweise Investitionen in eine Wohnung, in den Spracherwerb oder generell in Bildung. Die späte Bleibeentscheidung der ehemaligen ‚GastarbeiterInnen' könnte somit auch im Kontext mit einer schlechteren Integration stehen, verglichen mit jenen Personen, die von Anfang an in ihr Leben in Österreich investiert haben.

Nun kann dieser Zusammenhang auch umgekehrt gedacht werden. Die Möglichkeit zur Einbürgerung führt eher zur Bleibeentscheidung. Die Logik hinter dieser Argumentation wäre folgende: Wenn Personen sich nicht einbürgern lassen können, können bzw. wollen sie sich emotional und praktisch auch nicht auf eine volle (rechtliche) Integration einlassen. Erst wenn eine rechtliche Zugehörigkeit möglich ist, fällt die Entscheidung zur weiteren Integration bzw. Entscheidung, in Österreich zu bleiben, leichter. Soll eine Einbürgerung die Integration so bald als möglich fördern, müsste demnach die Wartezeit für eine mögliche Einbürgerung verkürzt werden, um eine Bleibeentscheidung zu forcieren bzw. eine gewünschte Integration zuzulassen.

Neben der eindeutig positiven Wirkung von Einbürgerung auf den Integrationsprozess zeigt die Analyse aber auch Grenzen der Integrationswirkung von Staatsbürgerschaft auf. Eine Einbürgerung verhindert – den Ergebnissen zufolge – nicht soziale Diskriminierung. Dies betrifft einerseits den Arbeitsmarkt, wo sich – basierend auf den Daten des Mikrozensus – keine niedrigere Arbeitslosigkeit durch Einbürgerung ergibt. Andererseits berichten Eingebürgerte davon, dass sich die alltägliche Fremdenfeindlichkeit, mit der sich Eingewanderte und ihre Nachkommen konfrontiert sehen, nicht durch den Wechsel der Staatsbürgerschaft verringert hat.

Die Erlangung der österreichischen Staatsbürgerschaft hat jedoch eine ökonomische Wirkung, welche sich über verschiedenste Bereiche erstreckt. Neben dem Zugang zu bestimmten sozialen und finanziellen Förderungen sowie Jobsegmenten und Wohnungsmärkten bringt die Einbürgerung eine Erleichterung im alltäglichen Leben durch den Wegfall mühsamer administrativer Behördenwege, wie die Erneuerungen des Aufenthaltstitels. Darüber hinaus ist die österreichische Staatsbürgerschaft Voraussetzung für politische Teilhabe und Mitbestimmung. Schließlich kann der Erwerb der österreichischen Staatsbürgerschaft aber noch mehr leisten, da er zu einer Reiseerleichterung und somit größeren Bewegungsfreiheit von (in erster Linie ehemaligen) Drittstaatsangehörigen führt. Ferner wird auch der diplomatische Schutz Österreichs als positiver Wert angesehen sowie die prinzipielle rechtliche Gleichstellung mit anderen Mitmenschen und eine Anerkennung als volles Mitglied Österreichs. Diese Bereiche erinnern stark an allgemein bürgerliche Rechte im Sinne von individueller Freiheit, Gleichheit und Sicherheit. Wenn sich diese Bereiche zwar von jenen des 18. Jahrhundert unterscheiden, bedeutet der Erhalt der österreichischen Staatsbürgerschaft dennoch eine Verbesserung des bürgerlichen Status für die Betroffenen, der zu mehr Gleichberechtigung und Sicherheit im Leben führt. Deshalb können in Hinblick auf die Einbürgerung von Eingewanderten alle drei Wirkungsbereiche der Staatsbürgerschaft, die T. H. Marshall vor etwa 50 Jahren unterschieden hat – bürgerliche, politische und soziale Rechte – wieder ins Treffen geführt werden.

Literatur

Ager, Alastair/ Strang, Alison (2004): Indicators of Integration. Final Report. Home Office Development and Practice Report 28. Onlinezugriff am 23.04.2004: http://rds.homeoffice.gov.uk/rds/pdfs04/dpr28.pdf

Akbari, Ather H. (2008): Immigrant Naturalization and its Impact on Immigrant Labour Market Performance and Treasury. In: Bevelander, Pieter/ DeVoretz, Don (Hg): The Economics of Citizenship. Malmö University, MIM, 127-154.

Aleinikoff, Alexander T./ Klusmeyer, Douglas (2002): Citizenship Policies for an Age of Migration. Washington, D.C.: Carnegie Endowment for International Peace.

Bauböck, Rainer (1996): „Nach Rasse und Sprache verschieden“ Migrationspolitik in Österreich von der Monarchie bis heute, Reihe Politikwissenschaft Nr. 31, März 1996.

Bauböck, Rainer (2006): Citizenship and migration – concepts and controversies. In: Bauböck Rainer (Hg): Migration and Citizenship. Legal Status, Rights and Political Participation, Amsterdam University Press, IMISCOE Reports, 15-32.

Bauböck, Rainer (2006b): The Acquisition and Loss of Nationality in 15 EU States. Results of the Comparative Project NATAC. IMISCOE Policy Brief, No. 2, 2006. Erhältlich unter: www.imiscoe.org (Mai 2010).

Bauböck, Rainer/ Waldrauch, Harald (2006): Appendix Glossary. In: Bauböck Rainer, Ersboll Eva, Groenendijk Kees und Waldrauch Harald (2006a) (Hg): Acquisition and Loss of Nationality. Policies and Trends in 15 European States. Volume 1: Comparative Analyses. Amsterdam University Press, IMISCOE Research, 479-488.

Bauböck, Rainer/ Ersboll Eva/ Groenendijk Kees/ Waldrauch Harald (2006a) (Hg): Acquisition and Loss of Nationality. Policies and Trends in 15 European States. Volume 1: Comparative Analyses. Amsterdam University Press, IMISCOE Research

Bauböck, Rainer/ Ersboll, Eva/ Groenendijk, Kees/ Waldrauch, Harald (2006b) (Hg): Acquisition and Loss of Nationality. Policies and Trends in 15 European States. Volume 2: Country Analyses. Amsterdam University Press, IMISCOE Research

Bauböck, Rainer/ Perchinig, Bernhard/ Sievers, Wiebke (2009) (Hg.): Citizenship Policies in the New Europe. Expanded and Updated Edition. Amsterdam: Amsterdam University Press. IMISCOE Research.

Benhabib, Seyla (2008): The Rights of Others. Aliens, Residents and Citizens. Cambridge et al.: Cambridge University Press.

Bevelander, Pieter/ DeVoretz, Don (2008): The Economics of Citizenship: A Synthesis. In: Bevelander, Pieter/ DeVoretz, Don (Hg): The Economics of Citizenship. Malmö University, MIM, 155-168.

Bevelander, Pieter/ Veenman, Justus (2008): Naturalization and Socioeconomic Integration: The case of the Netherlands. In: Bevelander, Pieter/ DeVoretz, Don (Hg): The Economics of Citizenship. Malmö University, MIM, 63-88.

Bevelander, Pieter/ Pendakur, Ravi (2009): Citizenship, Co-ethnic Populations and Employment Probabilities of Immigrants in Sweden. IZA Discussion Paper No. 4495.

Bevelander, Pieter/ Pendakur, Ravi (2010): Voting and social inclusion in Sweden. Im Erscheinen in: International Migration.

Biffl, Gudrun (2007): Erwerbstätigkeit und Arbeitslosigkeit: die Bedeutung von Einbürgerung, Herkunftsregion und Religionszugehörigkeit. In: Fassmann, Heinz (Hg): 2. Österreichischer Migrations- und Integrationsbericht. 2001-2006. Rechtliche Rahmenbedingungen, demographische Entwicklungen, sozioökonomische Strukturen. Klagenfurt: Drava, 265-282.

Bourdieu, Pierre (1982): Die feinen Unterschiede. Kritik der gesellschaftlichen Urteilskraft. Frankfurt am Main: Suhrkamp.

Bourdieu, Pierre (1993): Sozialer Sinn. Kritik der theoretischen Vernunft. Frankfurt am Main: Suhrkamp Verlag. Erste Auflage als Suhrkamp Taschenbuch.

Bruckner, René et al. (2005): Fremdenrechtspaket. Asylgesetz 2005 Fremdenpolizeigesetz 2005 Niederlassungs- und Aufenthaltsgesetz. Wien/Graz: Neuer wissenschaftlicher Verlag GmbH.

Bundesministerium für Inneres - BMI (2010): Nationaler Aktionsplan für Integration. Bericht. Erhältlich unter:
http://www.integrationsfonds.at/de/nap/bericht/ (März 2010).

Burger, Hannelore (2000): Passwesen und Staatsbürgerschaft. In: Heindl, Waldtraud/ Saurer, Edith (Hg): Grenz und Staat. Paßwesen, Staatsbürgerschaft, Heimatrecht, und Fremdengesetzgebung in der österreichischen Monarchie (1750-1867), Wien, Köln, Weimar: Böhlau Verlag, 3 – 172.

Burger, Hannelore/ Wendelin, Harald (2002): Staatsbürgerschaft und Vertreibung. Vertreibung, Rückkehr und Staatsbürgerschaft. Die Praxis der Vollziehung des Staatsbürgerschaftsrechts an den österreichischen Juden, Wien: Herausgegeben von Historikerkommission, Onlinezugriff am 19.07.2002:

http://www.historikerkommission.gv.at/pdf/WENSTAATSBUER GERSCHAFT.pdf

Cesarani, David/ Fulbrook, Mary (1996a): Conclusion. In: Cesarani, David/ Fulbrook, Mary (Hg): Citizenship, Nationality and Migration in Europe. London, New York: Routledge. 209-217.

Cesarani David und Fulbrook Mary (Hg) (1996b): Citizenship, Nationality and Migration in Europe. London, New York: Routledge.

Cinar Dilek (2006): The politics of external citizenship – the case of Turkey. In: Bauböck Rainer (Hg): Migration and Citizenship. Legal Status, Rights and Political Participation, Amsterdam University Press, IMISCOE Reports, 58.

Cinar Dilek (2007): Integration vor Einbürgerung: die Staatsbürgerschaftsnovelle 2005. In: Fassmann Heinz (Hg): 2. Österreichischer Migrations- und Integrationsbericht. 2001-2006. Rechtliche Rahmenbedingungen, demographische Entwicklungen, sozioökonomische Strukturen. Klagenfurt: Drava, 41-46.

Cinar Dilek/ Waldrauch Harald (2006): Austria. In: Bauböck Rainer, Ersboll Eva, Groenendijk Kees/ Waldrauch Harald (Hg): Acquisition and Loss of Nationality. Policies and Trends in 15 European States. Volume 2: Country Analyses. Amsterdam University Press, IMISCOE Research, 19 – 62.

Davy Ulrike (2001): Die Integration von Einwanderern. Rechtliche Regelungen im europäischen Vergleich. Wien: CampusVerlag

Davy Ulrike (1999): Rechtliche Instrumente der Integration: In welchem Kontext staht die Verleihung der Staatsangehörigkeit? In: Davy Ulrike (Hg): Politische Integration der ausländischen Wohnbevölkerung, Interdisziplinäre Studien zu Recht und Staat, 58-81.

DeVoretz Don J/ Pivnenko Sergiy (2008): The Economic Determinants and Consequences of Canadian Citzenship Ascension. In: Bevelander Pieter/ DeVoretz Don (Hg): The Economics of Citizenship. Malmö University, MIM, 21-62.

Diekmann Andreas (2001): Empirische Sozialforschung. Grundlagen, Methoden, Anwendungen. 7. Ausgabe. Reinbek/Hamburg: Rowolth.

Esser, Hartmut (2001): Integration und ethnische Schichtung. Arbeitspapiere – Mannheimer Zentrum für Europäische Sozialforschung, Nr. 40, 2001.

Fassmann Heinz (2008): Integration und integrationspolitische Leitlinien. In: Leibetseder Bettina/ Weidenholzer Josef (Hg): Integration ist gestaltbar. Strategien erfolgreicher Integrationspolitik in Städten und Regionen. Wien: Braumüller, 1-16.

Fessler Peter, Keller Christine, Pommerening-Schober Renateund Szymanski Wolf (2006): Das neue österreichische Staatsbürgerschaftsrecht. Wien: Manz.

Fibbi Rosita, Lerch Mathias und Wanner Philippe (2007): Naturalisation and Socio-Economic Characteristics of Youth of Immigrant Descent in Switzerland. In: Journal of Ethnic and Migration Studies, Vol. 33, Nr. 7, 1121-1144.

Fougère Denis/ Safi Mirna (2008): The Effects of Naturalization on Immigrants' Employment Probability (France, 1968-1999). IZA Discussion Paper No. 3372.

Fox John (1991): Regression Diagnostics. Thousand Oaks et al.: Sage Publications.

Gächter August (2007): Die Armut der Eingewanderten. Arbeitspapiere Migration und soziale Mobilität Nr. 8.

Gächter August (2011): Discrimination Testing. Manuskript. Im Erscheinen unter www.fra.europa.eu

Goodman Sara Wallace (2010): Integration Requirements for Integration's Sake? Identifying, Categorising and Comparing Civic Integration Policies. In: Journal for Ethnic and Migration Studies, Volume 36, No. 5, May 2010, 753-772.

Gropas Ruby (2008): Is Naturalisation a Factor in Immigrant Activism? In: Vogel Dita (Hg): Highly Active Immigrants. A resource for European civil societies, Frankfurt am Main et al.: Peter Lang, 145-160.

Guild Elspeth (1996): The legal framework of citizenship of the European Union. In: Cesarani David/ Fulbrook Mary (Hg): Citizenship, Nationality and Migration in Europe. London, New York: Routledge, 30-56.

Gusy, Christoph (1999): Integration durch Staatsbürgerschaft. In: Davy Ulrike (Hg): Politische Integration der ausländischen Wohnbevölkerung, Interdisziplinäre Studien zu Recht und Staat, 262-271.

Hailbronner Kai (2006a): Nationality in public international law and european law. In: Bauböck Rainer, Ersboll Eva, Groenendijk Keesund Waldrauch Harald (Hg) Acquisition and Loss of Nationality. Policies and Trends in 15 European States. Volume 1: Comparative Analyses. Amsterdam University Press, IMISCOE Research, 35-104.

Hailbronner Kai (2006b): Germany. In: Bauböck Rainer, Ersboll Eva, Groenendijk Keesund Waldrauch Harald (Hg): Acquisition and Loss of Nationality. Policies and Trends in 15 European States. Volume 2: Country Analyses. Amsterdam University Press, IMISCOE Research, 213-252.

Han Petrus (2005): Soziologie der Migration. Erklärungsmodelle, Fakten, Politische Konsequenzen, Perspektiven. Stuttgart: Lucius & Lucuis.

Heckmann, Friedrich, Claudia Köhler, Mario Peuckerund Stefanie Reiter (2010): Quantitative Integration Research in Europe – Data Needs and Data Availability. Prominstat Working Paper 03, erhältlich unter: www.prominstat.eu (Mai 2009)

Herzog-Punzenberger Barbara (2007): Gibt es einen Staatsbürgerschaftsbonus? Unterschiede in der Bildung und auf dem Arbeitsmarkt anhand der österreichischen Volkszählungsdaten 2001 – Ergebnisse für die zweite Generation der Anwerbegruppen. In: Fassmann Heinz (Hg): 2. Österreichischer Migrations- und Integrationsbericht. 2001-2006. Rechtliche Rahmenbedingungen, demographische Entwicklungen, sozioökonomische Strukturen. Klagenfurt: Drava, 242 – 245.

Hofinger Christoph et al. (1998): Der legale Status von Einwanderern und das Einkommen im Kontext mit anderen Faktoren. In: Hofinger, Christoph et al. (Hg): Einwanderung und Niederlassung II. Wien: Institut für höhere Studien, 184-201.

Howard Marc Morjé (2010): The Impact of the Far Right on Citizenship Policy in Europe: Explaining Continuity and Change. In: Journal of Ethnic and Migration Studies, Volume 36, No. 5, May 2010, 735-752.

Jandl Michael/ Kraler Albert (2003): Austria: A country of immigration? Country Profile abrufbar unter: http://www.migrationinformation.org/, 13. November 2009

Kammer für Arbeiter und Angestellte für Wien (2009): Die Bruttoeinkommen von Arbeitern und Angestellten im Jahr 2008. Neueste Daten des Hauptverbandes der österreichischen Sozialversicherungsträger. Wien/ Oktober 2009. Erhältlich unter: http://www.arbeiterkammer.com/bilder/d93/Einkommen_2008.pdf (Zugriff im Juli 2010).

Kluge, Friedrich (2002): Etymologisches Wörterbuch der deutschen Sprache. 24. durchgesehene und erweiterte Auflage von Elmar Seebold. Berlin: de Gruyter.

Kogan Irene (2003): Ex-Yugoslavs in the Austrian and Swedish labour markets: the significance of the period of migration and the effect of citizenship acquisition. Journal of Ethnic and Migration Studies Vol. 29, No. 4: 595-622.

Kohlbacher Josef/ Reeger Ursula (2003): Die Wohnsituation von AusländerInnen in Österreich. In: Fassmann Heinz/ Stacher Irene (Hg): Österreichischer Migrations- und Integrationsbericht. Demographische Entwicklungen, sozioökonomische Strukturen, rechtliche Rahmenbedingungen. Klagenfurt: Drava Verlag, 87-108.

Kohlbacher Josef/ Reeger Ursula (2007a): Wohnverhältnisse und Segregation. In: Fassmann Heinz (Hg): 2. Österreichischer Migrations- und Integrationsbericht. 2001-2006. Rechtliche Rahmenbedingungen, demographische Entwicklungen, sozioökonomische Strukturen. Klagenfurt: Drava, 305-327.

Kohlbacher Josef/ Reeger Ursula (2007b): Wohnungsgröße und Wohnungskosten von AusländerInnen in Österreich. In: Fassmann Heinz (Hg): 2. Österreichischer Migrations- und Integrationsbericht. 2001-2006. Rechtliche Rahmenbedingungen, demographische Entwicklungen, sozioökonomische Strukturen. Klagenfurt: Drava, 328-330.

Kraler Albert et al. (2011): Migrations, Minorities and Employment. Study regarding Discrimination on Grounds of Race and Ethnicity in the Area of Employment. Im Erscheinen unter: www.fra.europa.eu

Kraler Albert, Hollomey Christinaund Wöger Alfred (2009): Country Report Austria. National Data Collection Systems and Practices. Prominstat. Updated and revised in December 2009. Erhältlich unter: www.prominstat.eu

Kraler Albert (2006): The legal status of immigrants and their access to nationality. In: Bauböck Rainer (Hg): Migration and Citizenship. Legal Status, Rights and Political Participation, Amsterdam University Press, IMISCOE Reports, 33-66.

Kraler Albert/ Stacher Irene (2001): Austria – Migration and Asylum Patterns and Policies in the 19th and 20th Century. In: Historische Sozialkunde. Geschichte – Fachdidaktik – Politische Bildung, International Migration. Problems – Prospects – Policies, Sondernummer 2002, 32. Jg, 51-65.

Kraler Albert/ Parnreiter Christof (2005): Migration Theoretisieren. In: PROKLA. Zeitschrift für kritische Sozialwissenschaft. Heft 140, 35. Jahrgang, 2005, Nr. 3.

Kunadt Susann (2006): Methodendokumentation der kriminologischen Schülerbefragung in Duisburg 2005, Schriftenreihe: Jugendkriminalität in der modernen Stadt – Methoden, Nr. 11 / 2006.

Kurnik Peter (1997): Österreichisches Staatsbürgerschaftsrecht. „Von der Heimatrolle zur Staatsbürgerschaftsevidenz“, Beitrag zur Festschrift „50 Jahre Fachverband der österreichischen Standesbeamten. Onlinezugriff am 03 Jänner 2009: http://www.standesbeamte.at/download/Staatsbürgerschaftsrecht_50_Jahre_Peter_Kurnik.pdf

Latcheva, Rossalina/ Obermann, Judith/ Herzog-Punzenberger, Barbara (2006a): SiM. Between Equal Opportunity and Marginalisation. A Longitudinal Perspective on the Social Integration of Migrants. Endbericht, Zentrum für Soziale Innovation.

Latcheva, Rossalina et al. (2006b): Immigrants and Ethnic Minorities in European Cities: Life-courses and Quality of Life in a World of Limitations. LIMITS. Final Report. Onlinezugriff im Mai 2010: http://www.zsi.at/attach/LIMITS_FinalReport.pdf

Mackert, Jürgen (2006): Staatsbürgerschaft. Eine Einführung. Wiesbaden: VS Verlag für Sozialwissenschaften.

Marshall, Thomas H. (1977 [1964]): Class, Citizenship and Social Development. Essays by T. H. Marshall. Introduction by Seymour Martin Lipset. University of Chicago Press: Chicago and London.

Münz, Rainer et al. (2007): What are the migrants' contributions to employment and growth? A European approach. HWWI Policy Paper 3-3.

Nassehi, Armin (1990): Zum Funktionswandel von Ethnizität im Prozeß gesellschaftlicher Modernisierung. Ein Beitrag zur Theorie funktionaler Differenzierung. In: Soziale Welt 41, 261-282.

Nassehi, Armin/ Schroer, Markus (1999): Integration durch Staatsbürgerschaft? Einige gesellschaftstheoretische Zweifel. In: Davy, Ulrike (Hg): Politische Integration der ausländischen Bevölkerung. Baden-Baden: Nomos, 82-104.

OECD – Organisation for Economic Co-operation and Development (2010): International Migration Outlook. SOPEMI 2010.

Pampel, Fred C. (2000): Logistic Regression. A Primer. Thousand Oaks et al.: Sage Publications.

Parlament Österreich (2009): Umfangreiche Änderungen im fremdenrechtlichen Bereich. Parlamentskorrespondenz/03/24.09.2009/Nr. 790. http://www.parlinkom.at/PG/PR/JAHR_2009/PK0790/PK0790.shtml (09. Jänner 2009)

Parolin, Gianluca P. (2009): Citizenship in the Arab World. Kin, Religion and Nation-State. Amsterdam: Amsterdam University Press, IMISCOE Research.

Perchinig, Bernhard (2006): EU citizenship and the status of third country nationals. In: Bauböck, Rainer (Hg): Migration and Citizenship. Legal Status, Rights and Political Participation, Amsterdam University Press, IMISCOE Reports, 67-82

Perchinig, Bernhard (2008): „Einer von uns" werden: Einbürgerungspolitik und -praxis in der Europäischen Union. In: Meimeth, Michael/ Robertson, John/ Talmon, Susanne (Hg.): Integration und Identität in Einwanderungsgesellschaften. Herausforderungen und transatlantische Anworten. Denkart Europa. Schriften zur europäischen Politik, Wirtschaft und Kultur, Bd. 5. Baden-Baden: NOMOS.

Perchinig, Bernhard (2009): Allyou need to know to become an Austrian: Naturalisation policy and citizenship testing in Austria, in: Ersboll, Eva/ Kostakopoulou, Dora/ van Oers, Ricky (eds.): A re-definition of belonging? Language and integration tests in Europe. Leiden: Brill.

Perrin, Nicolas (2006): A Cohort Approach to Acquisition of Citizenship Statistics. In: Poulain, Michel/ Perrin, Nicolas/ Singleton, Ann (Hg.): THESIM. Towards Harmonised European Statistics on International Migration. Presses Universitaires de Louvain.

Peyrl, Johannes (2008): Der Zugang zu Beschäftigung für ausländische Staatsbürger/innen in Österreich. In: Leibetseder, Bettina/ Weidenholzer, Josef (Hg): Integration ist gestaltbar. Strategien erfolgreicher Integrationspolitik in Städten und Regionen. Wien: Braumüller, 31-48.

Rallu, Jean Louis (2004): Access to citizenship and integration of migrants: Lessons from the French case. Paper prepared for the 12th Biennial Conference of the Australian Population Association, 15-17 September 2004, Canberra.

Rallu, Jean Louis (2006): Naturalisation, a factor of economic integration? Text Box 5. In: Bauböck, Rainer (Hg): Migration and Citizenship. Legal Status, Rights and Political Participation, Amsterdam University Press, IMISCOE Reports, 64-65.

Reichel, David (2010a): Fremdenrecht, soziale Diskriminierung und Integration – die schwierige Situation der ehemaligen „GastarbeiterInnen" und ihres Familiennachzugs. In: SWS-Rundschau, Heft 1/2010, 50. Jahrgang, 56-76.

Reichel, David (2010b): Measuring Determinants and Consequences of Citizenship Acquisition. Prominstat Working Paper No. 15. Erhältlich unter: www.prominstat.eu

Reichel, David (2010c): Einbürgerungen in der österreichischen Arbeitsmarktdatenbank – eine Evaluierung der Erfassung des Merkmals „Staatsbürgerschaft" auf Basis von HV- und AMS-Daten. ICMPD Research Working Paper 3. Online erhältlich unter: http://research.icmpd.org/1302.html

Reichel, David (2006): Die Erfahrungen der ehemaligen „GastarbeiterInnen" mit dem österreichischen Fremdenrecht und deren Einfluss auf die subjektive Integration. Diplomarbeit Universität Wien.

Riegel, Christine/ Geisen, Thomas (2007): Zugehörigkeit(en) im Kontext von Jugend und Migration – eine Einführung. In: Riegel, Christine/ Geisen, Thomas (Hg): Jugend, Zugehörigkeit und Migration, Subjektpositionierung im Kontext von Judendkultur, Ethnizitäts- und Geschlechterkonstruktionen, Wiesbaden: VS Verlag für Sozialwissenschaften, 7-26.

Rosenmayer, Stefan (1986): Die öffentlich-rechtliche Stellung von Gastarbeitern, insbesondere das Aufenthaltsrecht. In: Wimmer, Hannes (Hg): Ausländi sche Arbeitskräfte in Österreich. Frankfurt/Main/ New York: Campus Verlag, 89-166.

Sackmann, Rosemarie (2003): Introduction: Collective Identities and Social Integration. In: Sackmann, Rosemarie/ Peters, Bernhard/ Faist, Thomas (Hg.): Identity and Integration, Migrants in Western Europe, Aldershot: Ashgate, 1-12.

Sartori, Fabio (2009): Acquisition of citizenship in the European Union. Eurostat. Data in Focus 44/2009. Population and social conditions. Erhältlich unter: http://ec.europa.eu/eurostat (07. Jänner 2010)
Scott, Kirk (2008): The Economics of Citizenship: Is there a naturalization effect? In: Bevelander, Pieter/ DeVoretz, Don (Hg): The Economics of Citizenship. Malmö University, MIM, 105-126.
Seibert, Holger (2008): Junge Migranten am Arbeitsmarkt. Bildung und Einbürgerung verbessern die Chancen. IAB-Kurzbericht. 17/2008.
Soysal, Yasemin N. (1996): Changing Citizenship in Europe: Remarks on postnational membership and the national state. In: Cesarani, David/ Fulbrook, Mary (Hg): Citizenship, Nationality and Migration in Europe. London, New York: Routledge, 17-29.
Soysal, Yasemin N. (1994): Limits of Citizenship. Migrants and Postnational Membership in Europe. Chicago und London: University of Chicago Press.
Statistik Austria (2009a): Arbeits- und Lebenssituation von Migrantinnen und Migranten in Österreich. Modul der Arbeitskräfteerhebung 2008. Wien: Eigenverlag.
Statistik Austria (2009b): Modul Arbeitsmarktsituation von Migrantinnen und Migranten in Österreich. Technischer Bericht.
Steinhardt, Max Friedrich (2008): Does citizenship matter? The economic impact of naturalizations in Germany. HWWI Research paper 3-13.
Strehle-Hechenberger, Simone (2008): „Türkische Arbeitsmigration in Vorarlberg" Staatsbürgerschaft, Einbürgerung und ihre Bedeutung für in Vorarlberg lebende Menschen aus der Türkei. Diplomarbeit, Universität Wien.
Treibel, Anette (2008): Migration in modernen Gesellschaften. Soziale Folgen von Einwanderung, Gastarbeit und Flucht. Weinheim: Juventa, 4. Auflage.
Vink, Maarten/ de Groot, Gerard-René (2010): Citizenship Attribution in Western Europe: International Framework and Domestic Trends. In: Journal of Ethnic and Migration Studies, Volume 36, No. 5, May 2010, 713-734.
Vogl, Mathias (2007): Die jüngere Entwicklung in Bereich des Asyl- und Fremdenrechts. In: Fassmann, Heinz (Hg): 2. Österreichischer Migrations- und Integrationsbericht. 2001-2006. Rechtliche Rahmenbedingungen, demographische Entwicklungen, sozioökonomische Strukturen. Klagenfurt: Drava, 19-40.
Volf, Patrik/ Bauböck, Rainer (2001): Wege zur Integration. Was man gegen Diskriminierung und Fremdenfeindlichkeit tun kann. Klagenfurt: Drava.
Waldrauch, Harald (2006a): Methodology for comparing acquisition and loss of nationality. In: Bauböck, Rainer/ Ersboll, Eva/ Groenendijk, Keesund/ Waldrauch, Harald (Hg) Acquisition and Loss of Nationality. Policies and Trends

in 15 European States. Volume 1: Comparative Analyses. Amsterdam University Press, IMISCOE Research, 105-120.

Waldrauch, Harald (2006b): Acquisition of nationality. In: Bauböck, Rainer/ Ersboll, Eva/ Groenendijk, Keesund/ Waldrauch, Harald (Hg) Acquisition and Loss of Nationality. Policies and Trends in 15 European States. Volume 1: Comparative Analyses. Amsterdam University Press, IMISCOE Research, 121-182.

Waldrauch, Harald (2006c): Acquisition of nationality at birth and by naturalisation in Western Europe (15 old EU Member States, Norway and Switzerland. In: Bauböck, Rainer (Hg): Migration and Citizenship. Legal Status, Rights and Political Participation, Amsterdam University Press, IMISCOE Reports), 106-109.

Waldrauch, Harald (2006d): Voting rights of third country nationals in Western Europe (25 EU states, Norway and Switzerland). In: Bauböck, Rainer (Hg): Migration and Citizenship. Legal Status, Rights and Political Participation, Amsterdam University Press, IMISCOE Reports), 110-112.

Waldrauch, Harald/ Cinar, Dilek (2003): Staatsbürgerschaftspolitik und Einbürgerungspraxis in Österreich. In: Fassmann, Heinz/ Stacher, Irene (Hg): Österreichischer Migrations- und Integrationsbericht. Demographische Entwicklungen, sozioökonomische Strukturen, rechtliche Rahmenbedingungen. Klagenfurt: Drava Verlag, 261-283.

Weiss, Hilde (2007): Die Identifikation mit dem Einwanderungsland – das Ende des Integrationsweges? In: Weiss, Hilde (Hg): Leben in zwei Welten. Zur sozialen Integration ausländischer Jugendlicher der zweiten Generation. Wiesbaden: VS Verlag für Sozialwissenschaften, 189-216.

Wendelin, Harald (2000): Schub und Heimatrecht. In: Heindl, Waldtraud/ Saurer, Edith (Hg.) (2000): Grenz und Staat. Paßwesen, Staatsbürgerschaft, Heimatrecht, und Fremdengesetzgebung in der österreichischen Monarchie (1750-1867), Wien, Köln, Weimar: Böhlau Verlag, 173 – 343.

ZARA – Zivilcourage und Anti-Rassismus-Arbeit (2010): Rassismus Report 2009. Einzelfall-Bericht über rassistische Übergriffe und Strukturen in Österreich.

Anhang A

Tabelle A1: Einbürgerungszahlen in der EU 1985 bis 2007 (1)

	1985	1986	1987	1988	1989	1990	1991	1992	1993	1994	1995
BE	63824	8477	8341	8366	8797	8657	8457	46368	16376	25787	26129
BG	n.a.	n.a.	n.a.	n.a.	n.a.	n.a.	n.a.	n.a.	n.a.	n.a.	n.a.
CZ	n.a.	n.a.	n.a.	n.a.	n.a.	n.a.	n.a.	n.a.	n.a.	n.a.	n.a.
DK	3310	3623	3765	3747	3258	3028	5490	5118	5136	5767	5266
DE	34913	36646	37810	46783	68536	101377	141630	179904	199443	259170	313606
EE	n.a.	n.a.	n.a.	n.a.	n.a.	n.a.	n.a.	n.a.	n.a.	n.a.	n.a.
IE	253	271	545	333	299	179	188	150	133	175	355
EL	1609	1204	2216	1571	1217	1090	886	1204	1804	324	3717
ES	3709	5121	9077	8258	5802	7079	3819	5262	8411	7802	6756
FR	82700	76300	56900	74000	82000	88500	95000	95300	95000	126341	92412
IT	2582	3867	2953	4673	4151	4045	4148	4395	5065	6613	7445
CY	n.a.	n.a.	n.a.	n.a.	n.a.	n.a.	n.a.	n.a.	n.a.	n.a.	n.a.
LV	n.a.	n.a.	n.a.	n.a.	n.a.	n.a.	n.a.	n.a.	n.a.	n.a.	n.a.
LT	n.a.	n.a.	n.a.	n.a.	n.a.	n.a.	n.a.	n.a.	n.a.	n.a.	n.a.
LU	589	570	500	762	604	748	582	609	678	739	802
HU	n.a.	n.a.	n.a.	n.a.	n.a.	n.a.	n.a.	n.a.	n.a.	n.a.	n.a.
MT	n.a.	n.a.	n.a.	n.a.	n.a.	n.a.	n.a.	n.a.	n.a.	n.a.	n.a.
NL	34671	18758	19258	9114	28730	12794	29112	36237	43069	49448	71444
AT	7308	8060	6616	7314	7305	8980	11137	11656	14131	15275	14366
PL	n.a.	n.a.	n.a.	n.a.	n.a.	n.a.	n.a.	n.a.	n.a.	n.a.	n.a.
PT	875	476	76	861	1412	846	1139	1706	1177	1704	1221
RO	n.a.	n.a.	n.a.	n.a.	n.a.	n.a.	n.a.	n.a.	n.a.	n.a.	n.a.
SI	n.a.	n.a.	n.a.	n.a.	n.a.	n.a.	n.a.	n.a.	n.a.	n.a.	n.a.
SK	n.a.	n.a.	n.a.	n.a.	n.a.	n.a.	n.a.	n.a.	n.a.	n.a.	n.a.
FI	1138	1111	1173	1063	1504	899	1236	876	839	651	668
SE	20498	20695	19958	17966	17552	16770	27663	29326	42659	35084	31993
UK	53765	45872	64876	64584	117129	57271	58642	42243	45791	44033	40516
EU15	311744	231051	234064	249395	348296	312263	389129	460354	479712	578913	616696
EU12	n.a.	n.a.	n.a.	n.a.	n.a.	n.a.	n.a.	n.a.	n.a.	n.a.	n.a.
EU27	311744	231051	234064	249395	348296	312263	389129	460354	479712	578913	616696

Eigene Schätzung

Quellen:

Sartori Fabio 2009: Acquisition of citizenship in the European Union. Eurostat. Data in focus 44/20

NATAC project, available at: www.imiscoe.org/natac

Statistik Austria

Tabelle A1: Einbürgerungszahlen in der EU 1985 bis 2007 (2)

	1996	1997	1998	1999	2000	2001	2002	2003	2004	2005	2006	2007
BE	24581	31687	34000	24196	61980	62160	46417	33709	34754	31512	31860	36063
BG	n.a.	n.a.	n.a.	n.a.	n.a.	n.a.	3544	4382	5783	5882	6738	5966
CZ	n.a.	n.a.	n.a.	7309	n.a.	n.a.	3261	2199	5020	2626	2346	2371
DK	7289	5487	10262	12416	18811	11902	17300	6583	14976	10197	7961	3648
DE	302830	278662	106790	143120	186688	180349	154547	140737	127153	117241	124566	113030
EE	n.a.	n.a.	9969	4534	3425	3090	4091	3706	6543	7072	4781	4242
IE	226	294	1474	1433	1143	2817	3405	3993	3784	4079	5763	4649
EL	1404	2314	352	416	125	1012	1332	1896	1425	1711	1962	3921
ES	#REF!	10310	12550	16384	16743	16743	21805	26517	38220	42860	62375	71936
FR	109940	116286	81449	94002	150025	121289	92552	139938	168826	154827	147868	132002
IT	8823	9787	12013	11334	9555	10380	10681	13406	19140	28659	35266	45485
CY	n.a.	n.a.	n.a.	97	296	211	126	247	4534	3952	2917	2780
LV	n.a.	n.a.	n.a.	12914	13482	9947	9421	9951	17178	20106	18964	8322
LT	n.a.	n.a.	562	567	490	504	504	471	610	435	467	371
LU	779	749	631	549	684	496	754	785	841	954	1128	1236
HU	n.a.	n.a.	6203	6066	5393	8590	3369	5261	5432	9870	6101	8442
MT	n.a.	n.a.	n.a.	n.a.	n.a.	n.a.	n.a.	n.a.	n.a.	n.a.	474	553
NL	82687	59831	59173	62090	49968	46667	45321	28799	26171	28488	29089	30653
AT	15627	15792	17786	**25032**	24320	31731	36011	44694	41645	34876	25746	14010
PL	n.a.	n.a.	n.a.	n.a.	n.a.	1070	1182	1653	1937	2866	1064	1542
PT	1098	0	519	584	1143	1419	255	2479	1346	1655	3627	n.a.
RO	n.a.	n.a.	n.a.	247	305	363	242	139	282	767	29	31
SI	n.a.	n.a.	3321	2337	2102	1346	2808	3306	3333	2684	3204	1551
SK	n.a.	n.a.	n.a.	n.a.	n.a.	2886	3484	3492	4016	1393	1125	1478
FI	981	1439	4017	4730	2977	2720	3049	4526	6880	5683	4433	4824
SE	25552	28884	46520	37777	43474	36399	37792	33222	28893	39573	51239	33629
UK	43069	37010	53934	54902	82210	90295	120125	130535	148275	161755	154015	164540
EU15	633419	598532	441470	488965	649846	616379	591346	611819	662329	664070	686898	659626
EU12	n.a.	n.a.	20055	34071	25493	28007	32032	34807	54668	57653	48210	37649
EU27	633419	598532	461525	523036	675339	644386	623378	646626	716997	721723	735108	697275

Eigene Schätzung

Quellen:

Sartori Fabio 2009: Acquisition of citizenship in the European Union. Eurostat. Data in focus 44/2009.

NATAC project, available at: www.imiscoe.org/natac

Statistik Austria

Anhang B

Fragebogen zum Thema Einbürgerung

Diese Befragung ist Teil einer Studie zum Thema Einbürgerung in Österreich im Rahmen einer Doktorarbeit. Die Studie erforscht die Bedeutung der Einbürgerung in Österreich. Dafür ist die Meinung von Eingebürgerten von großer Wichtigkeit. Ihre Angaben sind streng anonym und werden nur für statistische Auswertungen verwendet.

1. Wann sind Sie eingebürgert worden?

☐ 2010 ☐ 2009 ☐ 2008 ☐ 2007 ☐ 2006 ☐ 2005

☐ Früher, im Jahr ________________________________

☐ Ich möchte mich erst einbürgern lassen

2. Hätten Sie sich schon früher einbürgern lassen, wenn es möglich gewesen wäre?

☐ Nein, ich wollte mich nicht früher einbürgern lassen

☐ Ja, aber ich konnte nicht alle Voraussetzungen erfüllen

Wenn ja, welche Voraussetzungen konnten Sie früher nicht erfüllen?

☐ Aufenthaltsdauer ☐ Einkommen ☐ Straffreiheit

☐ Sprachkenntnisse ☐ Ich konnte mir die Gebühren nicht leisten

☐ Andere ________________________________

3. Mussten Sie Ihre frühere Staatsbürgerschaft aufgeben?

☐ Ja, meine vorherige Staatsbürgerschaft war:

____

☐ Nein, ich habe jetzt zwei Staatsbürgerschaften.

Meine zweite Staatsbürgerschaft ist

____

4. Warum haben Sie sich dazu entschieden, die österreichische Staatsbürgerschaft anzunehmen? Geben Sie bitte an, wie wichtig die folgenden Gründe für die Entscheidung die österreichische Staatsbürgerschaft anzunehmen waren:

Grund für Einbürgerung	Sehr wichtig	Eher wichtig	Eher nicht wichtig	Gar nicht wichtig
Weil ich mich als Österreicher fühle	☐	☐	☐	☐
Weil ich generell rechtliche Vorteile dadurch erlange	☐	☐	☐	☐
Weil ich mit österreichischem Pass weniger Probleme beim Reisen habe	☐	☐	☐	☐
Weil sich andere Verwandte auch einbürgern haben lassen	☐	☐	☐	☐
Weil ich an politischen Wahlen teilnehmen möchte	☐	☐	☐	☐
Weil ich mich dazu entschieden habe, für immer in Österreich zu bleiben	☐	☐	☐	☐
Weil ich als Österreicher einfacher eine Arbeit bekomme	☐	☐	☐	☐
Weil ich den Wehrdienst im Herkunftsland vermeiden wollte	☐	☐	☐	☐
Weil ich den diplomatischen Schutz Österreichs schätze	☐	☐	☐	☐
Weil der bürokratischen Aufwand als Ausländer in Ö zeitaufwendig ist (z.B. Erneuerung der Aufenthaltserlaubnis)	☐	☐	☐	☐
Weil ich volles Mitglied Österreichs anerkannt werden will	☐	☐	☐	☐
Weil auch meine Kinder ÖsterreicherInnen werden sollen	☐	☐	☐	☐
Weil andere Familienmitglieder auch die ö. Staatsbürgerschaft haben	☐	☐	☐	☐
Weil ich mit meinen Mitmenschen gleich behandelt werden will	☐	☐	☐	☐
Anderer Grund	☐	☐	☐	☐

5. Gab es auch Gründe die gegen den Erwerb der österreichischen Staatsbürgerschaft sprechen?

☐ Nein
☐ Ja
Wenn ja, welche

---

6. Haben Sie Bekannte oder Verwandte die Eingebürgert wurden?

☐ Ja, viele Personen aus der Familie und Verwandtschaft (mehr als 5)
☐ Ja, viele Bekannte (mehr als 5)
☐ Ja, wenige Personen aus der Familie und Verwandtschaft (weniger als 5)
☐ Ja, wenige Bekannte (weniger als 5)
☐ Nein, ich kenne keine anderen Eingebürgerten

7. Kennen Sie Bekannte oder Verwandte die noch eingebürgert werden wollen?

☐ Ja, viele Personen aus der Familie und Verwandtschaft (mehr als 5)
☐ Ja, viele Bekannte (mehr als 5)
☐ Ja, wenige Personen aus der Familie und Verwandtschaft (weniger als 5)
☐ Ja, wenige Bekannte (weniger als 5)
☐ Nein, ich kenne keine anderen, die noch eingebürgert werden wollen

8. Fühlen sie sich stärker mit Österreich oder mit ihrem Herkunftsland verbunden?

Österreich	Eher Österreich	Mit beiden gleich stark	Eher Herkunftsland	Herkunftsland
☐	☐	☐	☐	☐

9. Hatten Sie bisher in Österreich mit bestimmten Problemen zu kämpfen, weil Sie nicht die österreichische Staatsbürgerschaft hatten? Bitte geben Sie an womit Sie Probleme hatten.

Probleme als Ausländer/in	Große Probleme	Kleine Probleme	Keine Probleme
Zugang zum Arbeitsmarkt	☐	☐	☐
Zugang zum Wohnungsmarkt	☐	☐	☐
Ausländerfeindlichkeit/ Diskriminierung	☐	☐	☐
Probleme beim Reisen	☐	☐	☐
Andere Probleme ______________	☐	☐	☐

10. War die Geschichtsprüfung für die Einbürgerung schwierig oder leicht zu bestehen?

Sehr schwer	**Eher schwer**	**Eher leicht**	**Sehr leicht**
☐	☐	☐	☐

☐ Ich musste keine Geschichtsprüfung machen

11. Wie konnten Sie Ihre Deutschkenntnisse nachweisen?

Erfüllung der Integrationsvereinbarung	**Schulzeugnisse**	**Eigener Test nur für die Einbürgerung**	**Ich musste meine Deutschkenntnisse nicht nachweisen**
☐	☐	☐	☐

12. Ist die Geschichtsprüfung ihrer Meinung nach sinnvoll oder nicht sinnvoll?

Ja, sehr sinnvoll	Ja, eher sinnvoll	Nein, sinnlos	Weiß nicht
☐	☐	☐	☐

13. In welchem Land wurden Sie geboren?

Türkei	☐
Serbien	☐
Bosnien und Herzegowina	☐
Mazedonien	☐
Montenegro	☐
Kosovo	☐
Polen	☐
Rumänien	☐
Bulgarien	☐
Russland	☐
Anderes ______________________	☐
In Österreich (weiter mit Frage 16)	☐

14. Seit wann leben Sie in Österreich?
Einwanderungsjahr______________________

15. Warum sind Sie nach Österreich eingewandert (mehrere Antworten möglich)?

Beschäftigung/ Arbeit	☐
Familie	☐
Flucht	☐
Ausbildung	☐
Anderer Grund ______________________	☐

16. Wie alt sind Sie?
Geburtsjahr______________________

17. Geschlecht

Frau	☐
Mann	☐

18. Welche Ausbildungen haben Sie?

Ausbildung	In Österreich abgeschlossen	Außerhalb Österreich abgeschlossen
Grundschule/ Volksschule	☐	☐
Lehre	☐	☐
Matura/ Gymnasium	☐	☐
Hochschule/ Universität	☐	☐
Andere___________________________	☐	☐

19. Was sind Sie von Beruf?

Arbeiter/ Arbeiterin	☐	Seit ______
Angestellter/Angestellte	☐	Seit ______
Ausbildung	☐	Seit ______
Karenz	☐	Seit ______
Selbstständig	☐	Seit ______
Arbeitslos	☐	Seit ______
Pension	☐	Seit ______

20. Familienstand?

☐ Verheiratet
☐ Ledig
☐ In einer Partnerschaft lebend
☐ Verwitwet
☐ Geschieden

Anhang C

Tabelle C1: Ausgeübte Tätigkeiten nach Staatsbürgerschaftshintergrund und Bildung

	Eingebürgerte			G. ÖsterreicherInnen			AusländerInnen		
	E_N	E_M	E_H	OE_N	OE_M	OE_H	A_N	A_M	A_H
höher manu-ell	1592	26035	3408	11905	457726	21394	3186	46054	8414
Frei und Ge-werbe	3614	5911	8767	21404	157374	131408	3760	13229	15887
höher nicht manu-ell	417	6433	21868	14845	266795	537913	1985	8163	57964
mittel nicht manu-ell	8092	26452	22627	55895	558647	258631	8456	22378	34199
Hilfst	30210	16117	9337	78678	94982	24054	68303	39145	21089
ange-lernt	20410	18179	13926	112932	279882	22250	35989	43435	15324
arblos	11190	7145	6036	27651	47928	23529	13060	12586	6981
inakt	86421	74923	45062	927189	1028717	337071	91627	48014	67716
Lehre	4843	388	0	95550	10950	1651	9473	0	453
LWS	905	651	789	56652	114774	12885	0	684	422

Quelle: Eigene Berechnungen mit den Daten des Mikrozensus 2008, 2. Quartal, mit Quartalsgewicht

Tabelle C2: Ausgeübte Tätigkeiten nach Geschlecht und Geburtsland (in 1.000)

	Geschlecht		Geburtsland						
	Männer	Frauen	Ö.	EU15	EU10	Ex-Jugo.	Türk.	sonst	BG, RO
höher manuell	445,3	134,3	494,9	14,9	13,7	37,7	8,2	5,7	4,7
Frei und Gewerbe	241,8	119,5	313,3	12,1	12,0	4,8	3,9	12,7	2,6
höher nicht manuell	517,7	398,7	820,7	41,5	14,9	9,3	3,5	21,96	4,5
mittel nicht manuell	366,6	628,8	883,3	30,8	19,3	23,8	6,99	25,6	5,6
Hilfst	147,4	234,6	209,9	6,7	11,1	84,6	38,1	24,3	7,3
angelernt	332,0	230,3	422,1	11,1	15,2	60,6	28,6	17,4	7,3
arblos	78,3	77,8	106,3	5,1	6,7	12,1	9,9	14,6	1,5
inakt	1722,6	2254,1	3514,8	103,1	80,2	111,2	59,2	89,1	19,2

Quelle: Eigene Berechnungen mit den Daten des Mikrozensus 2008, 2. Quartal, mit Quartalsgewicht

Anhang D

Tabelle D1: Einflüsse auf die Wahrscheinlichkeit einer höheren Tätigkeit nachzugehen gegenüber Hilfs- und mittleren Tätigkeiten (logistische Regression)

Unabhängige Variablen	**Manuelle Tätigkeiten**		**Nicht manuelle Tätigkeiten**	
	Modell 1		**Modell 2**	
	B	**exp(B)**	**B**	**exp(B)**
Staatsbürgerschaftshintergrund				
Eingebürgert	0,000**	1	n.s.	n.s.
AusländerIn	-0,316*	0,729	n.s.	n.s.
ÖsterreicherIn seit Geburt	0,269	1,309	n.s.	n.s.
Geburtsland				
Österreich	0,000***	1	0,000***	1
EWR	0,263	1,301	-0,360***	0,698
Drittstaat	-0,605***	0,546	-0,811***	0,444
Bildung				
Grundschule (Referenz)	0,000***	1	0,000***	1
Lehre/ BMS	2,640***	14,018	0,811***	2,250
AHS/ BHS	1,961***	7,108	1,827***	6,213
Kolleg/ Uni	2,697***	14,839	3,138***	23,055
Männlich (vs. weiblich)	0,972***	2,643	0,910***	2,484
Alter	-0,019***	0,982	0,027***	1,027
Wien	-0,182	0,834	-0,055	0,947
Konstante	-2,580***	0,076	-3,141***	0,043
Chi-Square/ df	1571,088/10***		2019,710/8***	
Pseudo-R^2 (Nagelkerke)	0,314		0,290	
N	5.931		8.253	

* p-Wert < 0,1, ** p-Wert < 0,05, *** p-Wert < 0,01, n.s. bedeutet, dass die Aufnahme der Variable in die Gleichung das Modell nicht signifikant verbessert hat.

Quelle: Eigene Berechnungen mit dem Mikrozensus 2008, 2. Quartal (Statistik Austria)

Kolibri 360 GmbH
Ferdinand-Jühlke-Straße 7
99095 Erfurt, Deutschland
produktsicherheit@kolibri360.de